(社) 전국漢字教育추진총연합회 기금조성 도서

漢字 가장 쉽게 익히기

문학박사 **陳 泰 夏** 편저

이화문화출판사

目　次 (목차)

「漢字 가장 쉽게 익히기」의 上梓를 기려

如初 金 膺 顯

東 方 研 書 會 會 長
韓 國 篆 刻 學 會 會 長
國際書法藝術聯合理事長

文化는 한 民族의 모든 것을 헤아릴 수 있는 尺度이다. 그 文化는 곧 文字의 所産이라고 말할 수 있다.

그러므로 한 國家 民族에 있어서 文字의 올바른 敎育은 무엇보다도 重且大한 使命을 지닌다.

그러나 祖國光復 이후 政府 당국의 무책임한 文字政策으로 인하여 지금 이 땅에는 知識不在의 현실을 초래하였다.

일부 한글 專用主義者들의 偏見으로 인하여 國字인 漢字를 蛇蝎視하고 배척하여, 大學生이 제 이름자를 못 쓰고, 日刊新聞도 읽지 못하는 高等文盲이 득실거리는 세상을 만들었으니, 참으로 國家 將來를 위하여 痛嘆하지 않을 수 없다.

이러한 渦中에 淸凡 陳泰夏 博士가 中國에서 오랫동안 研究한 文字學과 訓詁學을 토대로, 특히 殷代의 甲骨文을 20여년간 硏鑽하여 이른바 漢字는 이미 殷代에 우리 民族의 조상인 東夷族에 의하여 創制되었음을 구체적으로 考證하여 漢字의 뿌리가 아닌 「東方文字뿌리」를 上梓함은 우리 民族歷史上 처음 있는 일로, 일대 快擧라 아니 할 수 없다.

한글 專用論者들은 漢字 學習의 어려움을 들어 漢字를 배척하고 있으나, 本書의 다만 三百字 基礎漢字를 통하여 몇 千字, 몇 萬字라도 쉽게 익힐 수 있는 祕法을 안다면, 스스로 無知를 慙愧하게 될 것이다.

淸凡 博士가 직접 그림까지 그리어 字字이 충분한 考證을 통하여 字源을 밝힌 「東方文字뿌리」는 재래적인 漢字 學習에 일대 革新을 圖謀한 大著로서, 初學者는 물론, 書法을 專門하는 이들에게 무엇보다도 一讀을 勸하는 바이다.

정말 한자를 쉽게
익힐 수 있는 책

韓國語文研究會長　南　　廣　　祐

　우선 表紙가 마음에 든다. "亞・太時代 韓・中・日 東方文字 뿌리"라는 게 新鮮한 生動感을 준다. 21世紀는 亞・太時代로 韓・中・日이 主役이 될 것이 틀림없다.

　漢字를 部門別로 갈라 數字類, 人體類, 呼稱類, 動物類, 植物類, 天體類, 衣食類…… 등 20部類로 갈라 편집된 것도 좋다. 字源풀이를 외울 必要는 없겠지만 한번 읽어두는 정도는 좋을 것이다.

　字源풀이 300字로 1,800字를 쉽게 익힐 수 있도록 엮은 훌륭한 책이다.

　數字類는 一二三四五六七八九十萬을 모으고 人體類에 口目耳手足牙舌心……을 모아 手部 首字에는

　　「手」가 아래에　(1) 拳(주먹 권)

　　「手」가 왼쪽에　(2) 打(칠 타)　　(3) 托(의지할 탁)

　　　　　　　　(4) 技　　　　(5) 批　　　　(6) 抑　　　　(7) 折

　　　　　　　　(8) 投　　　　(9) 抗　　　⑽ 拒　　　⑾ 拍

　　　　　　　　⑿ 我　　　⒀ 拜　　　⒁ 挑　　　⒂ 持

　　　　　　　　⒃ 持　　　⒄ 捕　　　⒅ 掃　　　⒆ 拾

　　　　　　　　⒇ 推　　　㉑ 採

　　「手」가 가운데　㉒ 承(이을 승)

　글자풀이 「手(손 수)」손의 모양을 본뜬 글자이다. 部首로 쓰일 때는 「扌(재방 변)」의 형태로 쓰인다. 「手」가 쓰이는 예：手足, 手工, 雙手, 打手

　心部 首字에는

　　「心」이 本字로　(1) 必(반드시 필)

　　「心」이 아래에　(2) 忌(꺼릴 기)　　(3) 忘(잊을 망)

　　　　　　　　(4) 忍　　　　(5) 志　　　　(6) 念　　　　(7) 忠

　　　　　　　　(8) 忽　　　　(9) 急　　　⑽ 怒　　　⑾ 思

　　　　　　　　⑿ 怠　　　⒀ 恐　　　⒁ 怨　　　⒂ 恕

　　　　　　　　⒃ 息　　　⒄ 恩　　　⒅ 恭

「心」이 왼쪽에　　⒆ 忙(바쁠 망)　　⒇ 快(쾌할 쾌)

　　　　　　　　　㉑ 性　　　　　㉒ 怪　　　　　㉓ 悅　　　　㉔ 情

　　　　　　　　　㉕ 恒

글자풀이 「心(마음 심)」 본래 심장의 모양을 본뜬 글자이다. 「心」이 다른 글자의 部首字로 쓰일 때는 '忄(마음심 변)'의 형태로 쓰인다. 「心」이 쓰이는 예 : 人心, 本心, 重心, 心中, 心理

하나 더 衣食類 衣 部首字에

「衣」가 아래에　　⑴ 裂(찢을 렬)　⑵ 裝(꾸밀 장)

　　　　　　　　　⑶ 裳　　　　　⑷ 製　　　　⑸ 襲　　⑹ 裁

「衣」가 왼쪽에　　⑺ 補　　　　　⑻ 裕　　　　⑼ 複　　⑽ 被

「衣」가 아래위에 ⑾ 表(겉 표)　　⑿ 裏

글자풀이 「衣(옷 의)」 웃옷의 모양을 분뜬 글자이다. 다른 글자의 변으로 쓰일 때는 「衤(옷의 변)」의 형태로 쓰인다. 「衣」가 쓰이는 예 : 白衣, 衣服, 衣裝, 內衣

와 같이 잘 정리되어 있어, 정말 漢字를 쉽게 조직적으로 體系的으로 스스로 터득할 수 있도록 엮어 있다.

訓을 傳統訓으로 할 것이냐 現實訓으로 할 것이냐, 面(낯 면·얼굴 면), 胃(양→밥통 위·위장 위), 斤(날·도끼) 등이 있지만 戶(집 호), 刃(칼날 인), 丸(알 환) 등 現實訓이나, 龜(거북 귀) 등 現實音을 택한 것은 贊意를 표한다.

東方文字란 漢字를 뜻한다. 陳泰夏교수의 東方文字 辯은 다음과 같다.

1. 漢字는 漢族이 만든 글자가 아니다.
2. 漢字에서 글자의 뜻으로 쓰고 있는 文과 字는 '무늬'와 '파생'의 뜻이었을 뿐 글자와는 아무런 관계도 없었다. 훨씬 後世에 와서 글자의 뜻으로 쓰였다.
3. 殷나라 때 처음으로 글자의 뜻으로 쓰인 글자는 '判' 형태의 글자였는데, 뒤에 '大字'를 더하여 '契'字를 만들었다.
   '契'의 古音은 본래 '글'이다.
4. '契' 卽 '글'은 古代로부터 전해오는 말로 글자를 만든 民族은 중국 사람이 아니라, 우리 民族의 옛 祖上들임을 새로이 깨달아야 한다.

는 것이다. 따라서 漢字는 借用文字라는 意識을 버리고, 옛 우리 祖上들이 참여해서 만든 文字라는 자랑스러운 意識을 가지고 '古韓契'이라 하기를 내세운다.

다만 名稱으로는 中國과 日本을 감안하여 東方文字라고 하는 것이 좋을 것이라고 하였다.

　　가장 세계에서 뛰어난 表意文字인 漢字(古韓契＝東方文字)와 세계에서 가장 과학적인 한글(訓民正音)을 아울러 갖추고 있는 자랑스러운 민족으로서 漢字와 한글을 열심히 배우고 익히자고 하였다.

　　漢字를 中國글자로 생각하거나 漢字語를 中國말 정도로 생각하는 것은 잘못이다. 漢字는 엄연히 한글과 함께 우리말을 적어온 國字요, 漢字語는 우리말로 70%를 차지하는 國語다. 漢字語에는 韓・中・日本에서만 쓰이는 말도 있지만 韓・中・日 사이에 通用되는 漢字語가 많은 것이 사실이다. 우리 音으로 발음하면 우리 國語인 것이다. 漢字교육이 바로 국어교육의 지름길이요, 中國語・日本語 공부의 基礎도 되는 것이다. 國字이기도 하고 東洋의 共用文字이기도 한 漢字(東方文字)의 學習이 要請되는 까닭이 여기에 있다. 이 册으로 열심히 東方文字(漢字)를 익히기를 勸하면서 書評에 대신한다.

머 리 말

　인류가 사용하는 문자를 크게 나누면, 표의문자(表意文字)와 표음문자(表音文字)로 구별할 수 있는데, 표의문자는 학습하기 어려운 단점이 있는 반면, 활용면에 있어서 시간적으로 공간적으로 표음문자에 비하여 제약을 덜 받는 장점이 있고, 표음문자는 표의문자에 비하여 시간과 공간의 제약을 많이 받는 단점이 있는 반면, 학습하기 쉬운 장점을 가지고 있다.

　그러므로 세계 어떤 문자도 장점만을 갖춘 이상적(理想的)인 문자는 없다. 그러나 문자의 활용여건에 있어서 문자 활용의 이상국(理想國)은 있을 수 있다. 다시 말해서 표의문자의 장점과 표음문자의 장점만을 취해서 쓰면, 곧 문자의 이상국이 되는 것이다. 그런 면에서 우리 한국(韓國)은 세계에서 가장 발달한 표의문자인 한자의 장점과 세계에서 가장 과학적인 한글의 장점을 취하여, 한글만을 써서 좋을 때는 한글만을 쓰고, 한글과 한자를 겸용하는 것이 좋을 때는 두 가지 글자를 겸용한다면, 곧 우리 한국은 세계 어떤 나라도 따라올 수 없는 문자 활용여건의 최이상국(最理想國)이 될 수 있는 것이다. 그러므로 지금까지 잘못된 인식에 의하여 이른바 「東方文字」를 남의 나라 문자로 알아왔고, 한자는 무조건 어렵다는 선입관으로 굳어진 편견에서 벗어나서, 우선 우리 나라는 「문자의 최이상국」이라는 자부심부터 깨우쳐야 한다. 그동안 한자에 대한 철저한 교육이 없었기 때문에, 현재 우리 나라는 대학을 졸업하고도 제 나라 신문도 잘 읽지 못하고, 초등학교만 졸업하면 자신의 이름자도 쓰지 못하는 부끄러운 결과를 초래하였다.

　이는 우리 나라 학생들의 잘못이 아니라, 오로지 타협도 없이 반세기 동안 「한글전용」이냐, 「국·한자 혼용」이냐 하는 끝없는 시비(是非)를 일삼아온 기성세대들의 아집과 편견으로 인한 잘못이었다. 필자는 이러한 시비점을 떠나서, 교육은 어려서부터 철저히 시키고, 사용하는 것은 필요에 따라, 한글만을 써서 좋을 때는 한글만을 쓰고, 한자를 겸용하는 것이 좋을 때는 겸용하라는 주장을 하는 입장에서, 어릴 때부터 한자를 학습할 수 있도록 이 책을 엮었다. 근래 우후죽순(雨後竹筍)격으로 한자학습 교재가 쏟아져 나오고 있는데, 그 자원(字源) 풀이가 하나같이 참아 볼 수 없을 정도로 잘못된 것이 많아서, 앞으로 우리 나라 젊은이들에게 오도된 지식이 만연되는 것을 막기 위해서, 한 글자, 한 글자 철저한 고증으로 풀이하여, 독자들로 하여금 믿고 익힐 수 있도록 하였다. 필자가 중국(中國)에서 문자학(文字學)에 대하여 근10년 동안 연구한 것을 바탕으로 하고, 귀국하여 20여년간 대학에서 문자학 강의를 하면서 쌓은 지식을 종합하여, 초학자는 물론 전문 지식인들도 참고할 수 있도록 엮었다. 그러나, 글자에 따라서 중국의 역대학자들도 그 풀이가 구구한 것은 지면 관계로 모든 학설을 나열하지 못하고, 가장 타당성 있는 학설에 근거하였음을 밝혀 둔다. 끝으로 부언할 것은 중국의 역대 문자학자들도 올바로 풀이하지 못한 자원(字源)에 대해서, 필자의 연구에 의하여 새로이 밝히게 된 것도 적지 않음을 자부하는 바이다. 앞으로 더욱 연구하여 한자는 중국민족만이 만든 문자가 아니라, 이른 시대부터 우리 민족의 조상들이 참여되어 만들어진 문자라는 것을 밝힐 것이며, 아울러 전문 연구인들의 질정을 바라는 바이다.

편저자　陳　泰　夏

이 책의 특징

1. 상용자(常用字) 1800자 중에서 핵(核)이 되는 300자를 뽑아 풀이하였다.

2. 자형(字形) 변천의 정확한 과정을 밝히기 위하여 필자가 직접 붓으로 그리고 썼다.

3. 글자마다 4단계로 나누어 <① 대상이 된 그림 > → <② 은(殷) 대의 갑골문 (甲骨文), 또는 주(周) 대의 종정문(鐘鼎文)> → < ③ 진(秦)대의 소전 (小篆)체 > → <④ 한(漢)이후의 해서(楷書)체 > 의 순서로 나열하였다.

4. 300자를 중심으로 부수자(部首字)와 성부자(聲符字)로 쓰인 글자를 1800자 중에서 뽑아 함께 배열하여 익히도록 하였다.

5. 초학자(初學者)를 위하여 매자(每字)실제 용례를 들어 ( ) 안에 직접 써보도록 하였다.

6. 부수자(部首字)로 쓰인 글자들은 그 위치별로 분류하여 익히기에 편리하도록 하였다.

7. 혼동되기 쉬운 글자들을 뽑아 대조시켜 유의하도록 하였다.

8. 300자를 20항으로 분류하여 편집하였다.

9. 한자(漢字)에 대한 새로운 이해를 위하여 자원 풀이에 앞서 구체적인 해설을 써 놓았다.

10.자원(字源)에 대한 풀이가 아직까지 불일치한 것은 가장 합리성 있는 학설을 택하였다.

一. 한자(漢字)의 새로운 이해

1. 한자(漢字)는 어떤 문자(文字)인가?

인류가 말을 사용한 역사는 수십만년 이전부터이지만, 글자를 만들어 쓴 역사는 약 6,000년 전부터이다.

그동안 인류가 만든 문자는 약 200종이나 되지만, 현재 지구상에서 쓰이는 문자는 약 50종에 지나지 않는다.

대부분의 문자가 그림으로 나타낸 그림글자(회화문자)에서 비롯되었으나, 오늘날은 뜻을 나타낸 뜻글자(표의문자)와 소리를 나타낸 소리글자(표음문자)로 나뉘어져 있다.

뜻글자(표의문자)의 대표적인 문자가 곧 한자(漢字)이다.

한자를 일반적으로 상형문자(象形文字)라고 일컫지만, 현재 쓰이고 있는 한자를 기준으로 분류하여 보면, 한자는 이미 상형문자가 아니라, 표의문자이면서도 한 글자가 하나의 독립된 뜻을 가진 단어문자로서, 뜻만 표시하는 것이 아니라 소리도 함께 나타낸 문자의 형태를 가진 표음화된 문자라는 것을 분명히 알아야 한자를 좀더 쉽게 익힐 수 있다.

여러가지 문자를 발전 단계별로 알기 쉽게 도표로 보이면 다음과 같다.

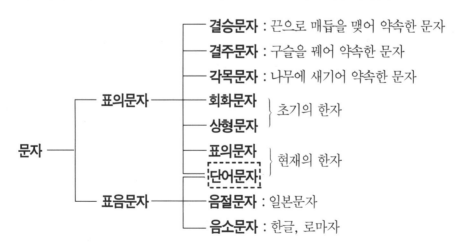

		결승문자 : 끈으로 매듭을 맺어 약속한 문자
		결주문자 : 구슬을 꿰어 약속한 문자
		각목문자 : 나무에 새기어 약속한 문자
문자	표의문자	회화문자 ┐ 초기의 한자
		상형문자 ┘
		표의문자 ┐ 현재의 한자
		단어문자 ┘
	표음문자	음절문자 : 일본문자
		음소문자 : 한글, 로마자

2. 한자(漢字)의 올바른 명칭은 무엇인가?

　　우리 나라 사람들의 대부분이 한자는 중국 고유의 문자인데, 우리가 빌어 쓰는 것으로 잘못 알고 있다.

　　그러나 한자는 중국의 한(漢)나라 때 이루어진 글자가 아니라, 이미 진(秦)나라와 주(周)나라를 거슬러 올라가 지금으로부터 약 3,400년전 은(殷)나라 때에 거북이나 짐승의 뼈에 글자를 새겼던 이른바 갑골문(甲骨文)이 쓰여졌다. 이로써 분명히 한자는 한(漢)나라 때에 만들어진 문자가 아님을 알 수 있다.

　　또한 은(殷)나라 때는 중국 사람들을 한족(漢族)이라고 일컬은 일도 없을 뿐만 아니라, 「漢(한)」이라는 글자를 은(殷)나라 때는 아직 만들지도 않았으니 한족(漢族)이 만든 문자가 아닌 것도 분명하다.

　　더구나 한자에서 글자의 뜻으로 쓰고 있는 「文(문)」과 「字(자)」는 본래 무늬와 파생의 뜻이었을 뿐, 글자와는 아무런 관계도 없던 것인데, 훨씬 후세에 와서 글자의 뜻으로 쓰였다.

　　은(殷)나라 때 처음으로 글자의 뜻으로 쓰인 글자는 「㓞」형태의 글자였는데, 뒤에 「大(대)」자를 더하여 「契(계)」자를 만들었다. 이 「契(계)」자의 고음은 본래 「글」이다.

　　어느 민족이나 말이 먼저 있은 뒤에 글자가 만들어진 것인데, 우리말에서 문자의 뜻으로 쓰인 「글」이라는 말은 근래에 만든 말이 아니라, 고대로부터 전해져 오는 말이다.

　　여기서 중요한 사실은 말이 있는 민족이 그 글자를 만들었음을 생각할 때, 「契(글)」이라는 글자를 만든 민족은 중국사람들이 아니라, 우리 민족의 옛 조상들임을 새로이 깨달아야 한다.

　　우리 민족은 이미 오랜 옛부터 진한·변한·마한이라고 일컬어온 것처럼 「크다」는 뜻으로 우리 나라를 「한(韓)」이라고 일컬어온 데서 오늘의 「한국(韓國)」에 이른 것이다.

　　그러므로 한자(漢字)를 이제라도 우리나라에서는 차용문자라는 의식을 버리고, 옛 우리 조상들이 참여되어 만든 문자라는 자랑스러운 의식을 가지고 「한글(韓契)」이라고 일컬어야 하겠으나, 세종대왕이 창안한 표음문자인 「한글」이 또 있으므로 옛날의 한글(韓契)이라는 뜻에서 반드시 「고한글(古韓契)」이라고 불러줄 것을 제창하는 바이다. 또한 대외적인 명칭으로는 중국과 일본을 감안하여 「동방문자」라고 일컫는 것이 좋을 것이다.

　　앞으로 우리 전국민은 세계에서 우리 한국만이 가장 발달한 표의문자인 「고한글(古韓契)」과 또한 가장 과학적인 표음문자의 「한글」을 아울러 갖추고 있는 자랑스러운 민족으로서, 세계에서 가장 발달한 문화이상국을 이룩할 수 있는 문자 여건을 가진 나라라고 하는 자부심을 가지고, 「고한글」과 「한글」을 모두 열심히 배우고 익혀야 할 것이다.

끝으로 부언할 것은 언제나 한자 곧 「고한글」을 꼭 써야 할 필요는 없는 것이다. 필요에 따라서 한글만을 써서 좋고 편리할 때는 한글만을 쓰고, 「고한글」을 섞어서 쓰는 것이 좋고 유리할 때는 섞어 쓰는 것이 곧 우리의 이상적인 문자 여건을 최대한으로 활용하는 길이라는 것을 알아야 한다.

3. 고한글(古韓契)을 가장 쉽고 빨리 익히는 방법은 어떤 것인가?

(1) 고한글은 도대체 몇 자나 배워야 하는가?

고한글은 예로부터 지금까지 만들어진 글자를 모두 합치면 약 6만 5천 자가 된다. 그러나 이처럼 많은 이유는 마치 우리 국어사전에 평상시 쓰이지 않는 고어나 방언을 포함하고 있듯이 지금은 쓰이지 않는 글자를 모두 포함해서 통계된 숫자이다.

근래 중국에서 소설이나 신문 등에 쓰이는 한자의 수를 통계낸 것을 보면 2,800자에서 3,200자로 되어 있다. 그러므로 중국에서는 상용한자를 3,500자로 정해 놓고 있다. 일본에서는 상용한자로 1,945자. 우리 나라에서는 교육부 선정 교육용 한자로 1,800자를 쓰고 있다.

일반적으로 많은 사람들이 우선 1,800자라는 숫자에 큰 부담을 느끼어 무조건 배우기 어렵다고 생각하는 경향이 있다.

그러나 이것은 큰 착각이다. 영어의 알파벳이 26자라고 해서 알파벳만 익히면 영어를 다 아는 것이 아니다. 생활영어를 하려면 적어도 3,000단어 이상은 외어야 한다. 외국인이 한국어를 배우는데도 한글 24자만 익히면 한국어를 할 수 있는 것이 아니라, 역시 3,000개 이상의 단어를 배워야 한국말을 할 수 있는 것이다.

그런데 한자 곧 고한글은 한 글자가 한 단어이면서 또한 2자 3자가 이어져 많은 단어를 형성할 수 있으므로 1,800자만 익혀도 몇 배의 어휘를 알게 되므로 결과에 있어서는 영어 단어를 암기하는 것보다 훨씬 쉽다는 것을 깨닫게 될 것이다.

더구나 고한글의 학습상 신비로운 비결을 알면, 1,800자를 하나 하나 모두 암기할 필요는 없다. 1,800자 중에서 기본을 이루고 있는 이른바 「독체자」약 300자만 철저히 익히면 나머지는 저절로 이해될 수 있는 것이 한자 곧 고한글의 신비로움이다.

(2) 고한글은 본래 어떻게 만들어진 문자인가?

문자의 시작이 약속을 표시하기 위한 부호나 숫자에서 곧 지사(指事)문자에서 비롯되었다고 보는 쪽도 있고, 사물의 외형을 그려서 뜻을 나타낸 상형(象形)문자에서 비롯되었다고 보는 쪽도 있어서 그 선후문제는 단정 짓기 어렵다.

분명한 것은 먼저 입으로 말하는 음성언어가 있은 뒤에, 그것을 손으로 쓰는 글자로 나타낸 것이다.

먼저 사물의 종류에 따라서 그 모양을 본떴을 것이다. 예를 들면 나무의 모양에서 「✳」의 형태를 본뜨고, 산의 모양에서 「〰」의 형태를 본뜬 것인데, 이러한 상형문자가 점점 변하여, 오늘날의 「木(나무목)」「山(뫼산)」자가 된 것이다.

오늘날 쓰고 있는 「木(목)」이나 「山(산)」의 자형은 나무와 산의 모양과 매우 달라져 있기 때문에, 그 본래의 자형변천을 먼저 알고 익히면 고한글의 학습은 그림을 보는 것처럼 재미있고 쉽지만, 이미 거리가 먼 오늘날의 자형을 무조건 암기하려면 매우 어렵고, 애써 익혀도 잊어버리기가 쉽다.

우리가 쓰는 말에는 구체적인 형태로 나타낼 수 있는 말만 있는 것이 아니라, 형태로 보일 수 없는 추상적인 낱말도 많다.

그러므로, 글자를 만든 사람들은 「木(목)」자나 「山(산)」자처럼 모양을 본뜨는 방법을 취하지 않고 간단한 부호로써 어떠한 일이나 사물을 가리키는 방법을 썼다. 예를 들면 하나, 둘, 셋 등은 그 숫자를 가리킨 부호로 표시하여 「一, 二, 三」의 형태로 나타내고, 나무의 줄기 부분을 나타내는 방법은 이미 만들어진 「木(목)」자에서 줄기부분을 부호로 가리키어 「本(근본본)」자를 만들었다.

이와 같이 고한글의 기본 글자는 구체적인 사물의 모양을 본떠 만든 「상형」의 방법과 추상적인 사물을 부호로 가리켜 만든 「지사」의 방법으로 만들었음을 알아두어야 한다.

그러나 이렇게 만들어진 기본 글자는 약 500자 정도로서 전체 한자 곧 고한글의 1%도 되지 않는다.

이렇게 기본 글자를 만든 뒤에는 이미 만들어진 글자들을 2자 3자 4자 등으로 합쳐서 새로운 글자를 만드는 방법을 찾아냈다.

여기에서도 2가지 방법으로 나누어, 하나는 글자의 뜻과 뜻을 합쳐서 새로운 뜻의 글자를 만드는 방법과 다른 하나는 글자의 뜻과 소리를 합쳐서 새로운 뜻의 글자를 만드는 방법을 썼다.

기본글자의 뜻과 뜻을 합쳐서 만든 글자의 예를 들면 「日(날일)」자와 「月(달월)」자를 합쳐서 밝다는 뜻의 「明(밝을명)」자를 만들고, 「人(사람인)」자와 「木(나무목)」자를 합쳐서 나무 그늘밑에서 사람이 쉰다는 뜻의 「休(쉴휴)」자를 만들었다.

　기본글자의 뜻과 소리를 합쳐서 만든 글자의 예로는 뜻을 나타낸 「木(나무목)」자에 소리를 나타낸 「同(한가지동)」자를 합쳐서 오동나무의 뜻으로 「桐(동)」자를 만들고, 소리를 나타낸 「九(아홉구)」자에 뜻을 나타낸 「鳥(새조)」자를 합쳐서 비둘기의 뜻으로 「鳩(구)」자를 만들었다.

　전체 고한글의 85%가 곧 뜻과 소리를 합쳐서 만든 이른바 형성(形聲) 문자에 속한다. 그러므로 고한글은 기본글자만 철저히 익히면, 대부분의 글자를 배우지 않고도 그 뜻을 알 수 있다는 근본 까닭이 여기에 있는 것이다.

　여기서 특히 주의할 것은 뜻과 뜻을 합쳐서 만든 이른바 회의(會意) 문자의 경우는 앞에서 예를 든 「明(명)」자처럼 「日(일)」이나 「月(월)」과는 전연 다른 소리를 갖기 때문에 위의 형성자보다는 익히기 어려운 점이 있음을 알아야 한다.

　지금까지 설명한 것을 요약하여 도시하면 다음과 같다.

〈보기〉

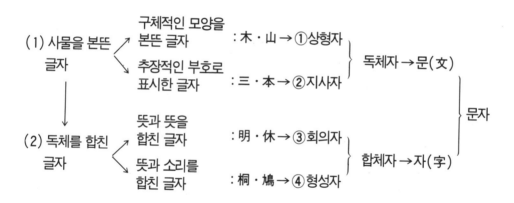

　고한글의 글자 모양은 고대로부터 현재까지 고정되어 쓰인 것이 아니라, 은(殷)나라때 갑골문(甲骨文)에서 시작하여, 주(周)나라 때의 종정문(鐘鼎文), 진(秦)나라 때의 소전(小篆)과 예서(隷書)등의 서체를 거쳐서 한(漢)나라 때에 해서(楷書)의 글자 모양을 이루어 오늘날까지 쓰고 있는 것이다.

같은 글자의 모양이 시대에 따라 변천한 것을 그림으로 보이면 다음과 같다.

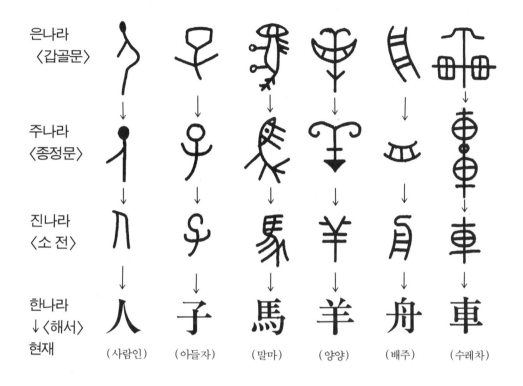

| | (사람인) | (아들자) | (말마) | (양양) | (배주) | (수레차) |

은나라 〈갑골문〉 → 주나라 〈종정문〉 → 진나라 〈소 전〉 → 한나라 〈해서〉 현재 : 人 子 馬 羊 舟 車

다음 글자들은 ①상형자, ②지사자, ③회의자, ④형성자 가운데 어느것에 속하는 글자인지 알아보자.

◉ 물이 흘러가는 모양을 본떠서 「⚡ →水」, 사람이 옆으로 서 있는 모양을 본떠서 「⚡ →人」의 형태로 나타낸 글자

◉ 어떤 사물의 위를 가리켜 「⊥ →上」, 아래를 가리켜 「丅 →下」의 형태로 나타낸 글자

◉ 밭(田)과 풀싹 「⚡ →艸 →⚡ →⚡」을 합쳐서 곡식의 싹을 뜻하는 「苗(묘)」의 형태로 만든 글자.

◉ 길을 뜻하는 「路(로)」자의 소리와 새를 뜻하는 「鳥(조)」자와 합쳐서 백로라는 새를 나타내어 「鷺(로)」의 형태로 만든 글자.

(3) 흥미를 가지고 고한글을 쉽게 익히기 위해서 유의할 점은 무엇인가?

① 매 글자를 무조건 외지 말고, 기본 글자의 자형 변천을 통해서 자기 스스로 글자를 만들어보는 흥미를 가지고 익히라.

② 고한글은 매 글자마다 독립된 뜻이 오묘하고 신비로운 상태로 만들어져 있기 때문에 문자 학습 과정에서 자신의 대뇌를 크게 발달시킬 수 있다는 자신감과 신비감을 가지고 글자를 분석하면서 익히라.

③ 고한글의 수가 많고, 아무리 자획이 복잡하여도, 모든 글자가 반드시 상형·지사·회의·형성 네가지에 속해 있음을 알고, 글자를 익히기 전에 먼저 어느것에 속하는 글자인가를 생각하고 익히라.

④ 고한글은 본재 한 글자에 한 가지 뜻만 있는 일자일의(一字一義)의 문자였으나, 뒤에 점점 뜻이 확대 또는 축소되어 오늘날은 한 글자에 여러 가지 뜻이 있는 일자다의(一字多義)의 문자라는 것을 알고 익히라.

⑤ 고한글은 본래 한 글자에 한 음만 있는 문자였으나, 지금은 글자에 따라서 2가지 이상의 음이 있음도 알고 익히라.

⑥ 고한글의 모든 글자는 원칙적으로 자획을 위에서 아래로, 좌측에서 우측의 순서로 써야 하지만, 예외도 있음을 알고 익히라.

⑦ 고한글은 기본 글자, 곧 독체자를 둘 이상 합쳐서 만든 합체자는 그 글자의 몸통 부분과 옥편을 찾는데 색인으로 쓰이는 부수(部首) 부분으로 나누어지는데, 총 214부수가 있고, 이 부수로 쓰이는 글자는 1획에서 17획까지 있으나, 쓰이는 위치에 따라 분류하면 다만 7가지가 있음을 알고 익히라.

二. 자원(字源) 풀이

(1)
<u>數字類 (숫자류)</u>

一. 二. 三. 四. 五. 六.
七. 八. 九. 十. 萬

 一 일	部首 字 부 수 자

글자풀이

●「一」이 위에
① 丁 (고무래 정)
② 下 (아래 하)
③ 不 (아니 불)
④ 丙 (병 병)

●「一」이 가운데
⑤ 丈 (어른 장)
⑥ 七 (일곱 칠)
⑦ 丑 (소 축)
⑧ 卅 (인간 세)

●「一」이 아래에
⑨ 三 (석 삼)
⑩ 上 (윗 상)
⑪ 丘 (언덕 구)
⑫ 且 (또 차)

一 (한 일)

수를 헤아리던 산대의 하나를 본뜬 글자이다.

「一」이 쓰이는 예:
一日 (   )
一生 (   )
同一 (   )

※「一」의 갖은 자는「壹(한일)」이다.

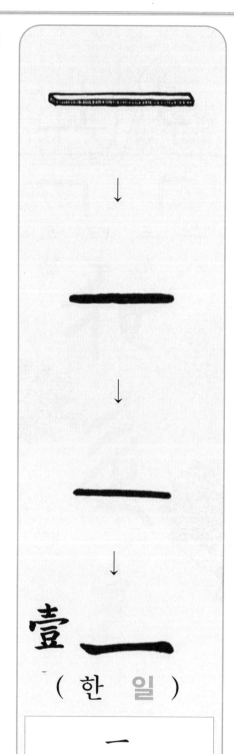

壹一
(한 일)

一

18

●「二」가 위에
① 于 (어조사 우)
② 云 (구름 운)
③ 元 (으뜸 원)
④ 井 (우물 정)

●「二」가 분리되어
⑤ 五 (다섯 오)
⑥ 互 (서로 호)
⑦ 亞 (버금 아)

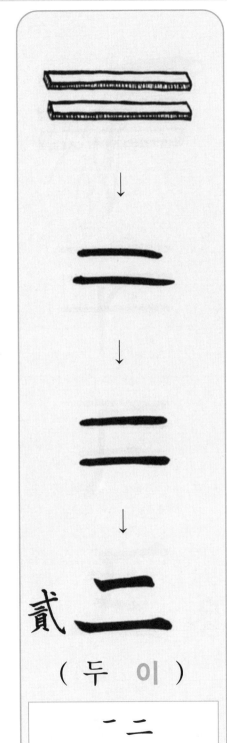

(두 이)

一 二

글자풀이

二(두 이)

산대의 두 개를 본
뜬 글자이다.

「二」가 쓰이는 예:
二日 (   )
二男 (   )
二女 (   )
十二 (   )

※「二」의 갖은 자는
「貳(두이)」이다.

19

三 삼	字 자

※ '三'자는 '一(한 일)' 부수자에 속한다.

은행에서 예금 청구서를 쓸 때는 갖은 숫자라 하여 다음과 같이 써야 한다.

一 → 壹(일)

二 → 貳(이)

三 → 參(삼)

三(석 삼)

산대의 세 개를 본뜬 글자이다.

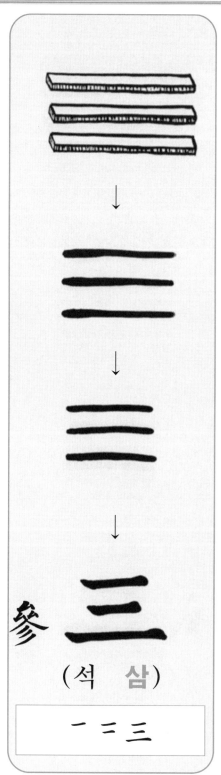

「三」이 쓰이는 예:

三世 (   )

三軍 (   )

再三 (   )

三千里 (   )

※「三」의 갖은 자는 「參(석삼)」이다.

参 三

(석 삼)

一 二 三

20

四	字
사	자

※ '四'자는 '囗(큰
입구)' 부수자에 속
한다.

'四'자와 비슷한 글
자로 '匹(짝필)'자
가 있다.
예 : 말 두 匹(필)이
끄는 마차를 쌍두마
차라고 한다.

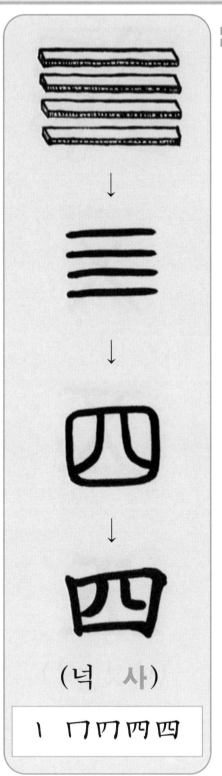

(넉 사)

ㅣ 冂 冂 四 四

四(넉 사)

본래 산대의 네 개를
본뜬 것인데, 뒤에 글
자의 모양이 바뀌었
다.

「四」가 쓰이는 예:
四方 (   )
四時 (   )
四角形 (   )

五	字
오	자

※‘五’자는 ‘二(두 이)’부수자에 속한다.

‘五’자가 다른 글자의 음부자로도 쓰인다.

吾(나 오)
悟(깨달을 오)
梧(오동나무 오)

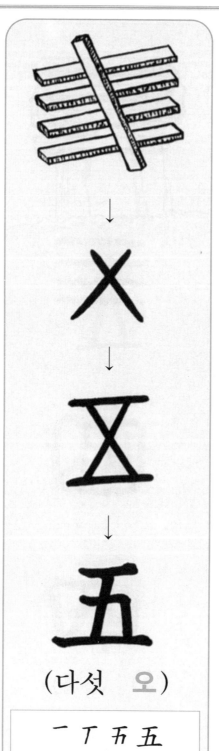

(다섯 오)

一 丁 五 五

五(다섯 오)

다섯개의 산대를 포개 놓은 것을 본뜬 글자이다.

「五」가 쓰이는 예:

五百 (　　　　)
五友 (　　　　)
五金 (　　　　)
五官 (　　　　)

六	字
육	자

※ '六'자는 'ハ(여 덟팔)' 부수자에 속 한다.

六(여섯 륙)

본래 집의 모양을 본 떠서 여섯의 뜻으로 썼다.

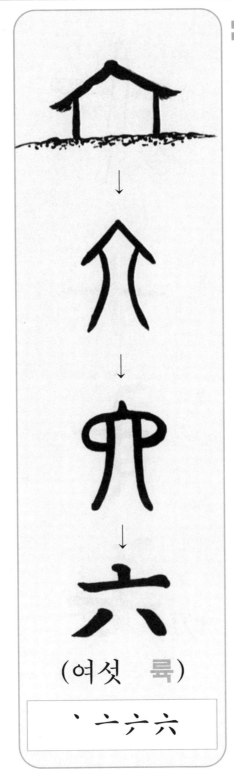

(여섯 륙)

丶 二 宀 六

「六」이 쓰이는 예:
六寸 (   )
六尺 (   )
六旬 (   )

23

七	字
칠	자

※ '七'자는 'ㅡ(한 일)' 부수자에 속한 다.

七(일곱 칠)

본래 칼로 나무를 자르는 모양을 본뜬 것인데, 일곱의 뜻으로 쓰이게 되어, 다시 「切(끊을절)」자를 만들었다.

「七」이 쓰이는 예:
七夕 (   )
七星 (   )
七情 (   )

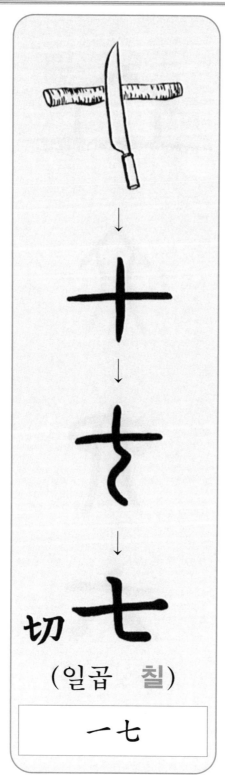

切七
(일곱 칠)

ㅡ七

八	部首字
팔	부 수 자

● 「八」이 위에
① 公 (공변될 공)
② 兮 (어조사 혜)

● 「八」이 아래에
③ 兼 (겸할 겸)
④ 六 (여섯 륙)
⑤ 兵 (병사 병)
⑥ 具 (갖출 구)
⑦ 其 (그 기)
⑧ 典 (법 전)
⑨ 共 (한가지 공)

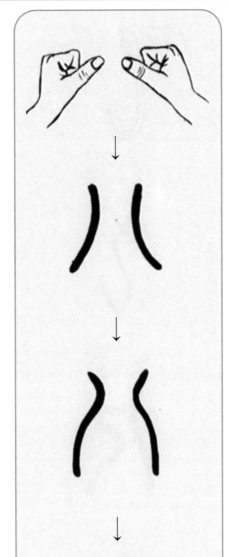

(여덟 팔)

ノ 八

八(여덟 팔)

본래 엄지 손가락을
마주 세워서 여덟을
표시한 모양을 본뜬
글자이다.

「八」이 쓰이는 예:
八方 (   )
八月 (   )
八旬 (   )

九 구	字 자

※ '九'자는 '乙(새 을)' 부수자에 속한다.

'九'자가 다른 글자의 음부자로도 쓰인다.

예 : 究(궁구할 구)
　　 仇(원수 구)
　　 鳩(비둘기 구)

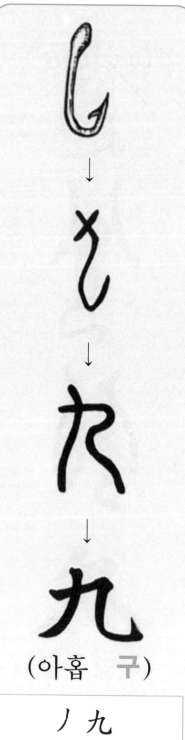

(아홉 구)

ノ 九

九(아홉 구)

본래 낚시의 모양을 본뜬 것인데, 아홉의 뜻으로 쓰인 글자이다.

「九」가 쓰이는 예:
九江 (　　　　)
九曲 (　　　　)
九泉 (　　　　)

<table>
<tr><td>十
십</td><td>部首字
부 수 자</td></tr>
</table>

●「十」이 위에
① 南 (남녘 남)

●「十」이 가운데
② 半 (반 반)

●「十」이 아래에
③ 千 (일천 천)
④ 午 (낮 오)
⑤ 卑 (낮을 비)
⑥ 卒 (군사 졸)

●「十」이 왼쪽에
⑦ 協 (도울 협)
⑧ 博 (넓을 박)

※ '十'의 갖은 숫자는 '拾(십)'이다.

十(열 십)

산대로 셈을 할 때, 가로 놓으면 하나를 뜻하고, 세로 놓으면 열을 뜻한 모양을 본뜬 글자인데, 뒤에 글자의 모양이 변하였다.

「十」이 쓰이는 예:
十分 (   )
十年 (   )
十萬 (   )

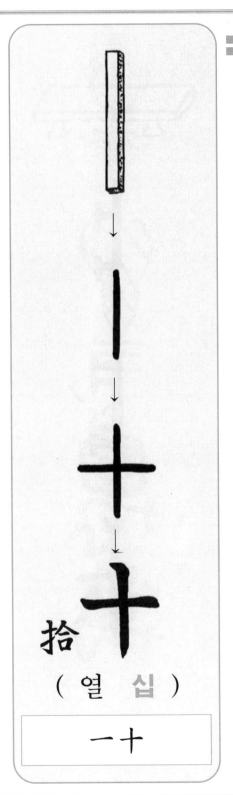

拾 十
(열 십)

一十

字 자	萬 만

※ '萬'자는 '艹(초두
머리)' 부수자에 속
한다.

※ 옥편에서 '萬'자
를 '艹(초두)' 부수
자에 배열한 것은 잘
못이다. 왜냐하면
'萬'자의 '艹(초두)'
는 풀을 뜻한 것이 아
니라, 전갈의 집게 모
양을 본뜬 것이기 때
문이다.

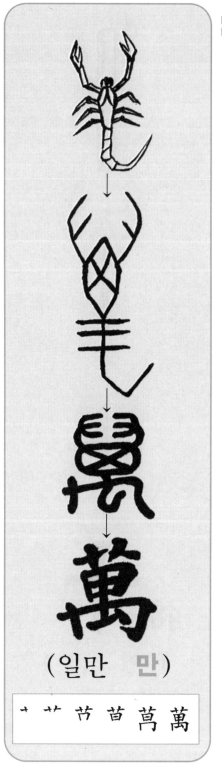

(일만 만)

一 艹 芍 苩 莴 萬

萬 (일만 만)

본래 전갈의 모양을
내려다 보고 본뜬 것
인데, 전갈은 한번에
새끼를 많이 번식하기
때문에 숫자의 만(萬)
을 뜻하게 되었다.

「萬」이 쓰이는 예:

四萬 (   )

十萬 (   )

萬人 (   )

28

(2)
人體類 (인체류)

口. 目. 耳. 手. 足. 牙.
舌. 心. 血. 毛. 首. 面.
眉. 胃. 骨. 齒. 身. 自.
亦. 而. 凶. 乃

口 구	部首字 부 수 자

● 「口」가 위에
① 只 (다만 지)

● 「口」가 아래에
② 古 (옛 고)
③ 右 (오른 우)
④ 各 (각각 각)
⑤ 吉 (길할 길)
⑥ 名 (이름 명)
⑦ 告 (고할 고)
⑧ 君 (임금 군)
⑨ 吾 (나 오)
⑩ 否 (아닐 부)
⑪ 含 (머금을 함)
⑫ 召 (부를 소)

● 「口」가 안에
⑬ 可 (옳을 가)
⑭ 句 (글귀 구)
⑮ 司 (맡을 사)
⑯ 同 (한가지 동)
⑰ 向 (향할 향)
⑱ 周 (두루 주)
㉖ 史 (사기 사)
㉗ 吏 (아전 리)
㉘ 哀 (슬플 애)

● 「口」가 왼쪽에
⑲ 吐 (토할 토)
⑳ 吹 (불 취)
㉑ 吸 (들이쉴 흡)
㉒ 味 (맛 미)
㉓ 呼 (부를 호)

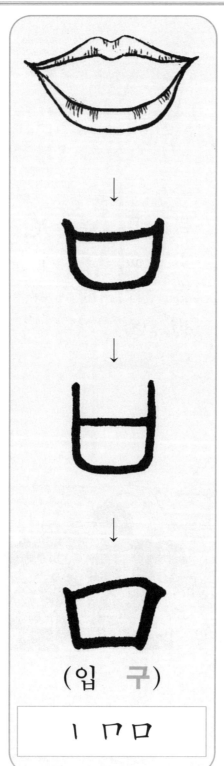

↓

↓

↓

(입 구)

ㅣ ㄇ 口

口 (입 구)

입의 모양을 본뜬 글자이다.

「口」가 쓰이는 예:

人口 (　　　　)

入口 (　　　　)

出口 (　　　　)

口吐 (　　　　)

目	部首 字
목	부 수 자

● 「目」이 아래에
① 盲 (소경 맹)
② 看 (볼 간)
③ 眉 (눈섭 미)
④ 省 (살필 성)
⑤ 盾 (방패 순)
⑥ 着 (붙일 착)
⑦ 督 (독촉할 독)

● 「目」이 왼쪽에
⑧ 眠 (졸 면)
⑨ 眼 (눈 안)
⑩ 睦 (화목 목)

● 「目」이 오른쪽에
⑪ 相 (서로 상)

● 「目」이 가운데
⑫ 直 (곧을 직)
⑬ 眞 (참 진)

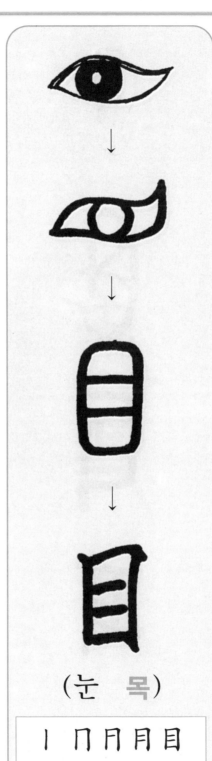

(눈 목)

ㅣ 冂 冂 月 目

目 (눈 목)

사람의 눈 모양을
본뜬 것인데, 뒤에
세워 쓰게 된 것이
다.

「目」이 쓰이는 예:
目的 (   )
耳目 (   )
注目 (   )

31

●「耳」가 위에
① 聖 (성인 성)

●「耳」가 아래에
② 聲 (소리 성)

●「耳」가 왼쪽에
③ 耶 (어조사 야)
④ 聯 (연합할 련)
⑤ 聰 (귀밝을 총)
⑥ 職 (벼슬 직)
⑦ 聽 (들을 청)
●「耳」가 안에
⑧ 聞 (들을 문)

↓

(귀 이)

一 丅 丆 丆 王 耳

글자풀이

耳(귀 이)

사람의 귀 모양을
본뜬 글자이다.

「耳」가 쓰이는 예:
耳目 (   )
牛耳 (   )
馬耳 (   )

手 수	部首 字 부 수 자

●「手」가 아래에
① 拳 (주먹 권)

●「手」가 왼쪽에
② 打 (칠   타)
③ 托 (의지할 탁)
④ 技 (기술 기)
⑤ 批 (비평할 비)
⑥ 抑 (누를 억)
⑦ 折 (꺾을 절)
⑧ 投 (던질 투)
⑨ 抗 (항거할 항)
⑩ 拒 (막을 거)
⑪ 拍 (칠   박)
⑫ 拔 (뺄   발)
⑬ 拜 (절   배)
⑭ 挑 (돋울 도)
⑮ 持 (가질 지)
⑯ 指 (손가락 지)
⑰ 捕 (잡을 포)
⑱ 掃 (쓸   소)
⑲ 捨 (버릴 사)
⑳ 推 (천거할 추)
㉑ 授 (받을 수)

●「手」가 가운데
㉒ 承 (이을 승)

↓

↓

↓

(손   수)

一 二 三 手

글자풀이

手(손 수)

손의 모양을 본뜬
글자이다. 다른 글자
의 부수(部首)로 쓰
일 때는 「扌(재방변)」
의 형태로 쓰인다.

「手」가 쓰이는 예:

手足 (   )
手工 (   )
雙手 (   )
打手 (   )

●「足」이 왼쪽에
① 路 (길   로)
② 距 (떨어질 거)
③ 跡 (발자취 적)
④ 踏 (밟을 답)

※ '足'자가 다른
글자의 음부자로
도 쓰인다.

　　促 (재촉할 촉)

예 : 促進 (촉진)

(발   족)

丨口口甲甲足足

글자풀이

足(발 족)

　발의 모양을 본뜬
글자이다. 다른 글자
의 부수로 쓰일 때는
「⻊(발족변)」의 형태로
쓰인다.

「足」이 쓰이는 예 :
手足 (　　　　)
不足 (　　　　)
足下 (　　　　)

※ '牙'자는 어금니를 뜻하고, '齒(이치)'자는 앞니를 뜻한다.

(어금니 아)

ㅡ ㄷ 牙 牙

牙(어금니 아)

 어금니의 모양을 본 뜬 글자이다.

「牙」가 쓰이는 예:
齒牙 (   )
象牙 (   )

● 「舌」이 아래에
① 舍 (집 사)

● 「舌」이 왼쪽에
② 舘 (집 관)

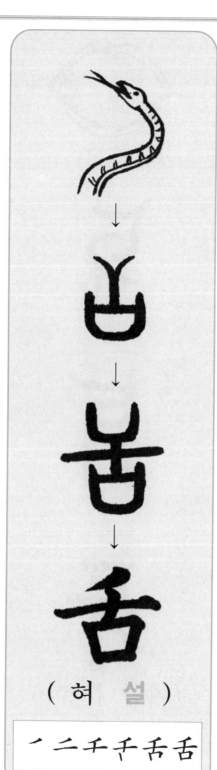

（ 혀 설 ）

一 二 千 舌 舌 舌

글자풀이

舌(혀 설)

본래 뱀의 혀가 두
개로 갈라진 모양을
본뜬 글자이다.

「**舌**」이 쓰이는 예:
口舌 (   )
筆舌 (   )

36

● 「心」이 본자로
① 必 (반드시 필)

● 「心」이 아래에
② 忌 (꺼릴 기)
③ 忘 (잊을 망)
④ 忍 (참을 인)
⑤ 志 (뜻 지)
⑥ 念 (생각 념)
⑦ 忠 (충성 충)
⑧ 忽 (문득 홀)
⑨ 急 (급할 급)
⑩ 怒 (성낼 노)
⑪ 思 (생각 사)
⑫ 怠 (게으를 태)
⑬ 恐 (두려울 공)
⑭ 怨 (원망할 원)
⑮ 恕 (용서 서)
⑯ 息 (쉴 식)
⑰ 恩 (은혜 은)
⑱ 恭 (공손할 공)

● 「心」이 왼쪽에
⑲ 忙 (바쁠 망)
⑳ 快 (쾌할 쾌)
㉑ 性 (성품 성)
㉒ 怪 (괴이할 괴)
㉓ 悦 (기쁠 열)
㉔ 情 (뜻 정)
㉕ 恒 (항상 항)

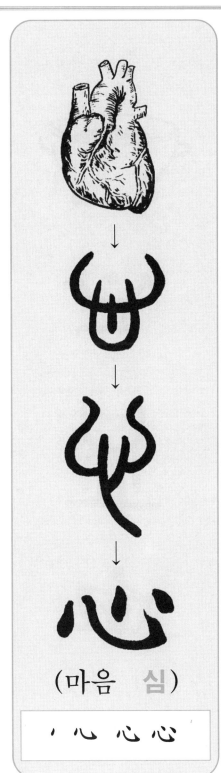

(마음 심)

丶 心 心 心

心 (마음 심)

본래 심장의 모양을 본뜬 글자이다.

'心'이 다른 글자의 왼쪽 부수자로 쓰일때 는 '忄(마음심변)'의 형태로 쓰인다.

「心」이 쓰이는 예:

人心 (　　　　)

本心 (　　　　)

童心 (　　　　)

心中 (　　　　)

心理 (　　　　)

● 「血」이 위에
① 衆 (무리 중)

※ '血'과 비슷한
글자로 '皿(그릇
명)'이 있다.

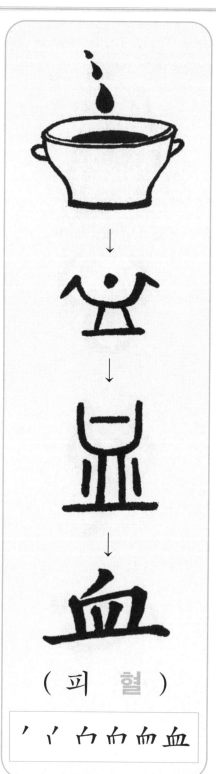

(피 혈)

` ´ 乧 血 血 血

血(피 혈)

 그릇에 핏방울이 떨
어지는 모양을 본뜬
글자이다.

「血」이 쓰이는 예:
血氣 (   )
血統 (   )
血肉 (   )
丹血 (   )

毛	部首 字
모	부 수 자

● 「毛」가 아래에
① 毫 (터럭 호)

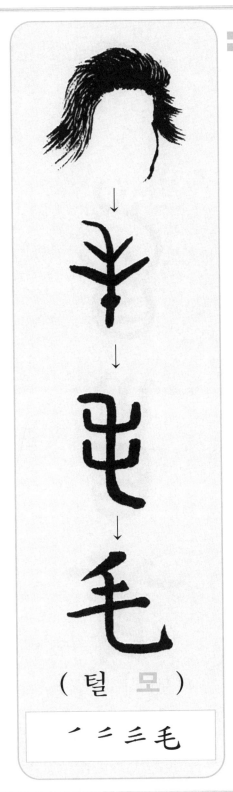

(털 　모)

ノ 二 三 毛

毛 (털 모)

본래 털이 빽빽이
나있는 모양을 본뜬
글자이다.

「毛」가 쓰이는 예:

毛皮 (　　　　)

毛布 (　　　　)

羊毛 (　　　　)

首	部首	字
수	부 수	자

※ "한국의 首都
(   )는 서울이
고, 中國의 首都는 北
京(북경)이고, 日本
의 首都는 東京이
다."

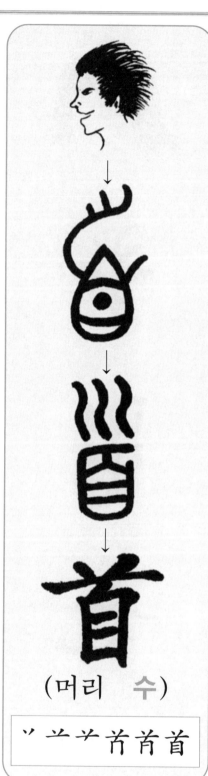

(머리 수)

丷 丷 ㇓ 产 酉 首

首(머리 수)

　사람의 얼굴에 눈과
머리털을 그려서 머리
를 나타낸 글자이다.

「首」가 쓰이는 예:

白首 (   )
首都 (   )
首尾 (   )
首弟子 (   )

面	部首字
면	부 수 자

※‘靣’은 ‘面’의 속자이니, ‘面’자 처럼 써야 한다.

‘面’은 행정 구획 의 뜻으로도 쓰인 다.
예: 邑面(읍면)
　　面長(면장)

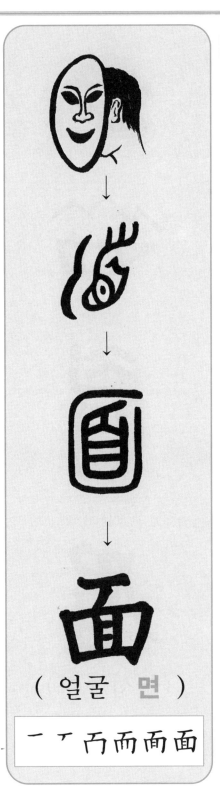

（얼굴 면）

一 丆 丙 而 面 面

面(얼굴 면)

　본래 얼굴에 쓴 가 면의 모양을 본뜬 글 자인데, 뒤에 「얼굴」 의 뜻으로 쓰이게 되 었다.

「面」이 쓰이는 예:

面刀 (　　　　　)
面目 (　　　　　)
平面 (　　　　　)
表面 (　　　　　)

41

眉 미	字 자

※ '眉'자는 '目(눈
목)'부수자에 속한
다.

※ "眉間(　　　)
이 넓은 사람도 있
고, 좁은 사람도 있
다."

(눈섭　미)

つ　ア　尸　尺　眉　眉

眉 (눈섭 미)

　본래 눈과 눈썹의 모
양을 본뜬 것인데, 눈
썹만을 뜻하게 된 글
자이다.

「眉」가 쓰이는 예:
白眉 (　　　　　)
眉間 (　　　　　)
眉目 (　　　　　)

胃 위	字 자

※ '胃'자는 육체의 한 부분이기 때문에, '月(달월)'이나 '田(밭전)'과는 관계 없으므로 '月(육달월)' 곧 「고기육(肉)」부수에 속한다.

(위장 위)

冂 冊 甲 胃 胃

글자풀이

胃(위장 위)

본래 위장 속에 쌀알이 들어있는 모양을 본뜨고, 「月(육달월)」자를 더한 것이다.

「胃」가 쓰이는 예:

胃腸 ( )

胃痛 ( )

胃炎 ( )

43

<table>
<tr><td>骨
골</td><td>部首字
부 수 자</td></tr>
</table>

● 「骨」이 왼쪽에
① 體 (몸　체)

※ '骨'이 다른 글
자의 음부자로도
쓰인다.
　滑(미끄러울 활)
예 : 滑走路(활주로)
　　圓滑(원활)

(뼈　골)

冎　冎　骨　骨　骨　骨

骨(뼈 골)

　본래 뼈의 관절 모
양을 본뜬 것인데,
뒤에 「月(肉:고기육)」
자를 더한 글자이다.

「骨」이 쓰이는 예:
骨格 (　　　　)
骨肉 (　　　　)
白骨 (　　　　)

齒	部首字
치	부 수 자

※ '齒(치)'는 앞
니를 뜻하고, '牙
(아)'는 어금니를
뜻한다.

　이와 나이는 밀
접한 관계가 있기
때문에, '齒'는 나
이의 뜻으로도 쓰
인다.
예 : 年齒(연치)

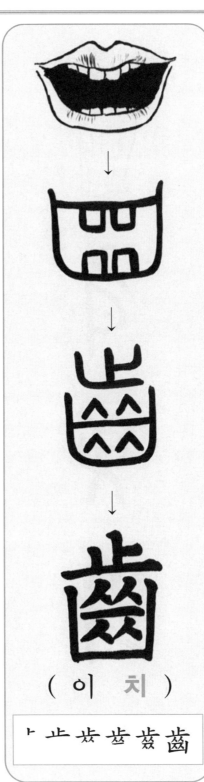

(이　치)

卜 止 齿 齿 齿 齒

齒(이 치)

　입안에 있는 이의
모양을 본뜬 것인데,
뒤에 「止(그칠지)」자
를 더하여 자음(字
音)을 표시하였다.

「齒」가 쓰이는 예 :
齒石 (　　　　　)
齒牙 (　　　　　)
齒科 (　　　　　)
蟲齒 (　　　　　)

45

身 신	部首 字 부수 자

※우리말에 아이를 낳다를 '몸 풀었다'라고 하는 것을 생각하면 이해가 될 것이다.

身(몸 신)

본래 아이 밴 여인의 모습을 본뜬 글자인데, 몸의 뜻으로 쓰이게 되었다.

(몸 신)

身

「身」이 쓰이는 예:

身長 (   )

身元 (   )

心身 (   )

自身 (   )

出身 (   )

自자	部首字 부수 자

● 「自」가 위에
① 臭 (냄새 취)

※ '臭'자가 다른
글자의 음부자로
된 글자:
嗅(맡을 후)
예 : 嗅覺(후각)

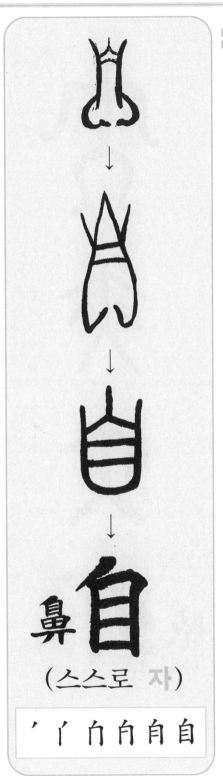

鼻 自
(스스로 자)

`´ ˊ ⼴ 自 自 自`

글자풀이

自(스스로 자)

본래 어른 코의 모
양을 본뜬 글자인데,
중국사람들이 자기를
가리킬 때, 반드시
코를 가리키는 습관
에서 「자기」의 뜻으
로 변하게 되어, 「自
(자)」에 「畀(줄비)」자
를 더하여 「鼻(코비)」
자를 만들었다.

「自」가 쓰이는 예 :
自己 (   )
自身 (   )
自由 (   )

47

亦	字
역	자

※ '亦'자는 '宀(돼지해머리)' 부수자에 속한다.

'亦'이 다른 글자의 음부자로도 쓰인다.

跡 (발자취 적)

예 : 古跡(고적)
　　事跡(사적)
　　人跡(인적)

亦(또 역)

본래 사람의 겨드랑이를 표시한 글자인데, 뒤에 「또」의 뜻으로 변하였다. 다시 「腋(겨드랑이 액)」자를 만들었다.

「亦」이 쓰이는 예 :

亦是 (　　　　　)

亦然 (　　　　　)

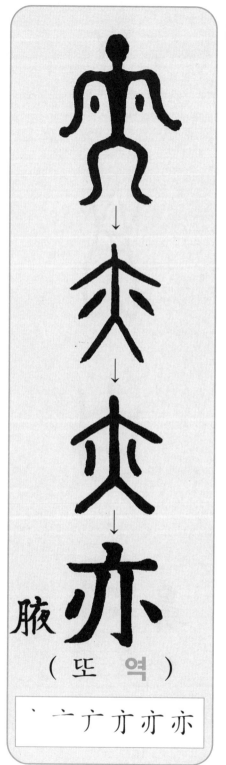

腋 亦

(또　역)

丶 丶 广 亣 亣 亦

48

而	部首字
이	부 수 자

● 「而」가 왼쪽에

① 耐 (견딜 내)

※ '而'자가 다른
글자의 음부자로
도 쓰인다.

　　需 (구할 수)

예 : 需要 (수요)

　　儒 (선비 유)

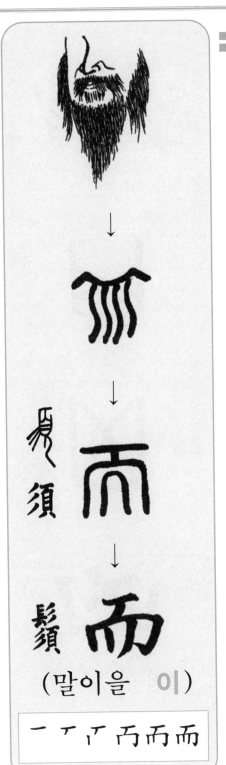

(말이을 이)

一　ア　万　而　而

글자풀이

而 (말이을 이)

　본래 사람의 수염을
본뜬 글자인데, 뒤에
말과 말을 잇는 뜻으
로 쓰이게 되었다.

　다시 수염의 뜻으로
「須(수)」자를 만들었
으나, 이 자도 「모름
지기」의 뜻으로 쓰이
게 되어, 또다시 「鬚
(수염수)」자를 만들
었다.

凶 흉	字 자

※ '凶'자는 '凵(위
튼입구)' 부수자에
속한다.

'凶'자가 다른 글자
의 음부자로도 쓰인
다.
　胸(가슴흉)
예:胸部(흉부)

凶(흉할 흉)

　본래 가슴의 모양을
본뜬 것인데,「흉하다」
의 뜻으로 쓰이게 되
어, 다시「胸(가슴
흉)」자를 만들었다.

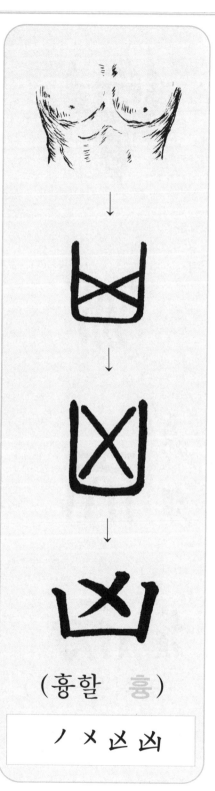

(흉할　흉)

ノ　メ　凶　凶

「凶」이 쓰이는 예:
凶計 (　　　　　　)
凶年 (　　　　　　)
凶作 (　　　　　　)
吉凶 (　　　　　　)

50

乃	字
내	자

※ '乃'자는 'ノ(삐침)'부수자에 속한다.

'乃'자와 비슷한 글자:

及(미칠 급)
예 : 言及(언급)

反(돌이킬 반)
예 : 反省(반성)

久 (오랠 구)
예 : 永久(영구)

ノ → フ → ヲ → 乃

奶 乃
(이에   내)

ノ ア 乃

乃(이에 내)

본래 젖의 모양을 본뜬 것인데, 뒤에 「이에」 또는 「곧」의 뜻으로 쓰이게 되어, 다시 「奶(젖 내)」자를 만들었다.

「乃」가 쓰이는 예 :
乃至(   )

51

呼稱類(호칭류)

人. 父. 母. 子. 女. 兄.
弟. 夫. 妻. 兒 老. 我.
友. 朋

●「人」이 위에
① 令 (하여금 령)
② 企 (바랄 기)
③ 余 (나 여)

●「人」이 왼쪽에
④ 仁 (어질 인)
⑤ 代 (대신 대)
⑥ 付 (줄 부)
⑦ 仕 (벼슬 사)
⑧ 仙 (신선 선)
⑨ 他 (남 타)
⑩ 件 (조건 건)
⑪ 伐 (칠 벌)
⑫ 伏 (엎드릴 복)
⑬ 仰 (우러를 앙)
⑭ 任 (맡길 임)
⑮ 仲 (버금 중)
⑯ 休 (쉴 휴)
⑰ 伯 (맏 백)
⑱ 佛 (부처 불)
⑲ 伸 (펼 신)
⑳ 位 (자리 위)
㉑ 作 (지을 작)
㉒ 住 (살 주)
㉓ 何 (어찌 하)
㉔ 佳 (아름다울 가)

●「人」이 오른쪽에
㉕ 以 (써 이)

(사람 인)

ノ人

글자풀이

人(사람 인)

본래 남자 어른의
옆모습을 본뜬 글자
인데, 뒤에 남녀노소
를 두루 일컫는 사람
을 뜻하는 글자가 된
것이다.

「人」이 쓰이는 예:
小人 (　　　　)
大人 (　　　　)
白人 (　　　　)
人心 (　　　　)
人生 (　　　　)

父 부	部首 字 부 수 자

※ 나를 중심으로
위 아래로 항렬을
따져보자.

高祖(고조)
↑
曾祖(증조)
↑
祖(조)
↑
父母
↑
(我)
↓
子
↓
孫
↓
曾孫(증손)
↓
高孫(고손)

(아비 부)

ノ ハ グ 父

글자풀이

父(아비 부)

아버지가 자식의 잘
못을 꾸짖기 위하여
손에 매를 들고 있는
상태를 본뜬 글자이
다.

「父」가 쓰이는 예:

父母 (　　　　)
父子 (　　　　)
父兄 (　　　　)
伯父 (　　　　)
叔父 (　　　　)

母	字
모	자

※ '母' 자는 '毋(말무)' 부수자에 속한다.

'母' 자가 다른 글자의 음부자로 된 글자:

每(매양 매)
梅(매화 매)
海(바다 해)

"우리를 낳아 길러 주신 어머니의 '母性愛(　　성애)'는 하늘보다도 넓고, 바다보다도 깊지요."

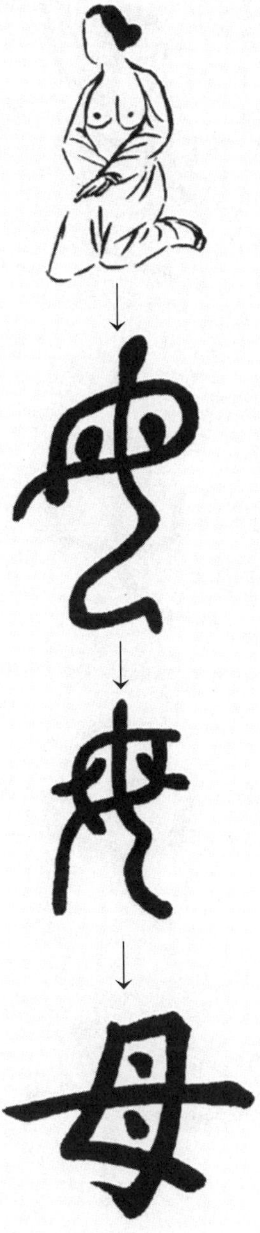

(어미 모)

글자풀이

母(어미 모)

여자가 어머니의 구실을 하려면, 무엇보다도 젖이 필요하기 때문에, 여자의 가슴에 두 점으로 젖을 표시한 글자이다.

「母」가 쓰이는 예:

母子 (　　　　　)
母女 (　　　　　)
父母 (　　　　　)
祖母 (　　　　　)
伯母 (　　　　　)

● 「子」가 위에
① 孟 (맏 맹)

● 「子」가 아래에
② 字 (글자 자)
③ 存 (있을 존)
④ 孝 (효도 효)
⑤ 季 (끝 계)
⑥ 學 (배울 학)

● 「子」가 왼쪽에
⑦ 孔 (구멍 공)
⑧ 孤 (외로울 고)
⑨ 孫 (손자 손)

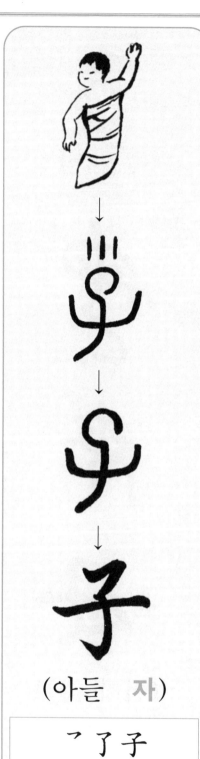

(아들 자)

```
 ㄱ 了 子
```

글자풀이

子(아들 자)

포대기에 싸여서 두
팔만 흔들고 있는 아
이의 모습을 본뜬 글
자이다.

「子」가 쓰이는 예:

子女 (   )
女子 (   )
父子 (   )
小子 (   )
長子 (   )

女	部首字
녀	부 수 자

● 「女」가 아래에
① 妾 (첩 첩)
② 妻 (아내 처)
③ 姿 (맵시 자)
④ 委 (맡길 위)
⑤ 妄 (망령될 망)
⑥ 威 (위엄 위)

● 「女」가 왼쪽에
⑦ 奴 (종 노)
⑧ 妃 (왕비 비)
⑨ 如 (같을 여)
⑩ 好 (좋을 호)
⑪ 妙 (묘할 묘)
⑫ 妨 (방해할 방)
⑬ 妹 (누이 매)
⑭ 姓 (성 성)
⑮ 始 (비로소 시)
⑯ 姻 (혼인할 인)
⑰ 婦 (며느리 부)
⑱ 婚 (혼인할 혼)

● 「女」가 거듭
⑲ 姦 (간사 간)

（계집 녀）

ㄑ 女 女

女(계집 녀)

두 손을 앞으로 모
으고 얌전히 꿇어앉
아 있는 여자의 모습
을 본뜬 글자이다.

「女」가 쓰이는 예:
女子 (   )
女士 (   )
少女 (   )
男女 (   )
母女 (   )

兄	字
형	자

※ '兄'자는 '儿(어진사람인)' 부수자에 속한다.

'儿'자는 곧 '人(사람인)'자의 다른 형태이다.

'元(원), 光(광), 先(선), 兒(아)' 등의 '儿'자가 모두 '人'자와 관계있는 글자이다.

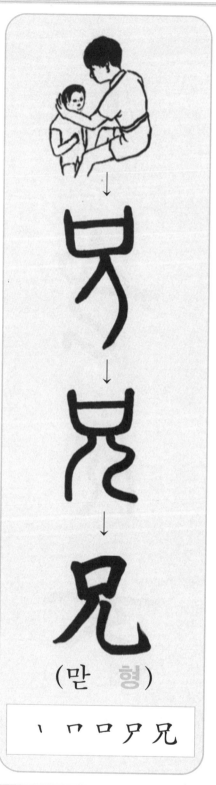

(맏 형)

| ノ | 冂 | 冂 | 尸 | 兄 |

兄(맏 형)

아우보다 머리가 큰 형의 모양을 본떠, 「형」의 뜻을 나타낸 글자이다.

「兄」이 쓰이는 예:
兄夫 (   )
兄弟 (   )
長兄 (   )

58

弟	字
제	자

※ '弟'자는 '弓(활
궁)' 부수자에 속
한다.

※ 다음 글자들은
모양이 비슷하지만
뜻이 다르다.

　〈弓(궁)부〉
① 弔 (조상 조)
② 弗 (아닐 불)
③ 弟 (아우 제)

　〈竹(죽)부〉
④ 第 (차례 제)

　〈大(대)부〉
⑤ 夷 (오랑캐 이)

(아우 제)

` ` ` ` ` ` ` ` 弟

글자풀이

弟(아우 제)

　본래 화살에 줄을
감은 것을 본뜬 글자
인데, 줄을 감을 때
는 반드시 순서가 있
어야 함으로, 형 다
음의 아우라는 뜻으
로 쓰인 것이다.

「弟」가 쓰이는 예:
弟子 (　　　　　)
兄弟 (　　　　　)
師弟 (　　　　　)
子弟 (　　　　　)

夫 부	字 자

※ '夫'자는 '大(큰 대)' 부수자에 속한다.

'夫'자가 다른 글자의 음부자로 된 글자:
　扶(도울 부)
예:扶養(부양)

"農夫(농　　)는 밭을 갈고, 漁夫(어　　)는 고기를 잡고, 馬夫(　　부)는 말을 몬다."

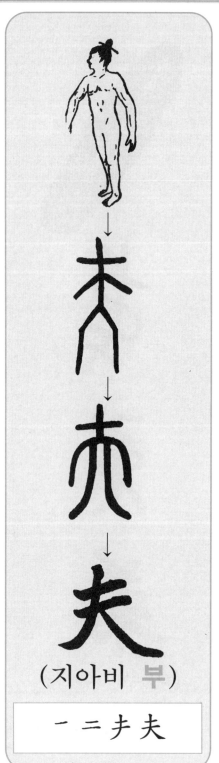

(지아비 부)

一 二 夫 夫

글자풀이

夫(지아비 부)

옛날 남자가 20살 되면 머리를 틀어 묶고, 관을 썼던 모습을 본뜬 글자이다.

「夫」가 쓰이는 예:

夫婦 (　　　　　　　)
大夫 (　　　　　　　)
丈夫 (　　　　　　　)
兄夫 (　　　　　　　)
妹夫 (　　　　　　　)

妻 처	字 자

글자풀이

妻(아내 처)

여자가 머리에 손으로 비녀를 꽂은 모습을 본뜬 글자로서 아내의 뜻을 나타낸 것이다.

※ '妻'자는 '女(계집녀)' 부수자에 속한다.

'妻'자가 다른 글자의 음부자로 쓰인 글자:

悽(슬퍼할 처)

'妻(처)'에서 「⇒→ ⇒」의 필획은 손의 형태를 나타낸 것이다.

(아내 처)

一 ㄱ ㅌ 妻 妻 妻

「妻」가 쓰이는 예:

妻家 (   )
妻子 (   )
妻男 (   )
妻弟 (   )
本妻 (   )

兒	字
아	자

※ '兒'자는 'ㅣㄴ(어
진사람인)' 부수자
에 속한다.

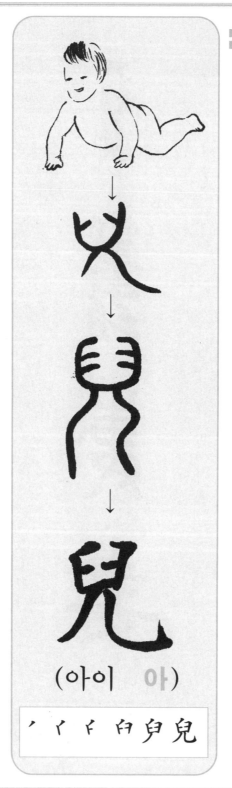

(아이 아)

글자풀이

兒(아이 아)

 정수리의 숨구멍이
덜 굳은 아기의 모습
을 본뜬 글자이다.

「兒」가 쓰이는 예:
兒童 (   )
女兒 (   )
男兒 (   )
小兒 (   )
幼兒 (   )

老	部首 字
로	부 수 자

※ '老(늙을로)'자는 부수자에 속하는 글자로 '耂'의 부수자만을 취한 글자:

考(상고할 고)

者(놈 자)

"아파트 놀이터에서 노인과 아이들이 모여서 老少同樂(동락)하는 모습이 아름답게 보인다."

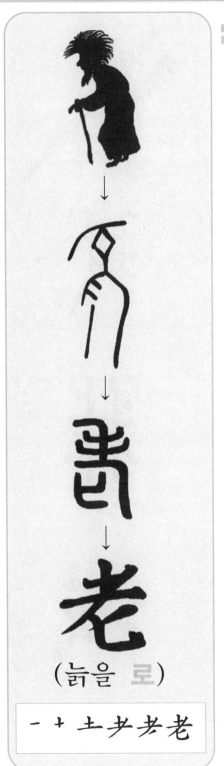

(늙을 로)

一 十 土 耂 老 老

老(늙을 로)

긴 머리털에 허리를 굽혀 지팡이를 손에 잡은 노인의 모습을 본뜬 글자이다.

「老」가 쓰이는 예:

老人 (   )

老母 (   )

老父 (   )

老少 (   )

老年 (   )

我	字
아	자

※'我'자는 '戈(창
과)' 부수자에 속한
다.

※戈(창과)자가 붙
은 다음 글자들은 본
래 모두 무기와 관계
있는 글자이다.
　伐(칠 벌)
　成(이룰 성)
　戊(별 무)
　戌(개 술)

(나 아)

一 二 手 手 我

我(나 아)

본래 톱니가 있는 무
기의 모양을 본 뜬 것
인데, 이 무기는 반드
시 자기 쪽으로잡아
당겨야 함으로 「나」를
가리키게 된 것이다.

「我」가 쓰이는 예:
我國(　　　　)
自我(　　　　)
無我(　　　　)

友 우	字 자

※ '友'자는 '又(또 우)' 부수자에 속한 다.

'又(또 우)'자는 본 래 오른손을 간략히 본뜬 글자이다.

友(벗 우)

　손과 손을 마주 잡 는 모양을 본떠 「벗」 의 뜻을 나타낸 글자 이다.

「友」가 쓰이는 예:

友人 (　　　　)
友好 (　　　　)
友情 (　　　　)
學友 (　　　　)

(벗 우)

一 ナ 方 友

65

朋	字
붕	자

※ '朋'자는 '月(달
월)' 부수자에 속한
다.

'朋'자가 다른 글자
의 음부자로도 쓰인
다.
　崩(산무너질 붕)
　鵬(붕새 붕)

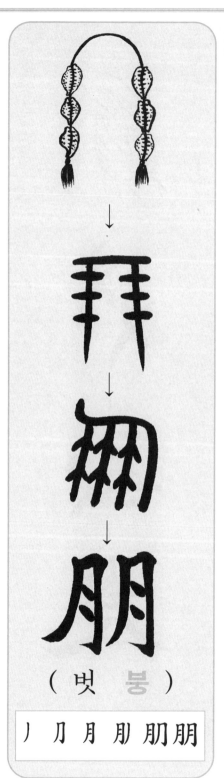

(벗　붕)

ノ 刀 月 月 朋 朋

朋(벗 붕)

　본래 보배조개 껍데
기를 끈에 꿰어 놓은
것을 본뜬 것인데, 뒤
에 벗의 뜻으로 쓰였
다.

「朋」이 쓰이는 예:
朋友 (　　　　　)
高朋 (　　　　　)

(4) 動物類 (동물류)

牛. 犬. 羊. 豕. 兔. 馬.
鹿. 虎. 象. 龜. 龍. 貝.
蟲. 魚. 鳥. 燕. 鳳. 焉

牛	部首 字
우	부 수 자

● 「牛」가 왼쪽에
① 牧 (칠 목)
② 物 (만물 물)
③ 特 (유다를 특)

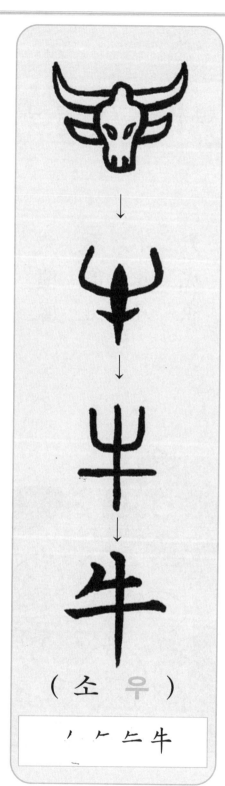

(소 우)

ノ ヒ ニ 牛

牛(소 우)

소를 정면에서 바라
본 모양을 본뜬 글자
이다. 다른 글자의
변으로 쓰일 때는
「牜 (소우변)」의 형태
로 쓰인다.

「牛」가 쓰이는 예:

黃牛 (   )

牛乳 (   )

牛車 (   )

牛角 (   )

68

犬	部首字
견	부 수 자

●「犬」이 왼쪽에
① 犯 (범할 범)
② 狗 (개 구)
③ 猛 (사나울 맹)
④ 獨 (홀로 독)
⑤ 獄 (옥 옥)

●「犬」이 오른쪽에
⑥ 狀 (형상 상)
⑦ 獸 (짐승 수)
⑧ 獻 (드릴 헌)

(개 견)

一 ナ 大 犬

글자풀이

犬(개 견)

본래 개의 옆모양을 본뜬 글자인데, 세워서 쓴 것이다. 다른 글자의 변으로 쓰일 때는 「犭 (개사슴록)」의 형태로 쓰인다.

「犬」이 쓰이는 예:
犬馬 (   )
軍犬 (   )

羊 양	部首字 부 수 자

● 「羊」이 위에
① 美 (아름다울 미)
② 義 (옳을 의)

● 「羊」이 오른쪽에
③ 群 (고을 군)

羊(양 양)

양을 정면에서 바라
보고 특히 뿔을 강조
하여 본뜬 글자이다.

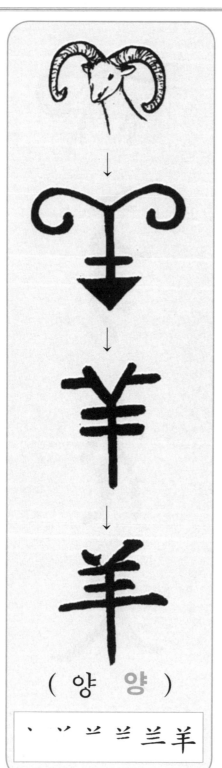

(양 양)

`  丷 ソ 늰 늗 뜨 羊`

「羊」이 쓰이는 예:

山羊 (   )

羊毛 (   )

羊皮 (   )

白羊 (   )

豕	部首字
시	부 수 자

● 「豕」가 아래에
① 豪 (호걸 호)

● 「豕」가 오른쪽에
② 豫 (미리 예)
③ 豚 (돼지 돈)

豚 豕
(돼지 시)

一ㄱㅜ죠豕豕豕

豕 (돼지 시)

본래 돼지의 옆모양
을 세워서 본뜬 글자
인데, 「月(육달월)」자
를 더하여 「豚(돼지
돈)」, 「豬(돼지저)」
등으로 쓰인다.

71

兎	字
토	자

※ '兎'자는 'ㄦ(어진 사람인)' 부수자에 속해 있으나, 실은 사람과 관계없는 글자이다.

'兎'자는 '兔'자의 속자이다.

다음 두 글자는 자형이 비슷하기 때문에 잘 구별해야 한다.

兔(토끼 토)
免(면할 면)

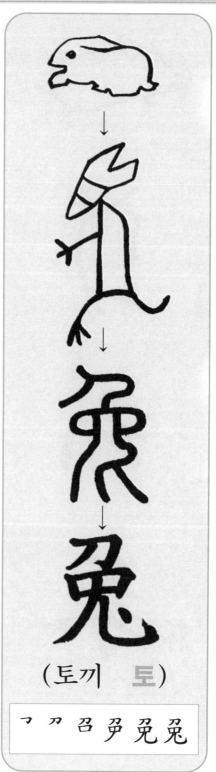

(토끼 토)

ㄱ ㄲ 刍 孕 兌 兔

兔(토끼 토)

토끼의 옆모양에서 특히 큰 귀를 강조하여 세워서 본뜬 글자이다.

「兔」가 쓰이는 예:

兔月 (   )

玉兔 (   )

●「馬」가 아래에
① 驚 (놀랄 경)

●「馬」가 왼쪽에
② 驅 (몰 구)
③ 驛 (역말 역)
④ 驗 (시험 험)
⑤ 騎 (말탈 기)
⑥ 騷 (시끄러울 소)

(말 마)

一 厂 厂 匡 馬 馬 馬

글자풀이

馬 (말 마)

말의 모양을 본떠 세
워 놓은 글자이다.

「馬」가 쓰이는 예:

馬車 (   )
馬夫 (   )
木馬 (   )
白馬 (   )
牛馬 (   )

鹿	部首字
록	부 수 자

● 「鹿」이 아래에
① 麗 (고울 려)

↓

↓

↓

鹿
(사슴 록)

一 广 广 户 声 庐 鹿 鹿

鹿(사슴 록)

사슴의 옆모양에서
뿔과 눈을 강조하여
본뜬 글자이다.

「鹿」이 쓰이는 예:

鹿角 (   )

白鹿 (   )

馬鹿 (   )

74

虎	字
호	자

※ '虎'자는 '虍(범
호엄)' 부수자에 속
한다.

'호랑이 없는 골에
토끼가 선생이라'라
는 말을 한문으로 쓰
면, '無虎洞中(무호
동중) 兔子先生(토
자선생)'이라고 한
다.

(호랑이 호)

⺊ ⺊ 广 虍 虎 虎 虎

虎(호랑이 호)

호랑이의 옆모양에
서 특히 사납게 벌린
입모양을 강조하여
본뜬 글자인데, 세워
서 쓴 것이다.

「虎」가 쓰이는 예:

虎口 (   )

虎皮 (   )

大虎 (   )

75

象 상	字 자

글자풀이

象 (코끼리 상)

코끼리의 옆모양에서 특히 긴 코를 강조하여 세워서 본뜬 글자이다.

※'象'자를 사전에는 「豕(돼지시)」부수자에 넣어 놓았으나, 실로 돼지와는 관계 없는 글자이다.

(코끼리 상)

'象'자가 다른 글자의 음부자로 된 글자:

像(형상 상)

예: 銅像(동상)

「象」이 쓰이는 예:

象牙 (   )

氣象 (   )

現象 (   )

76

龜 구	部首 字 부 수 자

"임진왜란(壬辰倭亂) 때 이순신(李舜臣)장 군이 만든 거북선을 '龜船(귀선)'이라고 도 한다."

'龜'자의 발음이 인 명이나 지명에 쓰일 때는 '구'로 되고, 거 북의 뜻으로는 '귀' 로 된다. '틈'이라는 뜻으로는 '균'으로 발음된다.

　　龜裂(균열)

※ '龜'자의 필순을 달리하는 사람도 있 다.

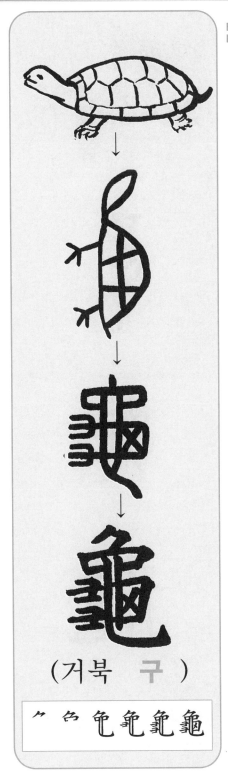

(거북　구　)

ノ ⼠ 龟 龜 龜 龜

龜(거북 구)

　거북의 옆모양을 세 워서 본뜬 글자이다.

「龜」가 쓰이는 예:

龜甲 (　　　　　)
龜船 (　　　　　)

77

龍	部首字
롱	부 수 자

※ '龍'자에는 '효
(입)'과 '月(육달
월)'자가 있지만, 본
래의 상형자를 보면,
용의 머리와 입의 모
양이 변한 것임을 알
수 있다.

'龍'자가 다른 글자
의 음부자로된 글자:
  聾(귀먹을 롱)

↓

↓

龍
(용   롱)

一 立 产 肯 背 龍 龍

글자풀이

龍(용 롱)

 본래 상상의 동물인
용의 모양을 본뜬 글
자이다.

「龍」이 쓰이는 예:
青龍 (   )
白龍 (   )
黑龍 (   )

78

<table>
<tr><td>貝
패</td><td>部首字
부 수 자</td></tr>
</table>

● 「貝」가 아래에
① 貞 (곧을 정)
② 負 (질 부)
③ 貢 (바칠 공)
④ 貫 (꿸 관)
⑤ 貧 (가난 빈)
⑥ 責 (꾸짖을 책)
⑦ 貪 (탐할 탐)
⑧ 貨 (재화 화)
⑨ 貴 (귀할 귀)
⑩ 買 (살 매)
⑪ 貿 (무역 무)
⑫ 費 (쓸 비)
⑬ 賀 (하례 하)
⑭ 資 (재물 자)
⑮ 贊 (도울 찬)
⑯ 賣 (팔 매)
⑰ 賞 (상 상)
⑱ 質 (바탕 질)
⑲ 賢 (어질 현)
⑳ 貳 (둘 이)

● 「貝」가 왼쪽에
㉑ 財 (재물 재)
㉒ 販 (팔 판)
㉓ 貯 (쌓을 저)
㉔ 賊 (도둑 적)
㉕ 賦 (부과할 부)
㉖ 贈 (줄 증)

● 「貝」가 오른쪽에
㉗ 賴 (의뢰할 뢰)

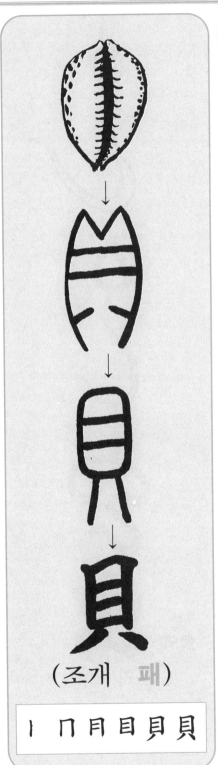

(조개 패)

一 冂 冂 目 目 貝 貝

貝(조개 패)

옛날 돈으로 썼던 보
배조개의 모양을 본뜬
글자이다.

「貝」가 쓰이는 예:
貝物 (   )
貝類 (   )

79

蟲 충	部首字 부 수 자

● 「虫」이 아래에
① 蜜 (꿀 밀)
② 螢 (반딧불 형)
③ 蠻 (오랑캐 만)

● 「虫」이 왼쪽에
④ 蛇 (뱀 사)

蟲
虫
(벌레 충)

口 虫 蛊 虫 蚰 蟲

글자풀이

蟲(벌레 충)

본래 뱀의 모양을
본뜬 것인데, 뒤에
벌레를 뜻하는 蟲(벌
레충)자로 되었다.
다른 글자의 부수로
쓸 때는 「虫(벌레훼)」
로만 쓴다.

「蟲」이 쓰이는 예:
蟲害 ( )
寸蟲 ( )
長蟲 ( )
病蟲 ( )

●「魚」가 왼쪽에

① 鮮 (고울 선)

※ '魚'자가 다른 글
자의 음부자로 된
글자:
　　漁(고기잡을 어)
예:漁夫(어부)
　　漁船(어선)

魚
(고기　어)

ﾉ ｸ ⺈ 角 鱼 魚

魚(고기 어)

　물고기의 옆모양을
세워서 본뜬 글자이
다.

「魚」가 쓰이는 예:
魚肉 (　　　　　)
人魚 (　　　　　)

●「鳥」가 오른쪽에

① 鳴 (울 명)

② 鷄 (닭 계)

③ 鶴 (학 학)

④ 鷗 (갈매기 구)

⑤ 鴻 (기러기 홍)

●「鳥」가 안에

⑥ 鳳 (새 봉)

(새 조)

ノ ⺅ 白 白 鳥 鳥

글자풀이

鳥 (새 조)

새의 옆모양에서 날개를 강조하여 본뜬 글자이다.

「鳥」가 쓰이는 예:

鳥類 (   )

白鳥 (   )

花鳥 (   )

燕	字
연	자

※ '燕'자는 '火(불
화)' 부수자에 속한
다. 그러나 불과는
관계 없는 글자이
다.

"바다가에 사는 제
비를 海燕(   )
이라고 한다."

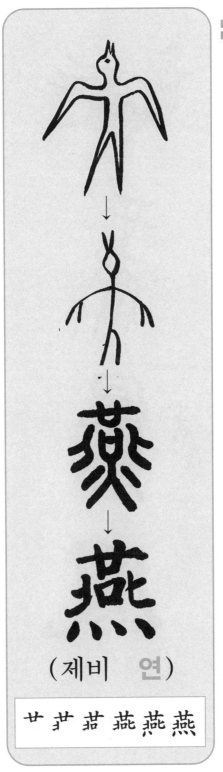

(제비   연)

卄 艹 苗 茈 燕 燕

글자풀이

燕 (제비 연)

 제비의 나는 모습을
본뜬 글자이다.

「燕」이 쓰이는 예:
燕子 (   )
燕京 (   )

鳳	字
봉	자

※ '鳳'자는 '鳥(새
조)' 부수자에 속한
다.

'鳳'자를 '鳳'과 같
이 쓰면 안된다.
'鳳' 새 의 암컷은
'凰(황)'이라고 한
다.

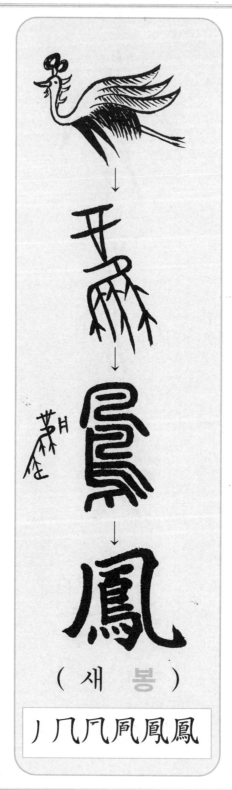

(새 봉)

丿 几 凡 凬 鳳 鳳

鳳(새 봉)

본래 상상의 새인
봉새의 화려한 깃털
의 모양을 본뜬 글자
인데, 뒤에 「凡(무릇
범)」자를 더하여 형
성자로서 「鳳(새 봉)」
자가 되었다.

「鳳」이 쓰이는 예:
龍鳳 (   )

84

焉 언	字 자

※ '焉'자는 '火(불화)' 부수자에 속한다.

'焉'과 비슷한 글자:
　鳥(새　조)
　烏(까마귀 오)
　薦(천거할 천)
예:推薦(추천)

（어찌　언）

一　丁　正　正　正　馬　焉

焉(어찌 언)

　본래 봉황새의 모양을 본뜬 것인데, 뒤에 어조사로 쓰이게 되었다.

「焉」이 쓰이는 예:
焉敢生心 （언감생심）:어찌 감히 그런 생각할 할 수 있으랴.

85

植物類 (식물류)

木. 竹. 果. 栗. 桑. 華.
禾. 來. 米. 豆. 苗. 瓜

木	部首字
목	부 수 자

● 「木」이 본자로
① 本 (근본 본)
② 末 (끝 말)
③ 未 (아닐 미)
④ 束 (묶을 속)
⑤ 朱 (붉을 주)
⑥ 東 (동녘 동)
⑦ 果 (실과 과)

● 「木」이 위에
⑧ 李 (오얏 리)
⑨ 査 (조사할 사)

● 「木」이 아래에
⑩ 架 (시렁 가)
⑪ 染 (물들을 염)
⑫ 栗 (밤 률)

● 「木」이 왼쪽에
⑬ 朴 (순박할 박)
⑭ 材 (재목 재)
⑮ 村 (마을 촌)
⑯ 杯 (잔 배)
⑰ 析 (쪼갤 석)
⑱ 松 (소나무 송)
⑲ 枝 (가지 지)
⑳ 板 (널 판)
㉑ 柳 (버들 류)
㉒ 栢 (잣 백)
㉓ 柱 (기둥 주)
㉔ 校 (학교 교)
㉕ 桃 (복숭아 도)
㉖ 桐 (오동 동)

● 「木」이 거듭
㉗ 林 (수풀 림)

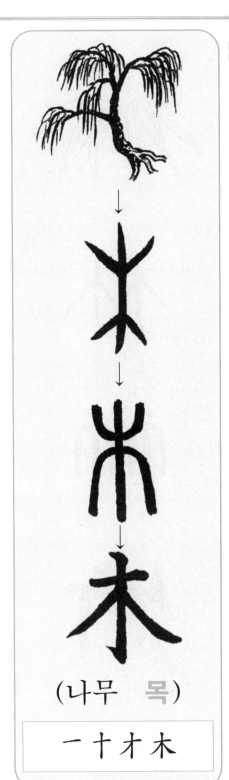

(나무 목)

一 十 オ 木

글자풀이

木(나무 목)

잎이 떨어진 나무의 모양을 본뜬 글자이다.

「木」이 쓰이는 예:

木工 (   )
木馬 (   )
材木 (   )
植木 (   )
古木 (   )

竹	部首 字
죽	부 수 자

● 「竹」이 위에
① 笑 (웃음 소)
② 笛 (저 적)
③ 筆 (붓 필)
④ 答 (대답 답)
⑤ 等 (무리 등)
⑥ 策 (꾀 책)
⑦ 節 (마디 절)
⑧ 管 (대롱 관)
⑨ 算 (셈할 산)
⑩ 範 (법 범)
⑪ 簡 (편지 간)
⑫ 第 (차례 제)
⑬ 簿 (장부 부)
⑭ 籍 (문서 적)

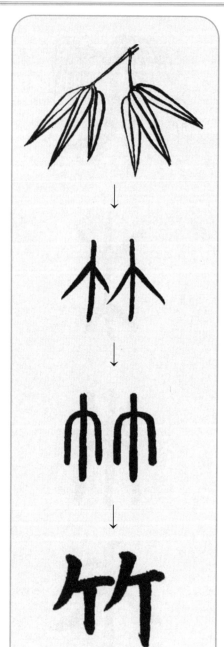

(대 죽)

ノ ⺊ ⺊ ⺊ ⺮ 竹

글자풀이

竹(대 죽)

대나무 잎의 모양을
본뜬 글자이다.

「竹」이 쓰이는 예:
竹干 (   )
竹馬 (   )
靑竹 (   )
松竹 (   )

88

果	字
과	자

※ '果'자는 '木(나무목)' 부수자에 속한다.

'果'자는 마치 '田(전)'과 '木(목)' 자가 합쳐진 것 같지만, 「田」과는 관계없이 열매의 모양이 변한 것이다. 그러므로 '果'는 '木'부에 속하는 글자이다.

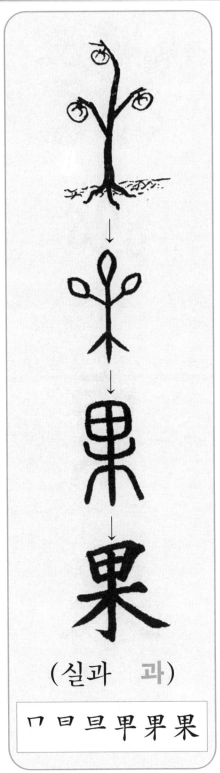

(실과 과)

冂 日 旦 里 果 果 果

果(실과 과)

나무에 실과가 달린 것을 본뜬 글자이다.

「果」가 쓰이는 예:
果實 (   )
果木 (   )
結果 (   )

89

栗	字
률	자

※'栗'자는 '木(나무목)' 부수자에 속한다.

栗(밤 률)

나무에 밤이 달린 모양을 본뜬 글자이다.

「栗」이 쓰이는 예:

栗谷 (　　　　　)

栗園 (　　　　　)

生栗 (　　　　　)

(밤　률)

一　一　兀　兀　严　栗　栗

桑	字
상	자

※ '桑'자는 '木(나
무목)' 부수자에 속
한다.

'木(나무목)' 부수자
에 속하는 글자는 모
두 나무의 이름이나,
나무와 관계 있는 것
이다.

桑(뽕 상)

뽕나무의 모양을 본
뜬 글자이다.

「桑」이 쓰이는 예:
桑田 (   )
桑林 (   )

(뽕   상)

華 화	字 자

※ '華'자는 '艹 (초
두머리)' 부수자에
속한다.

(빛날 화)

一 艹 世 苧 苹 華

華(빛날 화)

꽃이 핀 모양을 본뜬
것인데, 뒤에 빛나다
의 뜻으로 쓰이게 되
어,다시 「花(꽃화)」자
를 만들었다.

「華」가 쓰이는 예:
華甲 (   )
中華 (   )

92

禾	部首 字
화	부 수 자

● 「禾」가 위에
① 秀 (빼어날 수)

● 「禾」가 아래에
② 穀 (곡식 곡)

● 「禾」가 왼쪽에
③ 私 (사   사)
④ 科 (과목 과)
⑤ 秋 (가을 추)
⑥ 秘 (숨길 비)
⑦ 租 (세금 조)
⑧ 秩 (차례 질)
⑨ 移 (옮길 이)
⑩ 稅 (세금 세)
⑪ 程 (길   정)
⑫ 稀 (드물 희)
⑬ 種 (씨   종)
⑭ 稱 (일컬을 칭)
⑮ 稿 (볏집 고)
⑯ 稻 (벼   도)
⑰ 積 (쌓을 적)
⑱ 穫 (거둘 확)

禾(벼 화)

벼 이삭이 늘어진 모양을 본뜬 글자이다.

「禾」가 쓰이는 예:
禾本科(   )

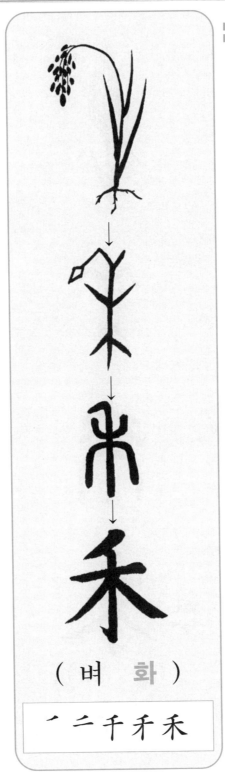

(벼   화)

ノ 二 千 禾 禾

93

來	字
래	자

※'來'자는 '人(사
람인)' 부수자에 속
한다.

※보리와 밀을 구별
할 때, 보리는 '大
麥' 밀은 '小麥'이라
고 한다.

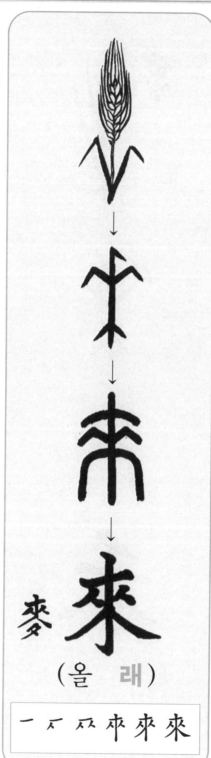

(올 래)

一 厂 厂 來 來 來

來(올 래)

본래 보리 이삭이
패있는 모양을 본뜬
것인데, 뒤에 「來(올
래)」자의 뜻으로 변
하여, 다시 「麥(보리
맥)」자를 만들었다.

「來」가 쓰이는 예:

來日 (   )

本來 (   )

未來 (   )

由來 (   )

米	部首 字
미	부 수 자

● 「米」가 아래에
① 粟 (조 속)

● 「米」가 왼쪽에
② 粉 (가루 분)
③ 精 (정미할 정)
④ 糖 (설탕 당)
⑤ 粧 (단장할 장)
⑥ 糧 (양식 량)

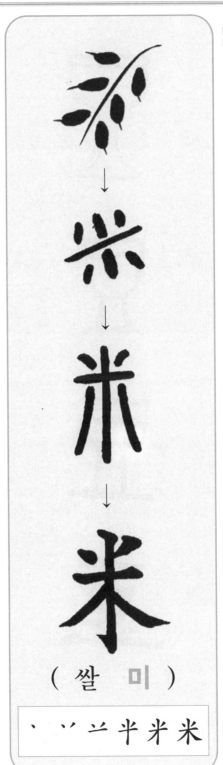

(쌀 미)

`丶 丷 ⺍ 半 米 米`

米 (쌀 미)

본래 벼의 낟알을 본
뜬 글자이다.

「米」가 쓰이는 예:
米色 (   )
白米 (   )

95

●「豆」가 아래에
① 豈 (어찌 기)
② 豐 (풍년 풍)

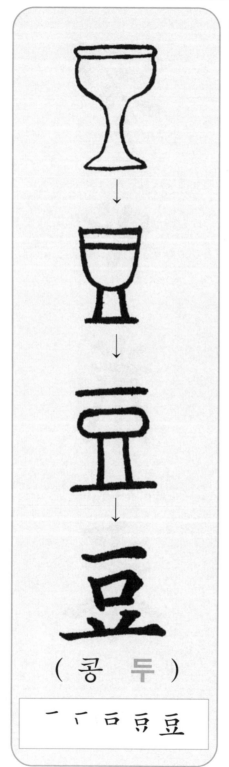

(콩 두)

一丆冂豆豆

글자풀이

豆(콩 두)

본래는 제사지낼 때 쓰는 굽이 높은 그릇의 모양을 본뜬 것인데, 뒤에 콩의 뜻으로도 쓰이게 되었다.

「豆」가 쓰이는 예:

豆腐 (   )
大豆 (   )
紅豆 (   )
黃豆 (   )

苗 묘	字 자

※ '苗' 자는 '艸→
艹(초두머리)' 부수
자에 속한다.

'艹(초두머리)' 밑에
쓴 글자는 거의 다
식물 이름이나 식물
과 관계 있는 글자로
알면 된다.

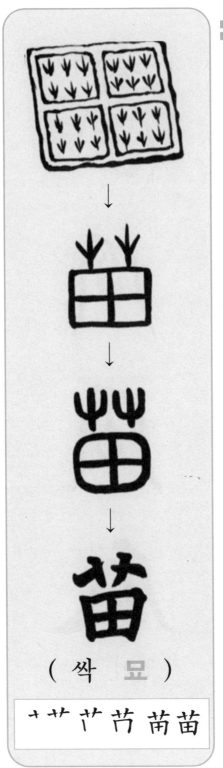

(싹 묘)

艹 艹 艹 苗 苗 苗

苗(싹 묘)

밭에 곡식의 싹이 자
라고 있는 상태를 본
뜬 글자이다.

「苗」가 쓰이는 예:
苗木 (   )

97

瓜 과	部首字 부 수 자

※ '瓜'자가 다른 글자의 음부자로 된 글자:

孤(외로울 고)

예 : 孤兒(고아)

'瓜'와 비슷한 글자로 '爪(손톱조)'가 있으니 잘 구별해야 한다.

瓜
(오이 과)

´ 厂 厂 爪 瓜 瓜

瓜 (오이 과)

오이 덩굴에 오이가 달려 있는 모양을 본 뜬 글자이다.

「瓜」가 쓰이는 예 :

瓜田 (   )

西瓜 (   )

(6)
天體類 (천체류)

日. 月. 星. 光. 雨. 雲.
電. 雪. 雷. 雹.

● 「日」이 위에
① 旦 (아침 단)
② 早 (일찍 조)
③ 旱 (가물 한)
④ 昌 (창성 창)
⑤ 星 (별 성)
⑥ 昇 (오를 승)
⑦ 是 (이 시)
⑧ 景 (볕 경)
⑨ 暑 (더울 서)

● 「日」이 아래에
⑩ 春 (봄 춘)
⑪ 智 (슬기 지)
⑫ 昔 (옛 석)
⑬ 普 (두루 보)
⑭ 旬 (열흘 순)

● 「日」이 왼쪽에
⑮ 明 (밝을 명)
⑯ 暗 (어두울 암)
⑰ 昨 (어제 작)
⑱ 映 (비칠 영)
⑲ 時 (때 시)

● 「日」이 거듭
⑳ 晶 (수정 정)

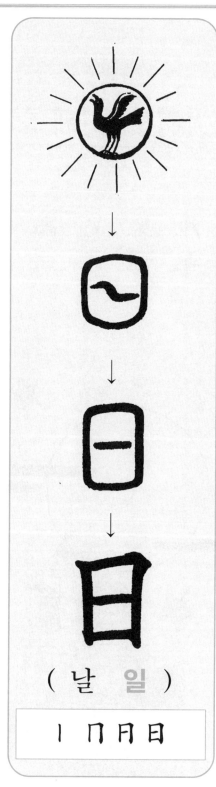

(날 일)

| ㅣ ㄇ ㅌ 日 |

글자풀이

日 (날 일)

해에는 옛날부터 다리가 셋 달린 금가마귀가 살고 있어, 날개를 펼 때 금빛이 반사되어 햇빛이 반짝인다는 전설에 따라, 둥근 해를 그리고, 그 속에 금가마귀를 표시한 글자이다.

「日」이 쓰이는 예:

一日	(	)
五日	(	)
十日	(	)
日月	(	)
日光	(	)

月	部首 字
월	부 수 자

● 「月」이 아래에
① 有 (있을 유)

● 「月」이 왼쪽에
② 服 (옷 복)

● 「月」이 오른쪽에
③ 朗 (밝을 랑)
④ 朔 (초하루 삭)
⑤ 望 (바랄 망)
⑥ 期 (기약 기)
⑦ 朝 (아침 조)

● 「月」이 거듭
⑧ 朋 (벗 붕)

※ '月(달월)'을 '月'
과 같이 쓰면 '肉(고
기육)'을 부수자로 쓴
'月(육달월)'이 된다.

(달 월)

丿 几 月 月

月 (달 월)

예로부터 달에는 옥
토끼가 있다는 전설
에 따라 달의 기운
모양을 본뜨고, 그
안에 토끼를 표시하
여 놓은 글자이다.

「月」이 쓰이는 예 :
三月 (   )
八月 (   )
正月 (   )
明月 (   )
月出 (   )

星	字
성	자

※ '星'자는 '日(날 일)' 부수자에 속한다.

'星'자와 비슷한 글자에 '皇(임금 황)' 과 '是(이 시)'자가 있다.

예 : 皇太子(황태자)
　　是非(시비)

星(별 성)

별들이 반짝이는 모양을 본뜬 글자이다.

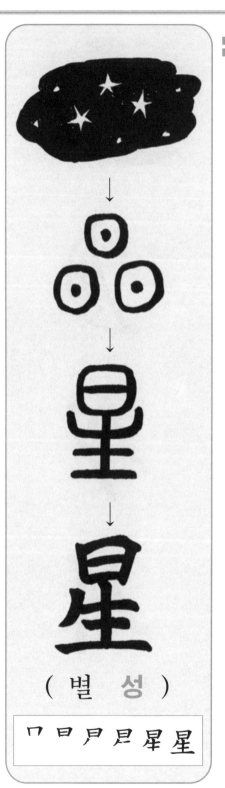

(별　성)

「星」이 쓰이는 예 :

火星 (　　　　　)
金星 (　　　　　)
土星 (　　　　　)

光	字
광	자

※ '光'자는 '儿(어진 사람 인)' 부수자에 속한다.

'儿'자는 '人(사람 인)'자의 다른 형태이다. '兄(형)'자를 다시 찾아보자.

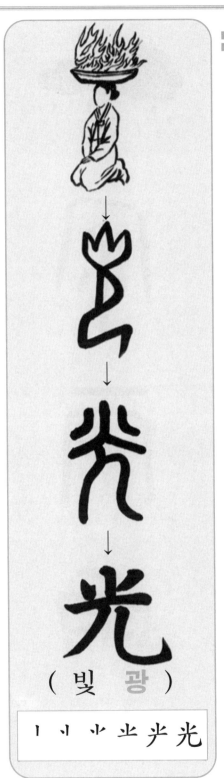

(빛 광)

丨 丬 刂 业 半 兴 光

光(빛 광)

본래 여자가 성화(聖火)를 이고 신전에 바치는 모습을 본뜬 것인데, 「빛」의 뜻으로 쓰이게 되었다.

「光」이 쓰이는 예:
光明 (   )
火光 (   )
月光 (   )

● 「雨」가 위에

① 雪 (눈 설)

② 雲 (구름 운)

③ 雷 (우뢰 뢰)

④ 電 (번개 전)

⑤ 需 (구할 수)

⑥ 霜 (서리 상)

⑦ 霧 (안개 무)

⑧ 露 (이슬 로)

⑨ 靈 (신령 령)

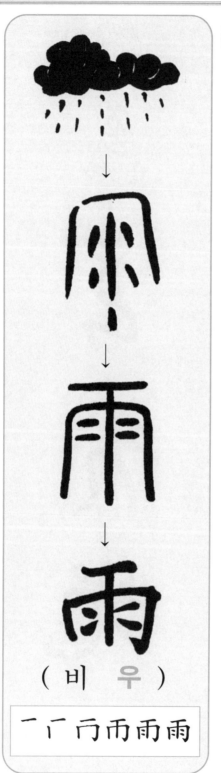

(비 우)

一 厂 厅 而 雨 雨

글자풀이

雨(비 우)

구름에서 빗방울이 떨어지는 현상을 나타내기 위하여, 둥근 하늘을 그리고, 빗방울이 땅으로 떨어지는 모양을 본뜬 글자이다.

「雨」가 쓰이는 예:

雨天 (   )

春雨 (   )

雨衣 (   )

雲 (운)	字 (자)

※ '雲'자는 '雨(비우)' 부수자에 속한다.

"지금 개인사정을 云云(   )할 때가 아니다."

"흰 구름이 피어오르는 白雲山(   )에 올라 사방을 바라보니 마냥 즐거워요."

雲 云
(구름 운)

一 二 雨 雪 雲 雲

글자풀이

雲(구름 운)

본래 하늘로 피어 오르는 구름의 모양을 그대로 본뜬 모양인데, 뒤에 「云(운)」자가 「이르다(말씀하다)」의 뜻으로 쓰이게 되어, 다시 「雨(비우)」자를 더하여 「雲(구름운)」자를 만들었다.

「雲」이 쓰이는 예:
雲山 (   )
白雲 (   )

電	字
전	자

※ '電'자는 '雨(비우)' 부수자에 속한다.

'申(신)'이 다른 글자의 음부자로도 쓰인 글자 :
神(귀신 신)
伸(펼 신)

"1980년에 태어난 사람은 庚申(경   )생으로 원숭이 띠가 된다."

"서울에 다시 電車(   )가 다니면 좋겠어요."

↓

↓

申

↓

電
(번개 전)

一乛乛乛雷雷雷

글자풀이

電(번개 전)

본래 구름과 구름 사이에 번개불이 번쩍이는 모양을 본뜬 글자인데, 「申(원숭이신)」자로 쓰이게 되어, 다시 「雨(비우)」자를 더하여 「電(번개전)」자를 만들었다.

「電」이 쓰이는 예:
電氣 (   )
電車 (   )

106

雪	字
설	자

※ '雪'자는 '雨(비
우)' 부수자에 속한
다.

"흰 눈이 펄펄내리
니 山白(산백) 雪白
(   ) 天地白
(천지백)이로구나"

(눈 설)

一二千千雪雪雪雪

雪(눈 설)

본래 하늘에서 깃털
처럼 눈이 휘날려 내
리는 모양을 본뜬 것
인데, 「雨(비우)」자를
더하여 「雪(눈설)」자
를 만들었다.

「雪」이 쓰이는 예 :
白雪 (   )
雪山 (   )
大雪 (   )
小雪 (   )

雷	字
뢰	자

※ '雷'자는 '雨(비
우)' 부수자에 속한
다.

※첫번째 도형은 옛
사람들이 천둥 소리
를 형상화한 글자 모
양이다.

"천둥이라는 뜻의
'우레'라는 말은 雨
雷(우뢰)에서 변
한 말이다."

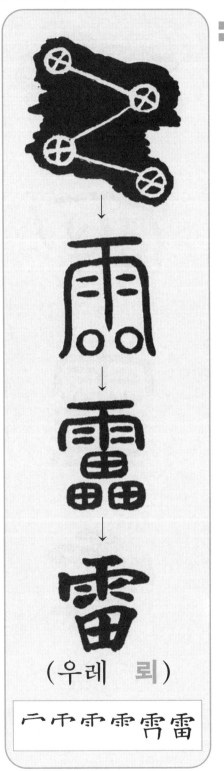

雨
↓
靐
↓
雷
(우레 뢰)

一 币 币 雨 雷 雷

雷(우레 뢰)

본래 비올 때 천둥
치는 현상을 나타낸
것인데, 「雨(비우)」자
를 더하여 「雷(우레
뢰)」자를 만들었다.

「雷」가 쓰이는 예:
雨雷 (   )

108

雹	字
박	자

※ '雹'자는 '雨(비
우)' 부수자에 속한
다.

"이번 여름은 雨雹
(   )으로 인하
여 농작물의 피해가
크답니다."

(우박 박)

一 厂 雨 雫 雫 雹

글자풀이

雹(우박 박)

본래 비 올 때, 갑자
기 번개가 치며 우박
이 떨어지는 현상을
본뜬 것인데, 「雨(비
우)」자를 더하여 「雹
(우박박)」자를 만들었
다.

「雹」이 쓰이는 예:
雨雹 (   )

(7)
地理類 (지리류)

山. 水. 火. 土. 川. 石.
田. 谷. 丘. 州. 泉. 原

● 「山」이 위에
① 岸 (언덕 안)
② 崇 (높을 숭)
③ 嶺 (재 령)
④ 巖 (바위 암)

● 「山」이 아래에
⑤ 岳 (묏부리 악)
⑥ 島 (섬 도)

● 「山」이 왼쪽에
⑦ 峰 (봉우리 봉)

글자풀이

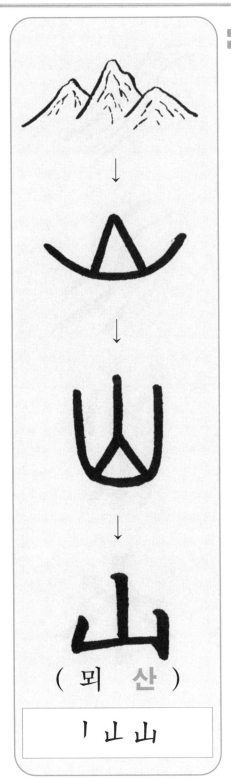

(뫼 산)

ㅣ 凵 山

山 (뫼 산)

멀리 보이는 산봉우리의 모양을 그대로 본뜬 글자이다.

「山」이 쓰이는 예:

山川 (   )

火山 (   )

江山 (   )

靑山 (   )

水	部首字
수	부 수 자

● 「水」가 본자로
① 氷 (얼음 빙)
② 永 (길　영)

● 「水」가 아래에
③ 泉 (샘　천)
④ 泰 (클　태)

● 「水」가 왼쪽에
⑤ 江 (물　강)
⑥ 河 (물　하)
⑦ 海 (바다 해)
⑧ 池 (못　지)
⑨ 波 (물결 파)
⑩ 沙 (모래 사)
⑪ 汝 (너　여)
⑫ 汚 (더러울 오)
⑬ 汗 (땀　한)
⑭ 決 (정할 결)
⑮ 沐 (머리감을 목)
⑯ 沒 (빠질 몰)
⑰ 泊 (배댈 박)
⑱ 法 (법　법)
⑲ 沿 (따를 연)
⑳ 泳 (헤엄칠 영)
㉑ 沈 (잠길 침)
㉒ 油 (기름 유)
㉓ 泣 (울　읍)
㉔ 注 (물댈 주)

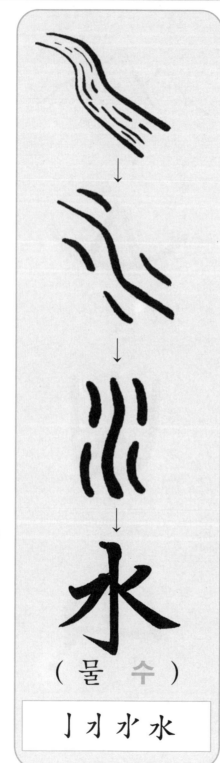

(물　수)

丨 刀 水 水

글자풀이

水(물 수)

　강물이 흘러갈 때 생기는 물결의 모양을 본뜬 글자이다.
　다른 글자의 변으로 쓰일 때는 「氵(삼수변)」의 형태로 쓰인다.

「水」가 쓰이는 예:
山水 (　　　　)
水力 (　　　　)
水分 (　　　　)
生水 (　　　　)
下水 (　　　　)

●「火」가 아래에
① 灰 (재 회)
② 災 (재앙 재)
③ 炭 (숯 탄)
④ 烈 (매울 렬)
⑤ 烏 (가마귀 오)
⑥ 無 (없을 무)
⑦ 然 (그럴 연)
⑧ 照 (비출 조)
⑨ 熙 (빛날 희)
⑩ 熱 (더울 렬)
⑪ 熟 (익을 숙)

●「火」가 왼쪽에
⑫ 煙 (연기 연)
⑬ 燈 (등불 등)
⑭ 燒 (태울 소)
⑮ 燃 (태울 연)

●「火」가 거듭
⑯ 炎 (불꽃 염)

※ 烏(오)와 無(무)
는 본래 火와 관계없
는 글자이다.

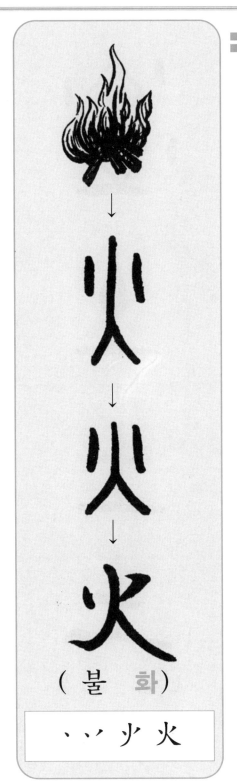

（불 화）

丶丶丷火火

글자풀이

火(불 화)

불을 나무에 붙일
때, 불꽃이 위로 옆
으로 날리는 모양을
본뜬 글자이다.
'火'가 다른 글자의 부
수자로 쓰일 때는「灬」
의 형태로 쓰인다.

「火」가 쓰이는 예:
火山 (   )
火力 (   )
兵火 (   )
心火 (   )

土 토	部首 字 부 수 자

● 「土」가 아래에
① 在 (있을 재)
② 坐 (앉을 좌)
③ 基 (터　기)
④ 堂 (집　당)
⑤ 墓 (무덤 묘)
⑥ 墨 (먹　묵)

● 「土」가 왼쪽에
⑦ 地 (땅　지)
⑧ 均 (고을 균)
⑨ 坤 (땅　곤)
⑩ 城 (성　성)
⑪ 培 (북돋을 배)
⑫ 域 (지경 역)
⑬ 場 (마당 장)
⑭ 執 (잡을 집)
⑮ 報 (갚을 보)
⑯ 堤 (방죽 제)
⑰ 境 (지경 경)
⑱ 增 (더할 증)
⑲ 塊 (흙덩이 괴)

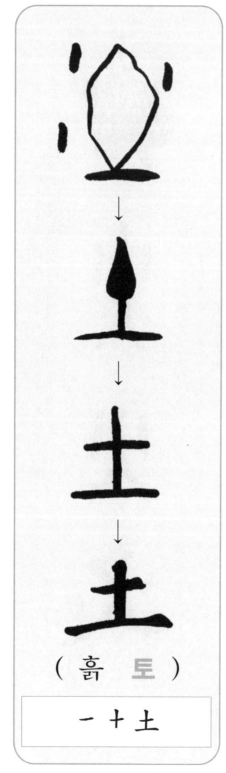

(흙　토)

一 十 土

土(흙 토)

밭을 갈아 흙덩이가
일어나 있는 모양을
본뜬 글자이다.

「土」가 쓰이는 예:
土地 (　　　　)
土人 (　　　　)
土木 (　　　　)
風土 (　　　　)
本土 (　　　　)

川 _천	部首 字 _{부 수 자}

● 「川」이 본자로
① 州 (고을 주)

● 「川」이 위에
② 巡 (순행할 순)

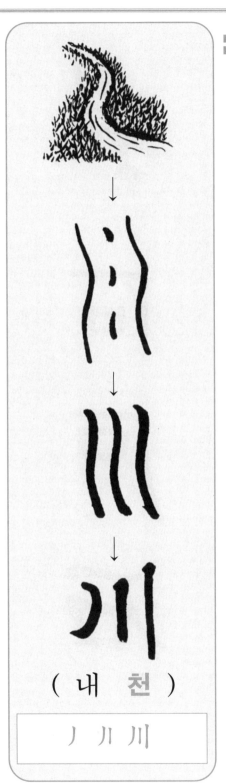

(내 천)

ノ 丿 川

글자풀이

川(내 천)

 냇물이 들판을 뚫고 흘러가는 모양을 본 뜬 글자이다.

「川」이 쓰이는 예:

山川 (　　　　)

河川 (　　　　)

大川 (　　　　)

115

石	部首字
석	부 수 자

● 「石」이 아래에
① 碧 (푸를 벽)
② 磨 (갈   마)

● 「石」이 왼쪽에
③ 硏 (갈   연)
④ 確 (확실 확)
⑤ 硬 (굳을 경)
⑥ 礎 (주춧돌 초)

↓

↓
厂
↓
石
(돌   석)

一 厂 厂 石 石

石 (돌 석)

벼랑에 바위가 부서
져 있는 모양을 본뜬
글자이다.

「石」이 쓰이는 예:
石山 (   )
石工 (   )
白石 (   )
土石 (   )
化石 (   )

116

田	部首 字
전	부 수 자

●「田」이 위에
① 男 (사내 남)
② 界 (지경 계)
③ 畏 (두려울 외)
④ 異 (다를 이)

●「田」이 아래에
⑤ 畓 (논 답)
⑥ 留 (머무를 류)
⑦ 畜 (가축 축)
⑧ 番 (차례 번)
⑨ 當 (마땅 당)
⑩ 畵 (그림 화)
⑪ 畿 (경기 기)

●「田」이 왼쪽에
⑫ 略 (간략할 략)

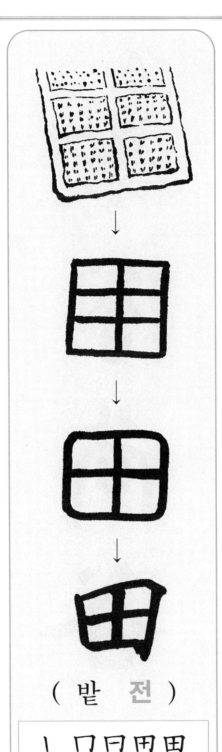

(밭 전)

| ㅣ 冂 㞟 田 田 |

田(밭 전)

가로 세로 나누어
져 있는 밭두둑의 모
양을 본뜬 글자이다.

「田」이 쓰이는 예:
田地 (   )
田畓 (   )
火田 (   )
大田 (   )
石田 (   )

117

※ '谷' 자가 다른 글
자의 음부자로도 쓰
인다.

　浴(목욕할 욕)
예 : 沐浴(목욕)
　欲(하고자할 욕)
예 : 欲望(욕망)
　慾(욕심 욕)
예 : 慾心(욕심)
　俗(풍속 속)
예 : 俗世(속세)

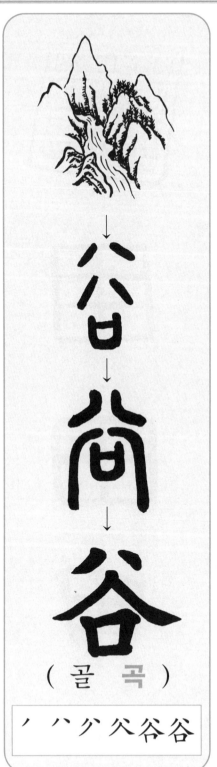

(골 곡)

ノ 八 分 次 谷 谷

글자풀이

谷(골 곡)

　산골짜기의 물이 흘
러 평원으로 들어가는
것을 본떠 골짜기의
뜻을 나타낸 것이다.

「谷」이 쓰이는 예:
山谷 (　　　　　)
溪谷 (　　　　　)

118

丘	字
구	자

※ '丘'자는 'ㅡ(한
일)' 부수자에 속한
다.

'丘'는 孔子(공자)
의 이름자이므로 피
하여 '邱(땅이름
구)'자로 쓰기도 한
다.
예 : 大邱(대구)

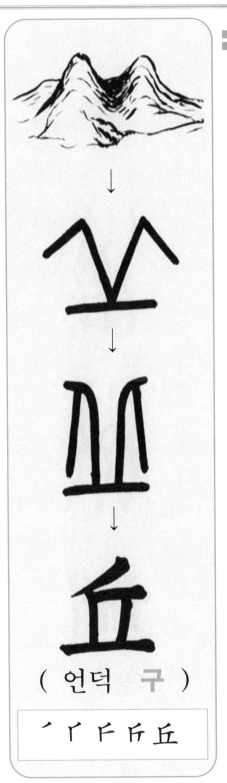

(언덕 구)

丿 亻 丆 斤 丘

丘(언덕 구)

언덕의 모양을 정면
으로 바라본 것을 본
뜬 글자이다.

「丘」가 쓰이는 예 :
丘陵 (   )
比丘尼 (   )

119

州	字
주	자

※ '州' 자는 ' 巛(개 미허리)' 부수자에 속한다.

※ 뒤에 「州」자가 고을의 뜻으로 쓰이 게 되어, 섬이나 큰 땅덩이의 뜻으로 '洲(섬주)'를 또 만 들어, '三角洲(삼각 주)' 또는 '美洲(미 주), 滿洲(만주)' 등 과 같이 구별하여 쓴다.

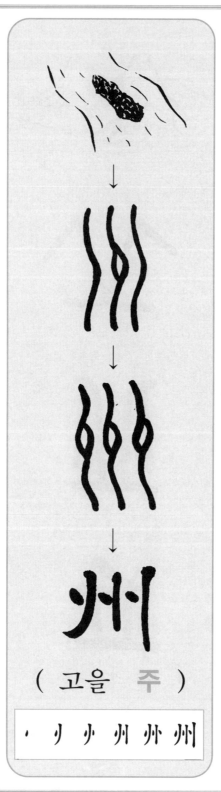

(고을 주)

` ノ リ 少 州 州 州 `

州 (고을 주)

본래 물이 흐르는 가운데에 사람이 살 수 있는 섬의 모양을 본뜬 글자이다.

「州」가 쓰이는 예:

全州 (   )

原州 (   )

淸州 (   )

海州 (   )

公州 (   )

泉	字
천	자

※ '泉'자는 '水(물
수)' 부수자에 속한
다.

'泉'이 다른 글자의
음부자로도 쓰인다.
　線(실 선)

"우리나라에서 溫泉
(온천)으로 유명한
곳은?"

　溫陽(　　　양)

　東萊(　　　래)

　釜谷(부　　　)

　道高(도　　　)

　朱乙(주　　　)

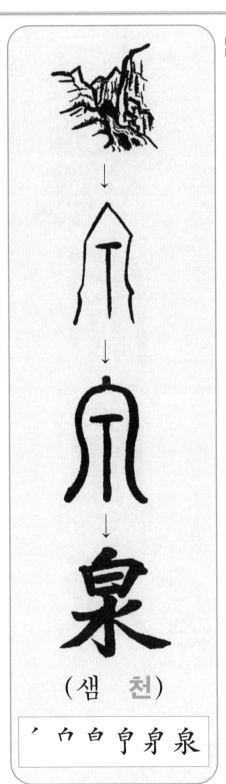

(샘　　천)

丿 宀 白 臼 臮 臮 泉

글자풀이

泉(샘 천)

　본래 바위 틈에서 샘
물이 흘러나오는 모양
을 본뜬 것인데, 뒤에
샘물이 솟을 때 흰 물
방울이 생기는 모양의
글자로 변하였다.

「泉」이 쓰이는 예:

泉石 (　　　　　)

九泉 (　　　　　)

溫泉 (　　　　　)

甘泉 (　　　　　)

黃泉 (　　　　　)

原	字
원	자

※ '原' 자는 '厂 (민 엄호)' 부수자에 속 한다.

'原' 이 다른 글자의 음부 글자로도 쓰인 다.

源(근원 원)

예 : 根源(근원)

願(원할 원)

예 : 所願(소원)

願書(원서)

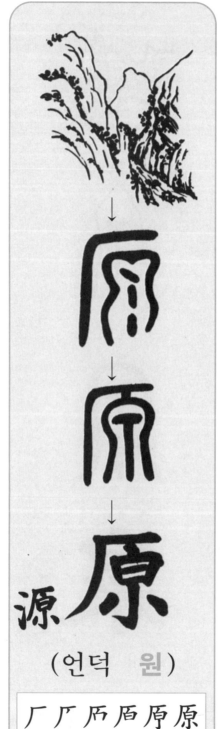

(언덕 원)

厂 厂 厈 盾 盾 原 原

原(언덕 원)

본래 산골짜기에서 처음 물이 흘러내리는 것을 본뜬 것이다.
뒤에 「언덕」의 뜻으 로 쓰이게 되어, 다시 「源(근원원)」자를 만 들었다.

「原」이 쓰이는 예:

原來 (   )

原本 (   )

原因 (   )

草原 (   )

(8)
衣食類 (의식류)

衣. 皮. 革. 絲 衰. 匹.
肉. 食. 卵. 乳

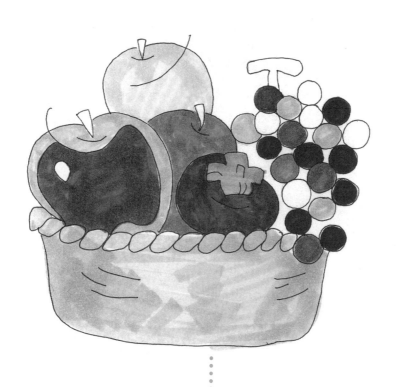

●「衣」가 아래에

① 裂 (찢을 렬)

② 裝 (꾸밀 장)

③ 裳 (치마 상)

④ 製 (지을 제)

⑤ 襲 (엄습할 습)

⑥ 裁 (마를 재)

●「衣」가 왼쪽에

⑦ 補 (도울 보)

⑧ 裕 (넉넉할 유)

⑨ 複 (거듭 복)

⑩ 被 (입을 피)

●「衣」가 아래 위에

⑪ 表 (겉 표)

⑫ 裏 (속 리)

(옷 의)

丶 亠 ナ 衣 衣 衣

▷ 글자풀이

衣 (옷 의)

옷옷의 모양을 본뜬 글자이다. 다른 글자의 변으로 쓰일 때는 「衤(옷의변)」의 형태로 쓰인다.

「衣」가 쓰이는 예:

白衣 (　　　　　)

衣服 (　　　　　)

衣裝 (　　　　　)

內衣 (　　　　　)

皮	部首 字
피	부수 자

※'皮'자가 다른 글
자의 음부자로도 쓰
인다.

彼(저 피)
예:彼此(피차)
被(입을 피)
예:被害(피해)
疲(피곤할 피)
예:疲困(피곤)
波(물결 파)
破(깨뜨릴 파)
頗(자못 파)

(가죽 **피**)

```
丿 厂 广 皮 皮
```

皮(가죽 **피**)

뱀의 가죽을 손으로
베끼는 모양을 본뜬
글자이다.

「**皮**」가 쓰이는 예:
皮革(   )
木皮(   )
表皮(   )
羊皮(   )

※ '革'자가 부수자
로 쓰인 글자는 많지
만, 지금은 거의 쓰
이지 않는다.

靴(가죽신화)
예 : 洋靴店(양화점)
軍靴(군화)

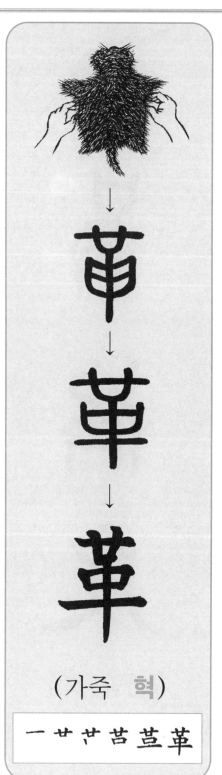

革

↓

革

↓

革

(가죽 혁)

一 十 十 廿 苫 莒 革

글자풀이

革(가죽 혁)

짐승의 가죽에서 두
손으로 털을 뽑는 모
양을 본뜬 것이다.

「革」이 쓰이는 예:
革命(　　　　　)
革帶(　　　　　)
改革(　　　　　)
皮革(　　　　　)

糸	部首 字
사	부 수 자

● 「糸」가 아래에
① 系 (이을 계)
② 索 (찾을 색)
③ 素 (흴 소)
④ 累 (포갤 루)
⑤ 紫 (자주빛 자)

● 「糸」가 왼쪽에
⑥ 紀 (벼리 기)
⑦ 約 (묶을 약)
⑧ 紅 (붉을 홍)
⑨ 級 (등급 급)
⑩ 納 (드릴 납)
⑪ 紛 (어지러울 분)
⑫ 純 (순박할 순)
⑬ 紙 (종이 지)
⑭ 細 (가늘 세)
⑮ 組 (짤 조)
⑯ 終 (마칠 종)
⑰ 結 (맺을 결)
⑱ 給 (줄 급)
⑲ 絶 (끊을 절)
⑳ 統 (거느릴 통)
㉑ 經 (날 경)
㉒ 綱 (벼리 강)
㉓ 綿 (솜 면)

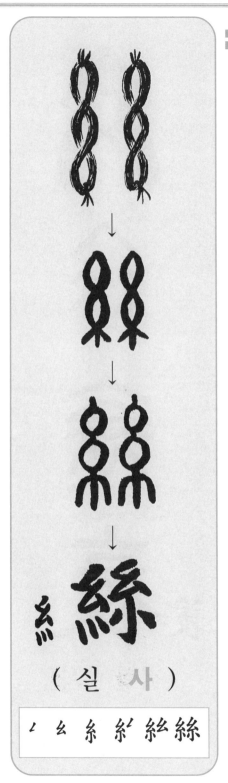

(실 사)

丿 幺 糸 糸 糸 絲 絲

글자풀이

絲(실 사)

실타래가 엉키지 않도록 묶어 놓은 모양을 본뜬 글자이다. 다른 글자의 변으로 쓰일 때는 「糸 (실사변)」의 형태로 쓰인다.

「絲」가 쓰이는 예:

毛絲 (　　　　)

127

衰 쇠	字 자

※ '衰'자는 '衣(옷
의)' 부수자에 속한
다.

'衰'자가 (喪服)의
뜻으로 쓰일 때는
'衰(상복최)'로 발
음된다.
예:衰服(최복)

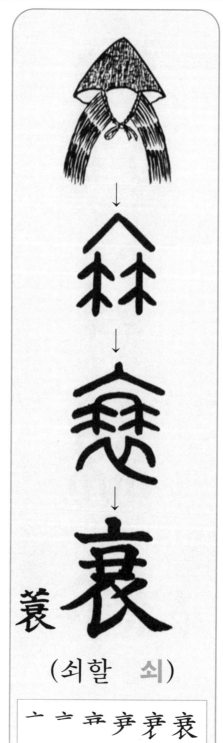

蓑

衰
(쇠할 쇠)

一 亠 亠 亡 亩 亩 衰

衰(쇠할 쇠)

본래 비올 때 사용하
는 삿갓과 도롱이의
모양을 본떠 우장(雨
裝)을 뜻한 글자인데,
뒤에 「쇠퇴하다」의 뜻
으로 쓰이게 되어, 다
시 「蓑(도롱이사)」자
를 만들었다.

「衰」가 쓰이는 예:
衰亡 (   )
衰退 (   )
老衰 (   )

匹	字
필	자

※ '匹' 자는 'ㄷ(감
출혜)' 부수자에 속
한다.
'四(넉사)' 자와 구
별할 것

匹 (짝 필)

본래 한필의 베를 겹
겹이 개어 놓은 모양
을 본뜬 것인데, 단위
의 뜻으로 쓰이게 되
었다.

「匹」이 쓰이는 예:
匹馬(   )
匹夫(   )
百匹(   )

(짝 필)

一 丁 兀 匹

129

●「肉」이 아래에
① 肩 (어깨 견)
② 肯 (즐길 긍)
③ 育 (기를 육)
④ 背 (등 배)
⑤ 胃 (밥통 위)
⑥ 脅 (위협할 협)
⑦ 脣 (입술 순)
⑧ 膚 (살갗 부)
⑨ 腐 (썩을 부)

●「肉」이 왼쪽에
⑩ 肝 (간 간)
⑪ 脾 (살찔 비)
⑫ 肺 (허파 폐)
⑬ 能 (능할 능)
⑭ 脈 (맥 맥)
⑮ 脚 (다리 각)
⑯ 脫 (벗을 탈)
⑰ 腹 (배 복)
⑱ 腸 (창자 장)
⑲ 胞 (태보 포)
⑳ 腦 (뇌 뇌)
㉑ 腰 (허리 요)
㉒ 臟 (오장 장)
㉓ 肥 (살찔 비)

●「肉」이 오른쪽에
㉔ 胡 (오랑캐 호)

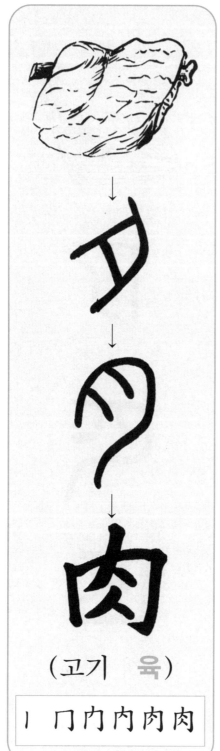

(고기 육)

｜ ｎ 冂 内 肉 肉

肉 (고기 육)

고기덩어리의 근육
을 본뜬 글자이다.
부수자로 쓰일 때는
「月(육달월)」의 형태
로 쓰인다.

※月(달월)자와 月
(육달월)자는 자형이
다르다.

「肉」이 쓰이는 예:
肉食 ( )
肉身 ( )
骨肉 ( )

130

食	字
식	자

●「食」이 아래에
① 養 (기를 양)

●「食」이 왼쪽에
② 飯 (밥 반)
③ 飲 (마실 음)
④ 飾 (꾸밀 식)
⑤ 飽 (배부를 포)
⑥ 餓 (주릴 아)
⑦ 餘 (남을 여)
⑧ 館 (집 관)

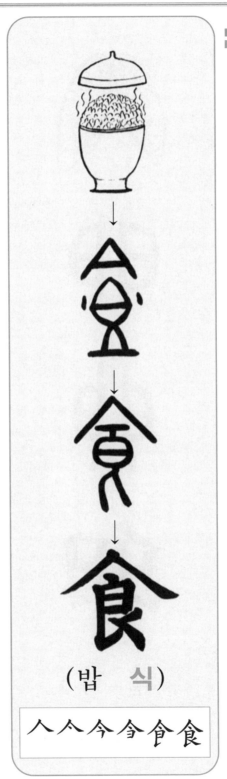

(밥 식)

人 스 今 숩 食 食

食(밥 식)

밥 그릇에 따뜻한 밥
이 담겨 있고, 뚜껑이
있는 모양을 본뜬 글
자이다.

「食」이 쓰이는 예:
食口 (   )
食堂 (   )
食用 (   )
月食 (   )
肉食 (   )

卵	字
란	자

※ '卵'자는 '卩(병
부절)' 부수자에 속
한다.

'卵'자와 비슷한 글
자:
　卯(토끼 묘)
예: 卯年(묘년)
　印(도장 인)
예: 印刷(인쇄)

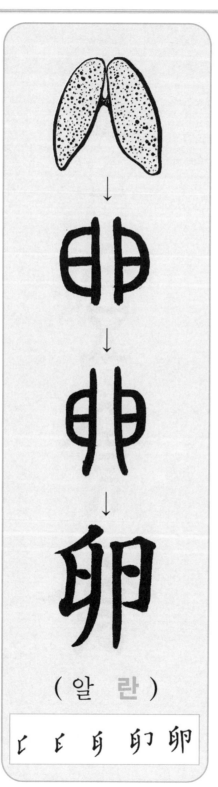

（ 알　란 ）

| 匚 | 匞 | 乐 | 乐 | 卵 |

卵 (알 란)

물고기 알의 모양을
본 뜬 글자이다.

「卵」이 쓰이는 예:
卵生 (　　　　)
卵形 (　　　　)
魚卵 (　　　　)

乳 유	字 자

※ '乳'자는 '乙(새을)' 부수자에 속한다.

※ "牛乳(　　　) 보다 母乳(　　　) 가 좋은 까닭은 무엇일까?"

※ '乳'와 비슷한 글자: 孔(구멍공)

예: 孔子(공자)

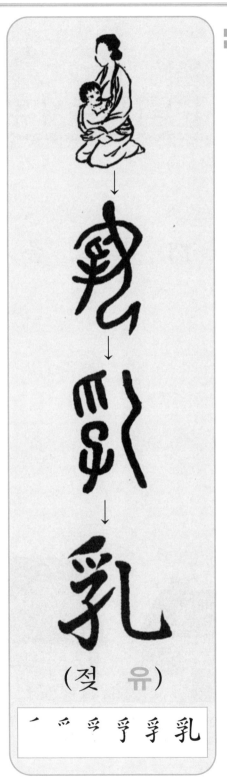

(젖 유)

一 ㄷ ㅉ 乎 乎 乳

乳(젖 유)

　본래 어머니가 아이를 안고 젖을 먹이는 모습을 본뜬 글자이다.

「乳」가 쓰이는 예:
乳母 (　　　)
牛乳 (　　　)
母乳 (　　　)

133

(9)
住居類 (주거류)

戶. 門. 井. 瓦. 舍. 家.
倉

<table>
<tr><td>戶
호</td><td>部首字
부 수 자</td></tr>
</table>

● 「戶」가 위에
①房(방 방)

● 「戶」가 왼쪽에
②所(바 소)

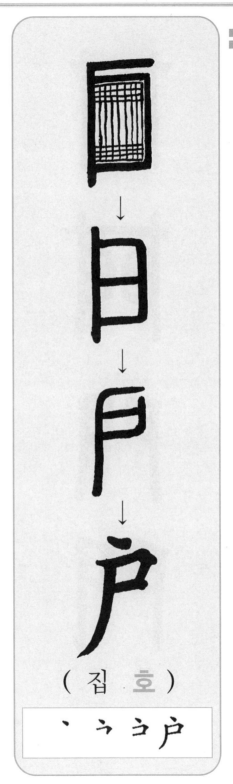

(집 호)

丶 亡 亖 戶

글자풀이

戶(집 호)

본래 외쪽 문(지게
문)의 모양을 본뜬 것
인데, 뒤에 일반 백성
의 집의 뜻으로 쓰이
게 되었다.

「戶」가 쓰이는 예:
戶口( )
門戶( )

135

門 문	部首 字 부수 자

●「門」이 밖에

① 閉 (닫을 폐)
② 間 (사이 간)
③ 開 (열   개)
④ 閑 (한가할 한)
⑤ 閣 (집   각)
⑥ 關 (빗장 관)

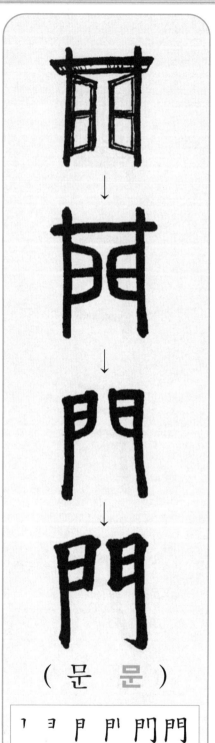

(문   문)

ㄱ ㄲ ㄲ ㄲ 門 門

글자풀이

門(문 문)

쌍문의 모양을 본뜬
글자이다.

「門」이 쓰이는 예:

大門 (   )
東門 (   )
西門 (   )
南門 (   )
北門 (   )

井 정	字 자

※ '井'자는 'ニ
(두이)' 부수자에
속한다.

"우물 속의 개구리
처럼 생각하는 것
이 좁은 것을 일러
'井中之蛙(정중지
와)'라고 한다."

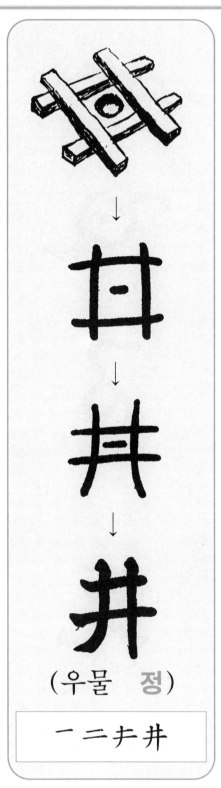

(우물 정)

一 ニ 扌 井

井(우물 정)

본래 우물의 난간을
그리고, 가운데 우물
을 표시한 것인데,
뒤에 점을 생략한 글
자이다.

「井」이 쓰이는 예:
井水 (   )
井中 (   )
山井 (   )
天井 (   )
市井 (   )

137

瓦	部首 字
와	부 수 자

※'瓦'와 비슷한 글
자로 '互(서로호)'
가 있으니 잘 구별해
야 한다.
예 : 相互(상호)

(기와 와)

一 丁 瓦 瓦

瓦(기와 와)

 암키와와 수키와가
이어져 있는 모양을
본뜬 글자이다.

「瓦」가 쓰이는 예:
瓦家 (   )
靑瓦 (   )

138

舍 사	字 사

※ '舍'자는 '舌
(혀설)' 부수자에
속한다.

'舍'자를 '舎·
舍'등과 같이 쓰는
것은 속자이다.

'舍'자가 다른 글
자의 음부자로도
쓰인다.
　　捨(버릴 사)

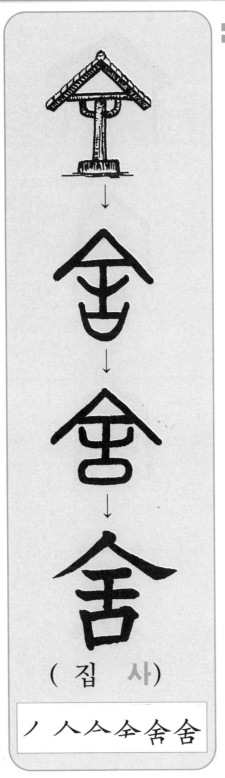

(집　사)

ノ 人 人 今 全 舍 舍

舍(집 사)

집의 옆 모양을 본
뜬 글자이다.

「舍」가 쓰이는 예:

舍宅 (　　　　　)

官舍 (　　　　　)

校舍 (　　　　　)

宿舍 (　　　　　)

家	字
가	자

※ '家'자는 '宀(갓
머리)' 부수자에 속
한다.

  '宀(갓머리)'는
속칭이니 '집면'이
라고 해야 한다.

  전문가라는 뜻으
로도 쓰인다.
예 : 音樂家(음악가)
    政治家(정치가)
    小說家(소설가)

(집   가)

宀宀宀家家家

家(집 가)

  뱀이 많던 시대에
뱀만 보면 잡아먹는
돼지를 집 밑에 기르
면 편안히 살 수 있
었으므로 집 안에 사
람이 아닌 돼지를 그
리어, 「집」의 뜻을 나
타낸 것이다.

「家」가 쓰이는 예 :

家內 (   )
家口 (   )
家長 (   )
古家 (   )
大家 (   )

倉 창	字 자

※ '倉'자는 '人
(사람인)' 부수자
에 속한다.

'倉'자가 다른 글자
의 음부자로도 쓰인
다.
　　創(비롯할 창)
　　蒼(푸를 창)
　　滄(물빛 창)
　　槍(창　창)

倉(곳집 창)

　곳집 곧 창고의 모
양을 본뜬 글자이다.

「倉」이 쓰이는 예:
　倉庫 (　　　　　)
　米倉 (　　　　　)

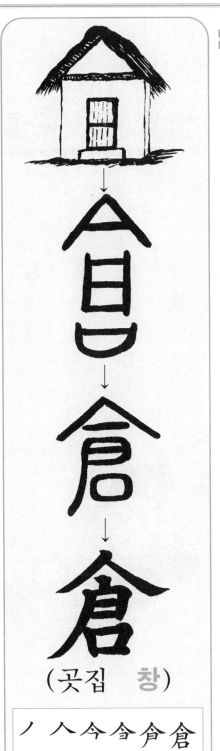

(곳집　창)

ノ 人 今 合 仒 倉

(10)
道具類 (도구류)

工. 斗. 合. 巨. 因. 其.
也. 筆

工 公	部首字 부 수 자

● 「工」이 본자로
① 巨(클 거)

● 「工」이 아래에
② 左(왼 좌)
③ 差(어긋날 차)

● 「工」이 왼쪽에
④ 巧(공교 교)

※ '工'자가 다른 글자의 음부자도로 쓰인다.
　　功(공 공)
예 : 成功(성공)
　　恐(두려울 공)
예 : 恐喝(공갈)
　　空(빌 공)
예 : 空氣(공기)
　　紅(붉을 홍)
예 : 紅色(홍색)

(장인 공)

一 丁 工

글자풀이

工(장인 공)

목공이 집을 짓는데 가장 중요한 도구는 곡척이나 수평이다. 이러한 도구의 모양을 본뜬 글자이다.

「工」이 쓰이는 예 :
工具(　　　　)
工場(　　　　)
木工(　　　　)
石工(　　　　)
工夫(　　　　)

斗 두	部首字 부 수 자

● 「斗」가 오른쪽에
① 料 (헤아릴 료)
② 斜 (비낄 사)

(말 두)

`丶丶二斗`

斗(말 두)

　자루가 달린 그릇의
모양을 본뜬 것인데,
도량형의 단위가 되
었고, 뒤에 「升(되
승)」자로 변하였다.

「斗」가 쓰이는 예:

大斗 (　　　　　)
小斗 (　　　　　)
北斗 (　　　　　)

合 합	字 자

※ '合'자는 '口(입 구)'부수자에 속한 다.

'合'자가 다른 글자 의 음부자로도 쓰인 다.

鴿(비둘기 합)

盒(그릇 합)

給(줄 급)

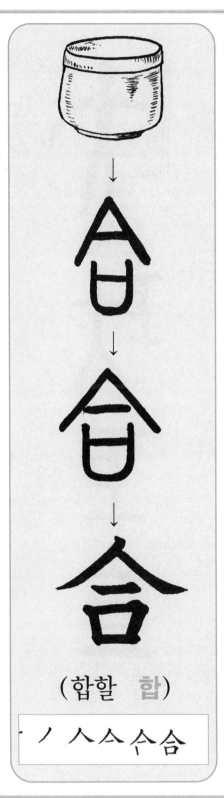

合
(합할 합)

丿 人 亼 仐 合

合(합할 합)

본래 뚜껑이 있는 밥 그릇의 모양을 본 뜬 것인데, 「합하다」의 뜻으로 쓰이게 되어, 다시 그릇의 「盒 (합)」자를 만들었다.

「合」이 쓰이는 예:

合心( )

合同( )

合格( )

百合( )

巨 거	字 자

※ '巨'자는 'エ(장인공)' 부수자에 속한다.

'巨'자가 다른 글자의 음부자로도 쓰인다.

拒(막을 거)
예: 拒否(거부)
距(떨어질 거)
예: 距離(거리)

(클 거)

一 T F F F 巨

글자풀이

巨(클 거)

본래 사람이 자를 들고 있는 모양을 본 뜬 것인데, 뒤에 크다의 뜻으로 쓰이게 되어, 다시 「矩(곱자구)」자를 만들었다.

「巨」가 쓰이는 예:

巨大(　　　　)
巨木(　　　　)
巨人(　　　　)
巨視的(　　　　)

146

因	字
인	자

※ '因'자는 '口(큰
입구)' 부수자에 속
한다.

'因'자와 비슷한 글
자:
　囚(죄수 수)
　困(피곤할 곤)

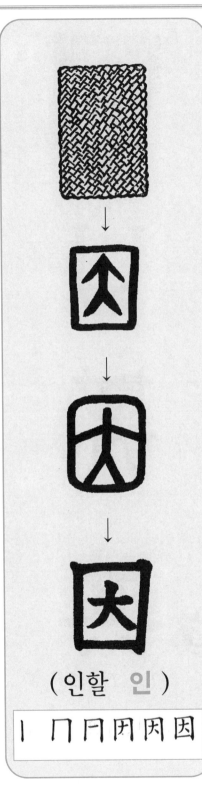

(인할 인)

丨 冂 冃 困 困 因

因(인할 인)

　풀로 엮은 자리의
모양을 본뜬 것인데,
「인하다」의 뜻으로
쓰이게 되어, 다시
「茵(자리인)」자를 만
들었다.

「因」이 쓰이는 예:
因果(　　　　)
原因(　　　　)
敗因(　　　　)

<table>
<tr><td>其
기</td><td>字
자</td></tr>
</table>

※ '其'자는 '八(여
덟팔)' 부수자에 속
한다.

'其'자가 다른 글자
의 음부자로도 쓰인
다.
　基(터 기)
　欺(속일기)
　期(기약기)

其(그 기)

　본래 키의 모양을
본뜬 글자인데, 뒤에
「그것」이라는 뜻으로
변하여 다시 「箕(키
기)」 자를 만들었다.

「其」가 쓰이는 예:
其實 (　　　　)
其人 (　　　　)

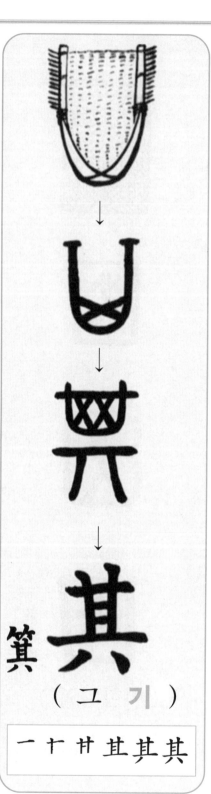

箕 其
（ 그 기 ）

一 十 廿 甘 其 其 其

148

也	字
야	자

※ '也' 자는 '乙 (새
을)' 부수자에 속한
다.

'也' 자가 다른 글자
와 어울려 쓰이는
것 :

地 (땅 지)

他 (다를 타)

池 (못 지)

馳 (달릴 치)

施 (베풀 시)

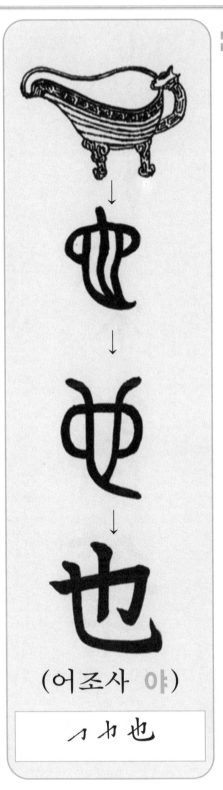

(어조사 야)

也(어조사 야)

　본래 세수하는 그릇
의 모양을 본뜬 것인
데, 뒤에 어조사의 뜻
으로 쓰이게 되었다.
　다시 「匜(그릇이)」
자를 만들었다.

筆	字
필	자

※ '筆'자는 '竹(대
죽)' 부수자에 속한
다.

'聿'자 자체가 '붓
율'자이다.
'聿(율)'이 다른 자
와 어울려 쓰이는
글자:
  書(글   서)
  畵(그림 화)
  律(법률 률)

筆(붓 필)

 본래 손으로 붓을
잡은 모양을 본뜬 것
인데, 뒤에 「竹(대
죽)」자를 더하였다.

(붓   필)

ﾉ 竹 竺 笙 筆 筆

「筆」이 쓰이는 예:
筆力 (   )
筆者 (   )
筆法 (   )
毛筆 (   )
名筆 (   )

150

宮室類（궁실류）

王. 主. 臣. 民. 京. 世.
冊. 玉. 典. 免. 長. 亞.
囚. 爵

王	字
왕	자

※ '王'자는 '玉
(구슬옥)'부수자에
속한다.

"조선시대 제4대
世宗大王(세종대왕)
이 世界에서 가장
과학적인 한글을
만드셨다."

'王'이 다른 글자
의 음부자로 된 것:
　旺(성할 왕)
예:旺盛(왕성)

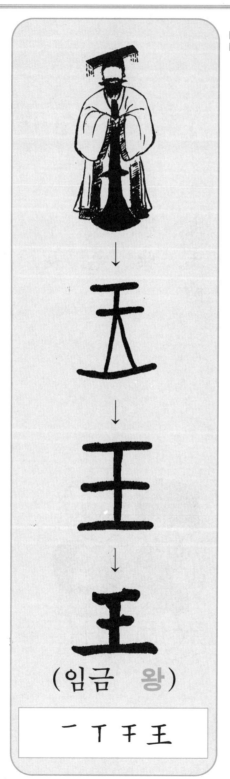

(임금 왕)

一丁干王

글자풀이

王(임금 왕)

왕이 권위의 상징으
로 큰 도끼를 들고
있는 모습을 본뜬 글
자이다.

「王」이 쓰이는 예:
王子 (　　　　　)
王宮 (　　　　　)
王室 (　　　　　)
大王 (　　　　　)

主 주	字 자

※ '主'자는 ' ` '(점 주)' 부수자에 속한다.

'主'자가 다른 글자의 음부자로도 쓰인다.

住(살 주)

예:住所(주소)

柱(기둥주)

예:電柱(전주)

注(물댈주)

예:注油(주유)

主(임금 주)

본래 등잔불의 모양을 본뜬 것인데, 뒤에 「주인」 또는 「임금」의 뜻으로 쓰이게 되었다.

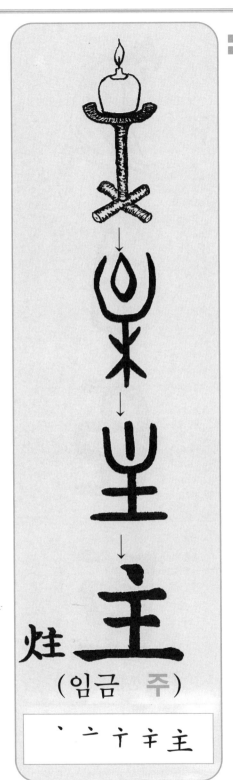

主(임금 주)

灶

` ー 十 キ 主

「主」가 쓰이는 예:

主人 (   )

主張 (   )

主席 (   )

公主 (   )

自主 (   )

● 「臣」이 왼쪽에
① 臥 (누울 와)
② 臨 (임할 림)

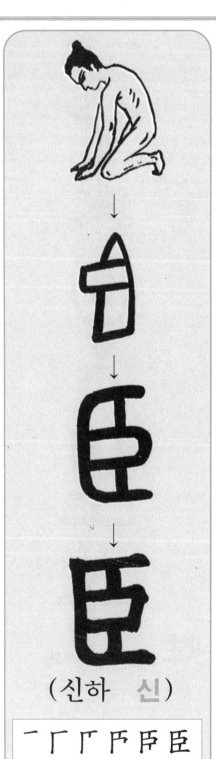

(신하 신)

一 厂 厂 厇 Ϝ 臣 臣

글자풀이

臣 (신하 신)

신하가 엎드려 있는
모습에서 눈의 모양
을 본떠, 「신하」의 뜻
을 나타낸 글자이다.

「臣」이 쓰이는 예:

臣下 (   )
忠臣 (   )
功臣 (   )

154

民 민	字 자

※ '民'자는 '氏(각 시씨)' 부수자에 속한다.

'民'이 다른 글자의 음부자로도 쓰인다.

眠(잘 면)

예 : 冬眠(동면)

　睡眠(수면)

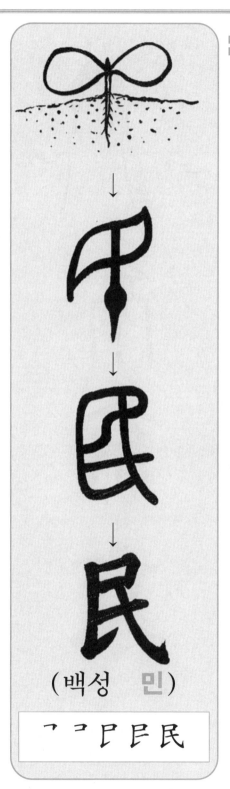

（백성　민）

一　二　尸　戸　民

民(백성 민)

　본래 식물의 싹이 땅에서 처음 돋아나는 모양을 본뜬 것인데, 뒤에 「백성」의 뜻으로 쓰이게 되었다.

「民」이 쓰이는 예:

民心 (　　　　　)

民主 (　　　　　)

市民 (　　　　　)

國民 (　　　　　)

京	字
경	자

※ '京'자는 '亠(돼
지해머리)' 부수자에
속한다.

'京'자가 다른 글자
의 음부자로도 쓰인
다.
　景(볕 경)
예 : 光景(광경)
　　景氣(경기)
　　鯨(고래 경)

京(서울 경)

　본래 성을 쌓고 큰
집을 지은 모양을 본
뜬 것인데, 뒤에 「서
울」이라는 뜻으로 변
하였다.

「京」이 쓰이는 예 :
京城 (　　　　)
京畿 (　　　　)
東京 (　　　　)
上京 (　　　　)

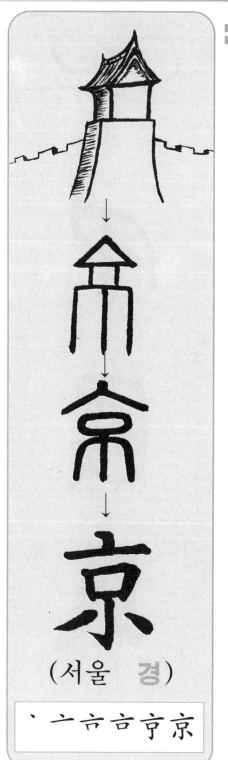

(서울 　경)

`丶　一　亠　古　亨　京　京`

世	字
세	자

※ ‘世’자는 ‘一 (한 일)’ 부수자에 속한다.

‘世’가 다른 글자의 음부자로도 쓰인다.
貰(세낼 세)
예: 月貰(월세)

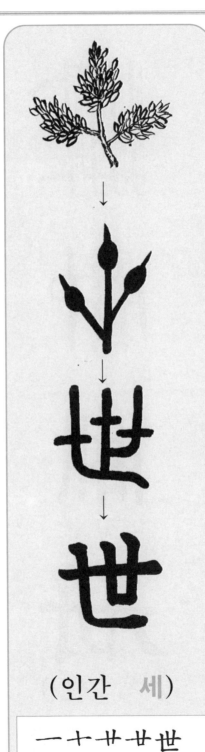

(인간 세)

一 十 卅 卅 世

世(인간 세)

본래 나무의 줄기에 잎이 많음을 본떠서 한 세대의 뜻으로 쓰인 것인데, 부모 자식 사이의 한 세대는 삼십년이므로 「삼십」의 뜻으로도 쓰이게 되었다.

「世」가 쓰이는 예:
世上 (   )
世界 (   )
世子 (   )
三世 (   )

冊	字
책	자

※ '冊'자는 'ㄇ(멀
경)' 부수자에 속한
다.

※ '冊'이 다른 글
자와 합쳐 쓰일 때
는 '책'과 '산'의
음으로 읽힌다.
　柵(울타리 책)
　珊(산호 산)
　刪(깎을 산)

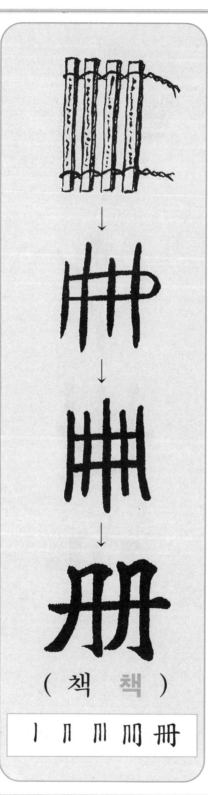

(책　책)

冊(책 책)

본래 종이가 발명되
기 이전에 나무쪽이
나 대쪽에 글씨를 써
서 끈으로 엮은 것을
본뜬 것인데, 오늘날
책의 뜻으로 쓰이게
되었다.

「冊」이 쓰이는 예:
冊子 (　　　　　)
小冊 (　　　　　)
竹冊 (　　　　　)

158

● 「玉」이 위에
① 琴 (거문고 금)

● 「玉」이 좌우에
② 班 (나눌 반)

● 「玉」이 왼쪽에
③ 珍 (보배 진)
④ 球 (구슬 구)
⑤ 理 (이치 리)
⑥ 現 (나타날 현)
⑦ 琢 (쪼을 탁)
⑧ 環 (고리 환)

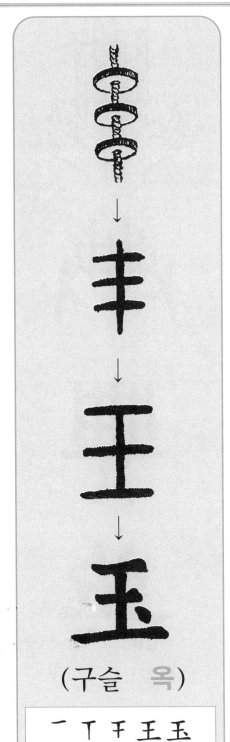

(구슬 옥)

一 T 王 玉

글자풀이

玉(구슬 옥)

본래 구슬을 끈에 꿴 모양을 본뜬 글자이다. 다른 글자의 변으로 쓰일 때는 점을 빼고 「王(구슬옥변)」의 형태로 쓰인다.

「玉」이 쓰이는 예:

玉色 (   )
玉石 (   )
白玉 (   )
紅玉 (   )

159

典	字
전	자

※ '典'자는 'ハ(여
덟팔)' 부수자에 속
한다.

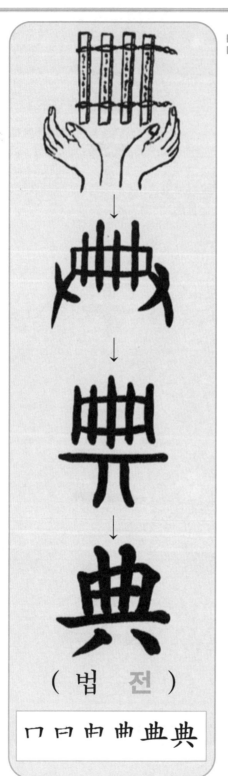

典(법 전)

본래 두 손으로 죽
책이나 옥책을 받든
모습을 본뜬 것인데,
「법」또는「규정」의
뜻으로 쓰이게 되었
다.

「典」이 쓰이는 예:

典當 (   )

古典 (   )

法典 (   )

字典 (   )

160

免 면	字 자

※ '冕' 자는 '儿(어
진사람인)' 부수자에
속한다.

'免' 자가 다른 글자
의 음부자로도 쓰인
다.

勉(힘쓸 면)

예: 勤勉(근면)

晩(늦을 만)

예: 晩年(만년)

免(면할 면)

본래 임금이 쓰는
면류관의 모양을 본
뜬 것인데, 뒤에 「면
하다」의 뜻으로 쓰이
게 되어, 다시 「冕(면
류관 면)」자를 만들
었다.

免
(면할 면)

ﾉ ﾉﾉ 呂 歽 免

「免」이 쓰이는 예:

免罪 (   )

免許 (   )

放免 (   )

161

長 장	部首 字 부 수　자

※ '長'자가 다른 글자의 음부자로도 쓰인다.

　　張 (베풀 장)

예: 主張 (주장)

　　脹 (부를 창)

예: 膨脹 (팽창)

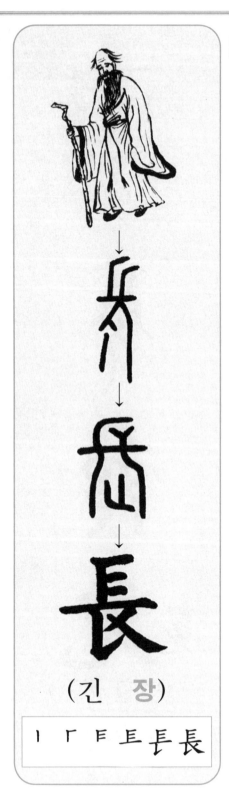

(긴　장)

ㅣ ㄷ ㅌ 투 튼 長

長(긴 장)

　본래 머리털이 긴 노인이 지팡이를 짚고 가는 모습을 본떠 「긴 머리털」의 뜻을 나타낸 것인데, 뒤에 「길다」 또는 「어른」의 뜻으로 쓰이게 되었다.

「長」이 쓰이는 예:

長男 (　　　　)

長女 (　　　　)

長成 (　　　　)

市長 (　　　　)

會長 (　　　　)

亞	字
아	자

※'亞'자는 'ㄴ(두
이)'부수자에 속하
다.

'亞'자가 다른 글자
의 음부자로도 쓰인
다.
　惡(악할 악)
예: 惡人 (악인)

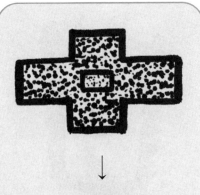

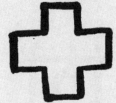

(버금 아)

一 丆 石 亞 亞 亞

亞(버금 아)

　본래 사당이나 묘속
의 평면도형을 본뜬
것인데, 뒤에 차례의
버금을 뜻하게 되었
다.

「亞」가 쓰이는 예:

亞洲 (　　　　)
亞流 (　　　　)
東南亞 (　　　　)

163

囚	字
수	자

※ '囚'자는 '囗(큰
입구)' 부수자에 속
한다.

'囚'자와 비슷한
글자 :

　囙(인할 인)

예 : 原因(원인)

　困(피곤할 곤)

예 : 貧困(빈곤)

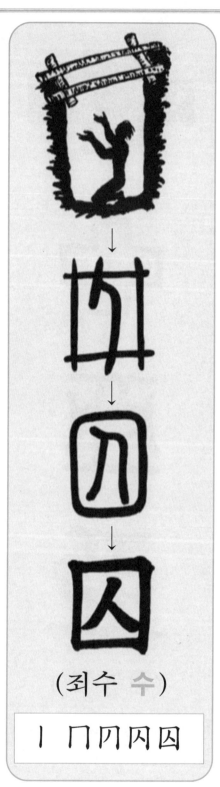

(죄수 수)

| 丨 冂 冃 冈 囚 |

囚(죄수 수)

　죄를 지은 사람이
토굴에 갇혀 있는 상
태를 본뜬 글자이다.

「囚」가 쓰이는 예:

囚人 (　　　　　)

囚衣 (　　　　　)

罪囚 (　　　　　)

爵 작	字 자

※ '爵'자가 사전에는 '爪(손톱조)' 부수자에 들어 있으나, 상형자의 변천으로 보면, 본래 '爪'와는 관계없는 글자이다.

(벼슬 작)

爵(벼슬 작)

본래 청동기로 만든 참새 모양의 술잔을 상형한 것인데, 뒤에 벼슬의 뜻으로 쓰이게 되었다.

「爵」이 쓰이는 예:
公爵 (   )
男爵 (   )

165

(12)
兵器類 (병기류)

刀. 刃. 干. 弓. 矢. 斤.
戈. 矛. 丸. 介. 兵. 舟.
車

● 「刀」가 본자로
① 刃 (칼날 인)

● 「刀」가 아래에
② 分 (나눌 분)
③ 券 (문서 권)

● 「刀」가 오른쪽에
④ 切 (끊을 절)
⑤ 刊 (펴낼 간)
⑥ 列 (벌일 렬)
⑦ 刑 (형벌 형)
⑧ 利 (이할 리)
⑨ 別 (다를 별)
⑩ 判 (판단할 판)
⑪ 刻 (새길 각)
⑫ 到 (이를 도)
⑬ 刷 (인쇄 쇄)
⑭ 前 (앞 전)
⑮ 則 (법 칙)
⑯ 剛 (군셀 강)
⑰ 初 (처음 초)
⑱ 制 (법도 제)
⑲ 副 (버금 부)
⑳ 創 (비롯할 창)
㉑ 割 (나눌 할)
㉒ 劍 (칼 검)
㉓ 劃 (그을 획)
㉔ 劇 (연극 극)

(칼 도)

ㄱ 刀

글자풀이

刀 (칼 도)

칼의 모양을 본뜬 글자이다. 다른 글자의 변으로 쓰일 때는 「刂 (선칼도)」의 형태로 쓰인다.

「刀」가 쓰이는 예:
果刀 (   )
食刀 (   )

167

刃	字
인	자

※ '刃'자는 '刀(칼
도)' 부수자에 속한
다.

'刃'자가 다른 글자
의 음부자로도 쓰인
다.

　忍 (참을 인)

예 : 忍耐(인내)

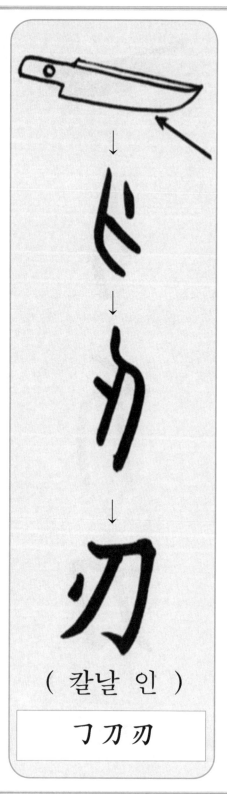

(칼날 인)

フ刀刃

刃(칼날 인)

　칼의 모양을 본뜨
고, 칼날 부분을 부
호로 가리킨 글자이
다.

「刃」이 쓰이는 예:
刀刃 (　　　　)

168

干	部首字
간	부 수 자

● 「干」이 본자로
① 平 (평평할 평)
② 年 (해   년)

● 「干」이 아래에
③ 幸 (다행 행)
④ 幹 (줄기 간)

※ '干'자가 다른 글
자의 음부자로도 쓰
인다.
　刊(새길 간)
예:刊行(간행)
　肝(간 간)
예:肝炎(간염)

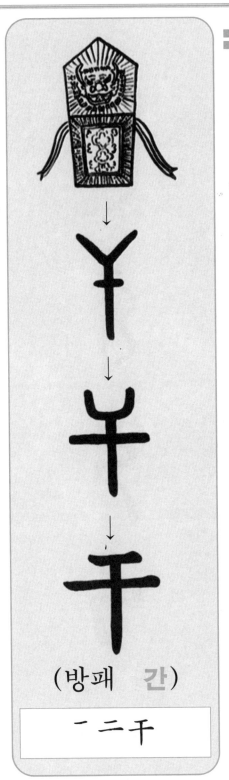

(방패　간)

一二干

干(방패 간)

방패의 모양을 간략
하게 본뜬 글자이다.

「干」이 쓰이는 예:
干戈 (　　　　)
干支 (　　　　)
干潮 (　　　　)
若干 (　　　　)

弓	部首字
궁	부 수 자

● 「弓」이 가운데
① 弔 (조상 조)
② 弟 (아우 제)

● 「弓」이 왼쪽에
③ 引 (당길 인)
④ 弘 (넓을 홍)
⑤ 弦 (활시위 현)
⑥ 弱 (약할 약)
⑦ 强 (굳셀 강)
⑧ 張 (베풀 장)
⑨ 彈 (튕길 탄)

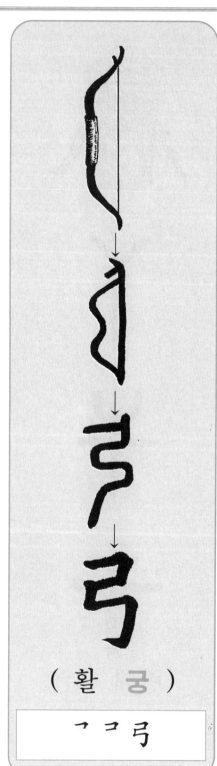

(활　궁)

ㄱㄱ弓

弓(활 궁)

활의 모양을 본뜬 글
자이다.

「弓」이 쓰이는 예:

弓失 (　　　　)
大弓 (　　　　)
名弓 (　　　　)

170

矢	部首字
시	부수 자

● 「矢」가 아래에
① 矣 (어조사 의)

● 「矢」가 왼쪽에
② 知 (알 지)
③ 短 (짧을 단)

矢(화살 시)

화살의 모양을 세워
서 본뜬 글자이다.

「矢」가 쓰이는 예:
弓矢 (   )

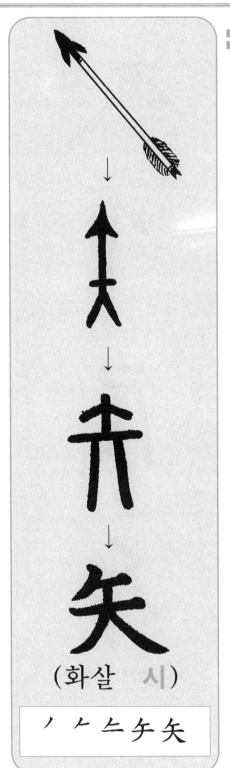

(화살 시)

ノ 乀 二 午 矢

171

斤	部首 字
근	부 수 자

● 「斥」이 본자로
① 斥 (물리칠 척)

● 「斤」이 오른쪽에
② 斯 (이 사)
③ 新 (새 신)
④ 斷 (끊을 단)

※ '斤'자가 다른 글
자의 음부자로도 쓰
인다.
　近(가까울 근)
예 : 近代(근대)

↓

↓

↓

斤
(도끼 근)

´ ´ ㅏ 斤

글자풀이

斤(도끼 근)

　실은 도끼가 아니라,
자귀(나무를 깎는 연
장)의 모양을 본뜬 글
자이다. 뒤에 무게의
단위로 쓰이게 되었
다.

「斤」이 쓰이는 예 :
百斤 (　　　　)
千斤 (　　　　)

● 「戈」가 오른쪽에
① 戊 (천간 무)
② 成 (이룰 성)
③ 戌 (개 술)
④ 戒 (경계 계)
⑤ 我 (나 아)
⑥ 或 (혹 혹)
⑦ 戚 (겨레 척)
⑧ 戲 (희롱할 희)
⑨ 戰 (싸움 전)

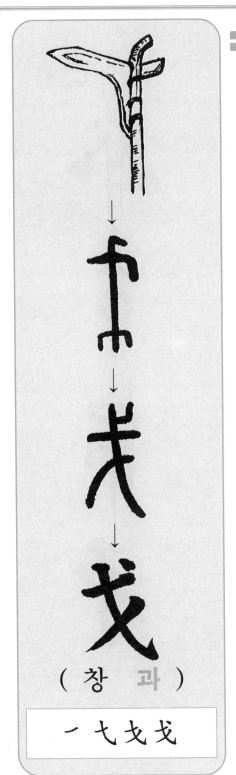

(창 과)

一 弋 戈 戈

글자풀이

戈(창 과)

과(戈)라고 하는 창의 모양을 세워서 본뜬 글자이다.

「戈」가 쓰이는 예:
干戈 (   )
兵戈 (   )

※ '矛'자가 다른 글
자의 음부자로도 쓰
인다.
　　務(힘쓸 무)
예 : 事務(사무)

※옛날 창과 방패를
파는 사람이 내 방패
(盾 : 방패순)는 어떤
창도 뚫을 수 없고,
내창(矛 : 창모)은 어
떤 방패도 뚫을 수 있
다고 말한데서 '矛盾
(모순)'이라는 말
이 생겼다.

(창　모)

ㄱ　ㄱ　ㄱㄱ　予　矛

矛(창 모)

　고리가 달린 긴 창의
모양을 세워서 본뜬
글자이다.

「矛」가 쓰이는 예 :
矛盾 (　　　　　)

174

丸 환	字 자

※ '丸'자는 ' ` (점주)' 부수자에 속한다.

' ` (점주)' 부수자에 속하는 글자:
丹(붉을 단)
主(주인 주)

丸(알 환)

본래 사람이 구슬을 가지고 있는 모습을 본뜬 것인데, 둥근 모양을 뜻하는 글자가 되었다.

「丸」이 쓰이는 예:
丸藥 (   )
彈丸 (   )

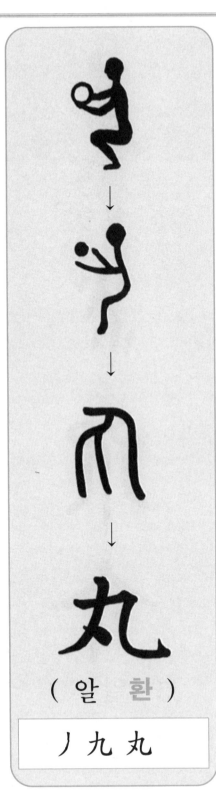

(알 환)

ノ九丸

175

介 개	字 자

※ '介'자는 '人(사람인)' 부수자에 속한다.

'介'자가 다른 글자의 음부자로도 쓰인다.
  芥(겨자 개)
  예:芥子(개자)

(끼일 개)

ノ 人 ㄋ 介

介(끼일 개)

 본래 사람이 갑옷을 입은 모양을 본뜬 것인데, 뒤에 「끼이다」 또는 「중개하다」의 뜻으로 쓰이게 되었다.

「介」가 쓰이는 예:
介入 (   )
介在 (   )
介意 (   )
紹介 (   )

兵	字
병	자

※ '兵'자는 '八(여
덟팔)' 부수자에 속
한다.

'兵'과 비슷한 글자
로 '丘(언덕구)'자
가 있다.

(병사 병)

`´ ´ ⼘ ⼘ 丘 兵`

兵(병사 병)

본래 두 손으로 도
끼를 잡은 모양을 본
뜬 것인데, 「병사」의
뜻으로 쓰이게 되었
다.

「兵」이 쓰이는 예:

兵士 (　　　　　)
兵器 (　　　　　)
兵力 (　　　　　)
步兵 (　　　　　)
工兵 (　　　　　)

177

舟	部首字
주	부 수 자

● 「舟」가 왼쪽에

① 般 (일반 반)

② 航 (건널 항)

③ 船 (배 선)

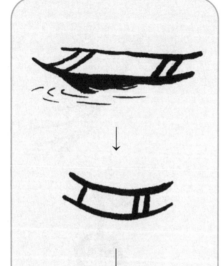

舟

(배　주)

ノ ノ 力 力 月 舟

글자풀이

舟(배 주)

　작은 배의 모양을 세워서 본뜬 글자이다.

「舟」가 쓰이는 예:

方舟 (　　　　　)

片舟 (　　　　　)

178

車	部首字
차	부 수 자

●「車」가 아래에

① 軍 (군사 군)

② 輩 (무리 배)

③ 載 (실을 재)

●「車」가 왼쪽에

④ 軒 (집 헌)

⑤ 較 (비교할 교)

⑥ 輕 (가벼울 경)

⑦ 輪 (바퀴 륜)

⑧ 轉 (구를 전)

⑨ 輸 (나를 수)

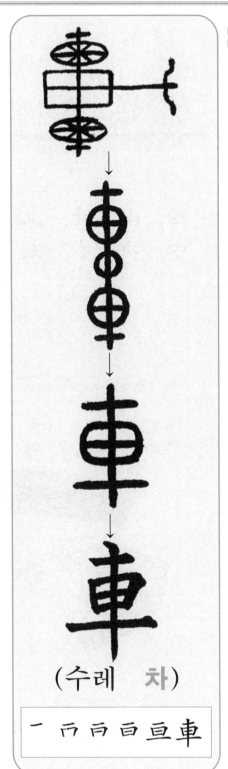

(수레 **차**)

一 冂 冃 百 亘 車

글자풀이

車(수레 **차**)

본래 수레의 두 바퀴 모양을 본뜬 것인데, 뒤에 한 바퀴로 생략된 글자이다.

「**車**」가 쓰이는 예:

車道 (   )

車票 (   )

火車 (   )

汽車 (   )

(13)
方位類 (방위류)

東. 西. 南. 北. 上. 下.
內. 中. 央. 本. 末. 高.
方

東	字
동	자

※ '東'자는 '木(나 무목)' 부수자에 속 한다.

'東'을 '木'과 '日 (날일)'의 합자로 보 는 사람도 있다.

'東'이 다른 글자의 음부자로도 쓰인다.
  凍(얼 동)
예 : 凍死(동사)
    冷凍(냉동)

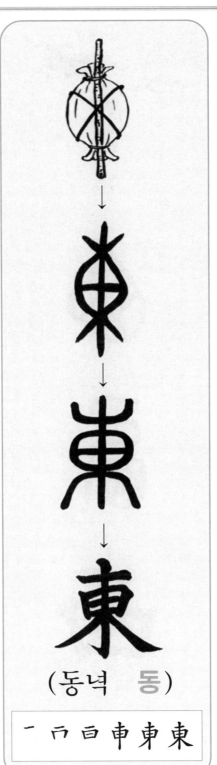

(동녘 동)

一 ｢ 戸 亘 車 東 東

글자풀이

東(동녘 동)

 본래 자루에 물건을 담아 멜대를 꿰어 놓 은 모양을 본뜬 것인 데, 뒤에 「동쪽」을 나 타내는 뜻의 글자가 되었다.

「東」이 쓰이는 예 :
東方 (   )
東西 (   )
東山 (   )
正東 (   )
北東 (   )

西	部首字
서	부 수 자

● 「西」가 위에

① 要 (구할 요)

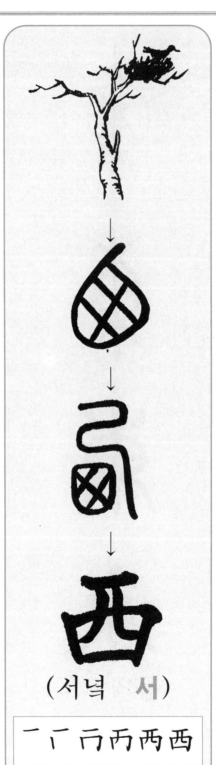

(서녘 서)

一 丁 兀 丙 两 西

西 (서녘 서)

해가 서쪽으로 질 때는 새들이 보금자리로 들어가기 때문에, 새둥지의 모양을 본떠 서쪽을 나타낸 글자이다.

「西」가 쓰이는 예:

西天 (　　　　)

西山 (　　　　)

西便 (　　　　)

西洋 (　　　　)

東西 (　　　　)

※ '南'자는 '十
(열십)'부수자에
속한다.

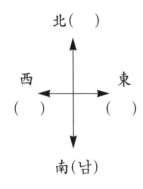

北(　)

西　　　　東
(　)　　　(　)

南(남)

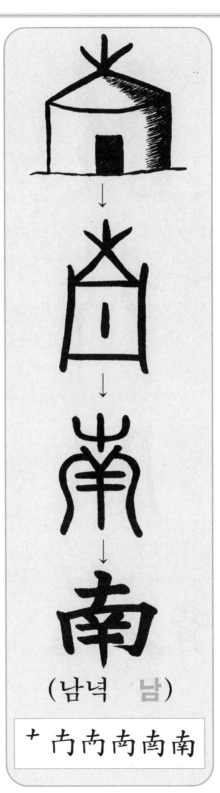

南(남녘 남)

 남쪽으로 향한 천막
의 모양을 본떠 남쪽
의 뜻을 나타낸 글자
이다.
 글자 풀이를 달리하
는 사람도 있다.

「南」이 쓰이는 예:

南方 (　　　　　)
南北 (　　　　　)
南村 (　　　　　)
西南 (　　　　　)

北	字
북	자

※ '北'자는 '匕(비
수비)' 부수자에
속한다.

　실은 '匕(비)'자와
관계 없는 글자이다.

'北'과 비슷한 글자
로 '比(견줄비)'자
가 있다.

'北(북)'자의 음이
'배'로도 난다.
예: 敗北(패배)

'北'이 음부로 쓰
인 글자:
　背(등 배)
예: 背信(배신)

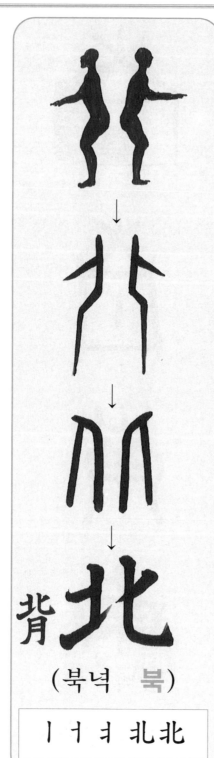

背 北
(북녘　북)

丨 ㅓ ㅔ 北 北

北(북녘 북)

　본래 두 사람이 등
지고 서 있는 모습을
본떠서 「등」을 뜻한
것인데, 뒤에 북쪽의
뜻으로 변하였다.
「背(등배)」자를 다시
만들었다.

「北」이 쓰이는 예:
北方 (　　　　)
北韓 (　　　　)
北魚 (　　　　)
南北 (　　　　)

上	字
상	자

※ '上'자는 '一
(한일)' 부수자에
속한다.

'上'자와 비슷한
글자를 잘 구별해
야 한다.
   止(그칠 지)
예:停止(정지)

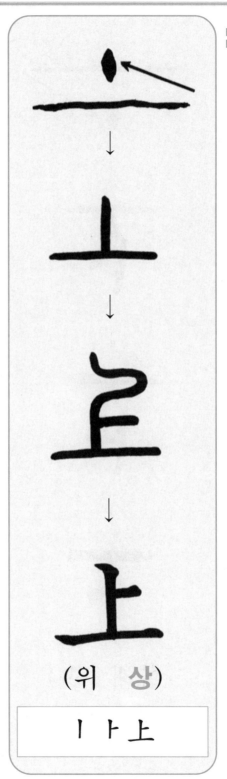

(위　상)

ㅣ ㅏ 上

上(위 상)

　어떤 사물의 윗 부
분을 가리켜 「위」의
뜻을 나타낸 글자이
다.

「上」이 쓰이는 예:
上午 (　　　　)
上下 (　　　　)
上品 (　　　　)
世上 (　　　　)
向上 (　　　　)

185

下	字
하	자

※ '下'자는 ' ㅡ
(한일)' 부수자에
속한다.

'下'자와 비슷한
글자에 성씨로 쓰
이는 '卞(법변)'
자와 잘 구별해서
써야 한다.

(아래 하)

一丁下

下(아래 하)

어떤 사물의 아랫
부분을 가리켜 「아
래」의 뜻을 나타낸
글자이다.

「下」가 쓰이는 예:

下衣 (   )
下手 (   )
下午 (   )
天下 (   )
臣下 (   )

内	字
내	자

※ ‘内’자는 ‘入(들
입)’ 부수자에 속한
다.

‘内’자가 ‘나’로 발
음될 때도 있다.
예 : 内人(나인)

‘内’자가 다른 글자
의 음부자로도 쓰인
다.
　納(들일 납)
예 : 納入 (납입)

‘内’자는 ‘內’자의
속체이다.

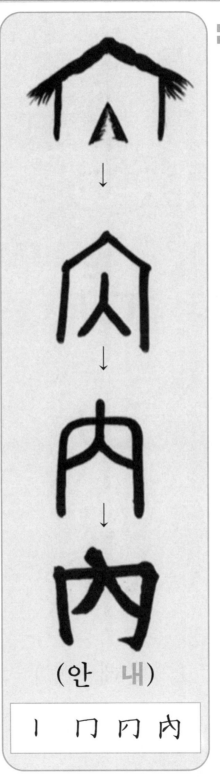

(안 내)

丨 冂 冇 内

内(안 내)

집 안으로 들어가는
상태를 본떠 「안」의
뜻을 나타낸 글자이
다.

「内」가 쓰이는 예 :
内面 (　　　　　)
内心 (　　　　　)
内外 (　　　　　)
市内 (　　　　　)
室内 (　　　　　)

187

中	字
중	자

※ '中'자는 'ㅣ(뚫을곤)' 부수자에 속한다.

'中'자가 다른 글자의 음부자로도 쓰인다.

仲(버금 중)

예:仲介(중개)

　仲秋(중추)

　沖(빌 충)

예:沖天

　忠(충성 충)

예:忠臣(충신)

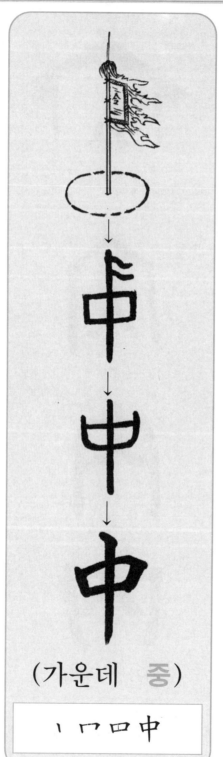

(가운데　중)

｜ 冂 口 中

中(가운데 중)

본래 광장 한 가운데 깃발을 꽂아놓은 것을 본떠 「가운데」라는 뜻을 나타낸 글자이다.

「中」이 쓰이는 예:

中古 (　　　　)

中立 (　　　　)

中心 (　　　　)

中立 (　　　　)

央	字
앙	자

※ '央'자는 '大
(큰대)' 부수자에
속한다.

'央'자가 다른 글
자의 음부자로도
쓰인다.
　殃(재앙 앙)
예: 災殃(재앙)

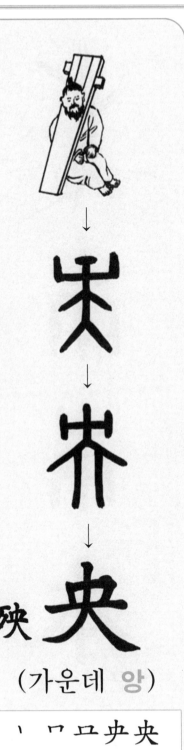

殃 央
(가운데 앙)

丶 冂 冎 央 央

글자풀이

央(가운데 앙)

　본래 형틀 가운데에
목을 끼우고 있는 모
습을 본뜬 것인데,
뒤에 가운데의 뜻으
로 쓰이게 되어, 다
시 「殃(재앙앙)」자를
만들었다.

「央」이 쓰이는 예:
中央 (　　　　)

本	字
본	자

※ '本'자는 '木
(나무목)' 부수자
에 속한다.

'本'자와 같이 사
물의 모양을 본뜨
지 않고, 부호로
가리킨 글자들을
들면 다음과 같다.

末(끝 말)
上(위 상)
下(아래 하)
刃(칼날 인)

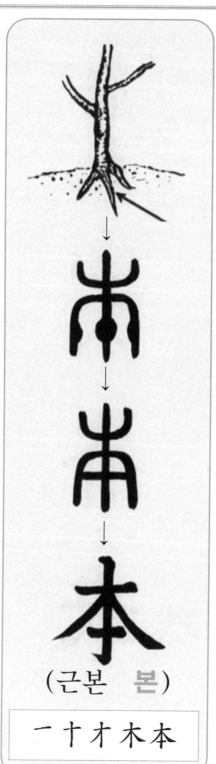

(근본 본)

一 十 才 木 本

本(근본 본)

나무의 모양을 본뜨
고, 뿌리가 되는 것
을 부호로 가리키어,
사물의 근본을 뜻한
글자이다.

「本」이 쓰이는 예:
本人 (   )
本土 (   )
本來 (   )
元本 (   )
日本 (   )

末	字
말	자

※ '末'자는 '木
(나무목)' 부수자
에 속한다.

'末'자와 비슷한
글자들을 잘 구별
해 쓸 것.
　　末(아닐 미)
　　朱(붉을 주)

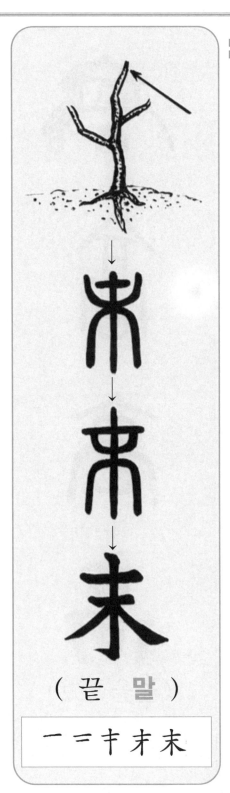

(끝　말)

一 二 キ オ 末

末(끝 말)

　나무의 모양을 본뜨
고, 나무의 끝이 되
는 부분을 부호로 가
리키어, 사물의 끝을
뜻한 글자이다.

「末」이 쓰이는 예:
末年 (　　　　　)
末世 (　　　　　)
月末 (　　　　　)

191

※ '高'의 반대는 '低(저)'이고, '長(장)'의 반대는 '短(단)'이다.

다음 글자의 반대 글자를 써 보아라.

大 ↔ (   )

多 ↔ (   )

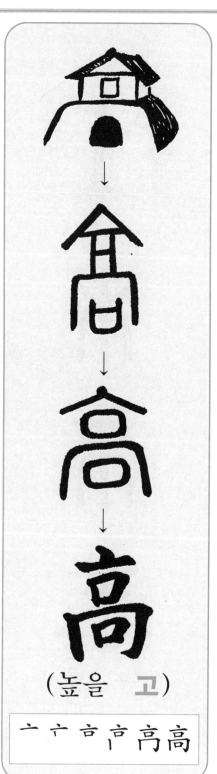

(높을   고)

二 亠 古 古 高 高

高(높을 고)

높은 집의 모양을 본뜬 글자이다.

「高」가 쓰이는 예:

高山 (   )

高手 (   )

最高 (   )

192

方 방	部首 字 부 수 자

●「方」이 왼쪽에

①於(어조사 어)

②施(베풀 시)

③旅(나그네 려)

④族(겨레 족)

⑤旗(기 기)

⑥旋(돌 선)

※「方」자가 다른 글자의 음부자로도 쓰인다.

芳(꽃다울 방)

妨(방해할 방)

防(막을 방)

房(방 방)

倣(본받을 방)

訪(찾을 방)

傍(곁 방)

(모 방)

、 ᅳ 亠 方

方(모 방)

본래 쟁기의 모양을 본뜬 글자인데, 뒤에 「모서리」등의 뜻으로 쓰이게 되었다.

「方」이 쓰이는 예:

方法 ( )

方今 ( )

方向 ( )

四方 ( )

行方 ( )

193

(14)
時節類 (시절류)

春. 夏. 秋. 冬. 旦. 夕.
今. 早. 昔. 曾. 莫

春	字
춘	자

※ '春'자는 '日(날
일)' 부수자에 속한
다.

'春'과 비슷한 글
자:
　泰(클 태)
예: 泰山(태산)

　香(향기 향)
　奉(받들 봉)

（ 봄　춘 ）

一 三 丰 夫 春 春

春(봄　춘)

본래 따뜻한 햇볕을
받아 풀싹이 나는 모
양을 본뜬 글자이다.
뒤에 자음을 나타내
기 위하여 「屯(둔)」자
를 더하여 「春(춘)」자
로 변하였다.

「春」이 쓰이는 예:
春光 (　　　　)
春風 (　　　　)
春秋 (　　　　)
靑春 (　　　　)

195

夏	字
하	자

※ '夏'자는 '夊 (천
천히 걸을쇠)' 부수
자에 속한다.

한 계절의 석달을
'孟(맹)·仲(중)·
季(계)'로 나눈다.
예:孟夏(5월)
　　仲夏(6월)
　　季夏(7월)

(여름　하)

一丆百百頁頁夏夏

夏(여름 하)

　본래 화려하게 꾸민
귀인의 모습을 본떠
「크다」의 뜻을 나타
낸 것인데, 뒤에 「여
름」의 뜻으로 쓰이게
되었다.

「夏」가 쓰이는 예:

夏至 (　　　　　)
夏季 (　　　　　)
常夏 (　　　　　)
春夏 (　　　　　)

秋	字
추	자

※ '秋'자는 '禾(벼
화)' 부수자에 속
한다.

'秋'자와 비슷한
글자:

　　秩(차례 질)

예:秩序(질서)

　　秒(시간단위 초)

예:秒針(초침)

　　科(과정 과)

예:科學(과학)

(가을 추)

二 千 禾 禾· 秒 秋

秋(가을 추)

　본래 가을철에 많은
메뚜기의 모양을 본
떠 「가을」을 뜻하였
으나, 뒤에 메뚜기의
모양은 빠지고 「벼화
(禾)」자와 「불화(火)」
자가 합치어 「가을」
을 뜻하게 되었다.

「秋」가 쓰이는 예:

秋分 (　　　　)

秋夕 (　　　　)

秋景 (　　　　)

春秋 (　　　　)

中秋 (　　　　)

197

冬 동	字 자

※ '冬'자는 'ㅋ(이 수변)'부수자에 속 한다.

'冬'자가 다른 글자 의 음부자로도 쓰인 다.

終(마칠 종)

예:終末(종말)

終日(종일)

冬(겨울 동)

본래 끈을 맺은 모 양을 본뜬 것인데, 사계절의 끝인 겨울 의 뜻으로 쓰이게 되 었다. 뒤에 얼음을 뜻하는 「ㅋ(이수변)」 이 더해진 글자이다.

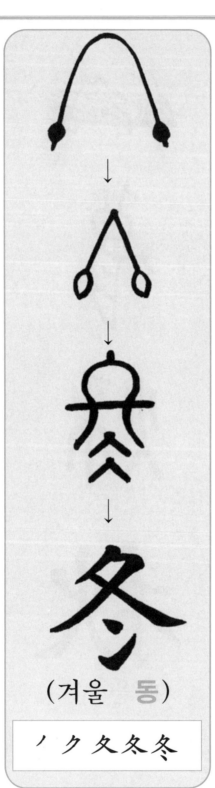

(겨울 동)

ノ ク 夂 冬 冬

「冬」이 쓰이는 예:

冬至 (　　　　　)

冬季 (　　　　　)

立冬 (　　　　　)

初冬 (　　　　　)

旦 단	字 자

※ '旦' 자는 '日(날일)' 부수자에 속한다.

'旦' 자가 다른 글자의 음부자로도 쓰인다.

但(다만 단)

疸(황달 달)

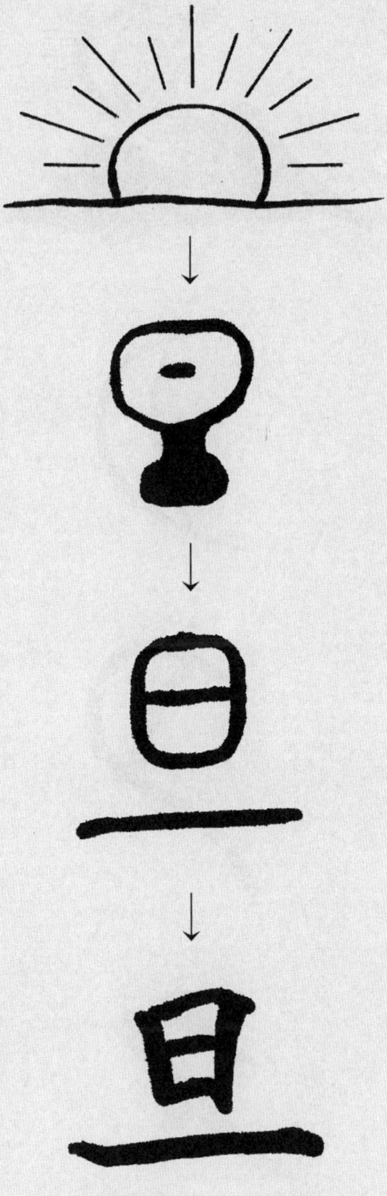

(아침 단)

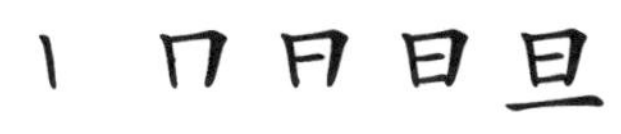

글자풀이

旦(아침 단)

해가 막 뜰 때는 해와 그림자가 서로 맞붙어 있음을 본떠 아침을 나타낸 글자이다.

「旦」이 쓰이는 예:

元旦 (　　　　)

夕 _석	部首字 _{부 수 자}

● 「夕」이 아래에
① 夜 (밤   야)
② 夢 (꿈   몽)

● 「夕」이 왼쪽에
③ 外 (바깥 외)

● 「夕」이 거듭
④ 多 (많을 다)

(저녁   석)

ノ ク 夕

글자풀이

夕(저녁 석)

  초생달을 그리어 밤
이 되기 전의 저녁을
나타낸 글자이다.

「夕」이 쓰이는 예:
夕刊 (   )
夕陽 (   )
秋夕 (   )
朝夕 (   )
七夕 (   )

今	字
금	자

※ '今'자는 '人(사
람인)' 부수자에 속
한다.

'今'자와 비슷한
글자로 '令(하여금
령)'자가 있다.
예 : 命令(명령)

'今'자가 다른 글
자의 음부자로도
쓰인다.
  吟(읊을 음)
  陰(그늘 음)
  琴(거문고 금)

↓

(이제 금)

ノ 人 ム 今

今(이제 금)

본래 입안에 음식물
을 물고 있는 상태를
본떠 「지금」의 뜻을
나타낸 것이다.

「今」이 쓰이는 예 :
今日 (   )
今年 (   )
古今 (   )
至今 (   )

早	字
조	자

※ '早'자는 '日(날
일)' 부수자에 속한
다.

'早'자와 비슷한
글자 :
　早(가물 한)
예 : 早害(한해)
　卓(탁자 탁)
예 : 卓子(탁자)

'早'자가 다른 글자
의 음부자로도 쓰인
다.
　朝(아침 조)
　潮(조수 조)

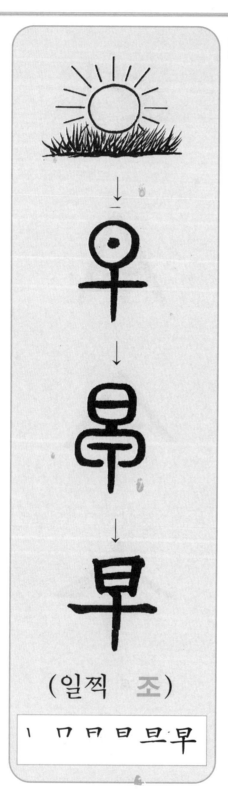

↓

우

↓

昴

↓

早

(일찍　조)

丨 冂 冂 曰 呈 早

早(일찍 조)

　해가 지평선의 풀
위로 솟아오르는 모
양을 본뜬 것이다.

「早」가 쓰이는 예 :
早朝 (　　　　　)
早退 (　　　　　)
早起 (　　　　　)
尙早 (　　　　　)

昔	字
석	사

※ '昔'자는 '日(날
일)' 부수자에 속한
다.

'昔'자가 다른 글
자의 음부자로도
쓰인다.

惜(아낄 석)
예 : 哀惜(애석)
鵲(까치 작)
예 : 喜鵲(희작)

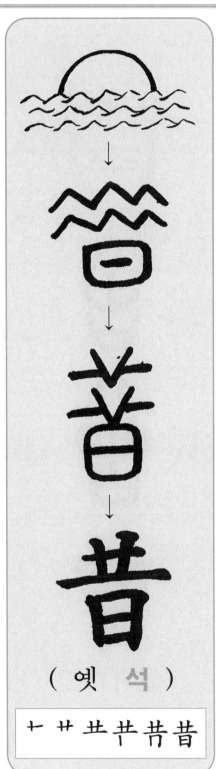

(옛 석)

一十卄旪旪昔昔

昔(옛 석)

본래 큰 홍수가 일
어나 재해를 당했던
날을 나타낸 것인데,
그 날은 잊을 수 없
는 과거이므로 옛날
의 뜻으로 쓰이게 되
었다.

「昔」이 쓰이는 예 :

昔日 (   )

昔年 (   )

昔人 (   )

今昔 (   )

曾 증	字 자

※ '曾'자는 '曰
(가로왈)' 부수자
에 속한다.

'曾'자가 다른 글
자의 음부자로도
쓰인다.
　增(더할 증)
　贈(줄　증)
　層(층　층)

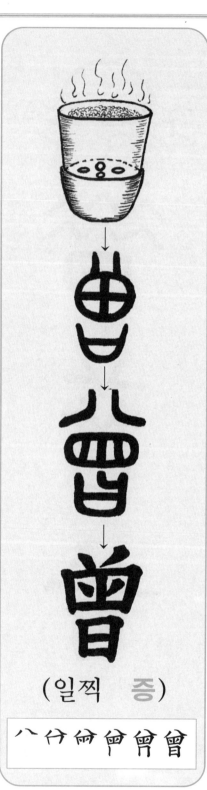

(일찍　증)

글자풀이

曾(일찍 증)

　본래 시루의 모양을
본뜬 것인데, 일찍의
뜻으로 쓰이게 되어,
다시 「甑(시루증)」자
를 만들었다.

「曾」이 쓰이는 예:
曾祖 (　　　　)
曾子 (　　　　)
未曾有(　　　　)

204

莫 막	字 자

※'莫'자는 'ㅆ(초 두머리)' 부수자에 속한다.

'莫'자가 지금은 부정하거나, 어떤 행동을 금지할 때 쓰이고, '저물다' 의 뜻으로는 쓰이 지 않는다.

'莫'자가 다른 글 자의 음부자로도 쓰인다.
　漠(아득할 막)
　幕(장막 막)
　模(법　모)
　慕(사모할 모)
　募(모을 모)

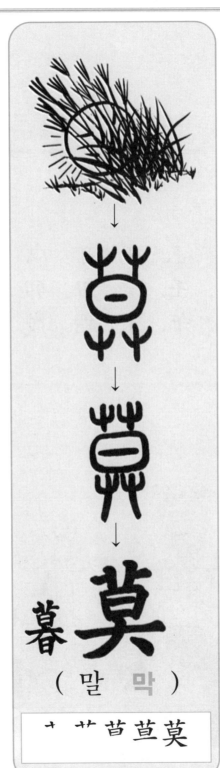

莫
(말　막)

亠 艹 苩 苴 莫

莫(말 막)

　본래 해가 평원의 풀속으로 지는 상태 를 본떠 「저물다」의 뜻을 나타낸 것이다. 뒤에 해가 지면 하던 일도 「말다」의 뜻으 로 변하여, 다시 「暮 (저물모)」자를 만들 었다.

「莫」이 쓰이는 예:
莫大 (　　　　)
莫重 (　　　　)

(15)
干支類 (간지류)

甲. 乙. 丙. 丁. 戊. 己.
辛. 壬. 癸. 丑. 卯. 辰.
巳. 午. 未. 酉. 戌. 亥.

甲	字
갑	자

※'甲'자는 '田(밭
전)' 부수에 속한다.

'甲'자가 다른 글자
의 음부자로도 쓰인
다.
　押(누를 압)
예：押收(압수)

　鴨(오리 압)
　匣(갑 갑)
　閘(수문 갑)

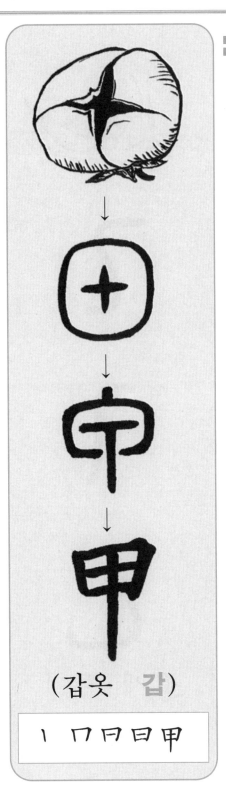

(갑옷 갑)

| 𠃌 冂 日 日 甲 |

甲(갑옷 갑)

　본래 열매의 껍데기
모양을 본뜬 것인데,
뒤에 갑옷의 뜻으로
또 천간(天干)의 뜻
으로 변하였다.

「甲」이 쓰이는 예:
甲乙 (　　　　)
甲年 (　　　　)
同甲 (　　　　)
回甲 (　　　　)

207

乙	部首字
을	부수자

● 「乙」이 본자로
① 九 (아홉 구)
② 也 (잇기 야)

● 「乙」이 오른쪽에
③ 乳 (젖 유)
④ 乾 (하늘 건)
⑤ 亂 (어지러울 란)

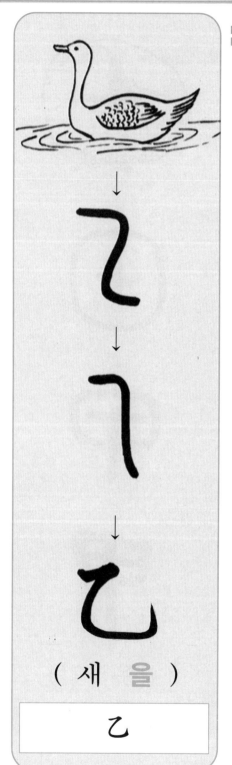

(새 을)

乙

乙(새 을)

물 위에 있는 새의
모양을 본뜬 글자인
데, 뒤에 천간(天干)
의 뜻으로 쓰였다.

「乙」이 쓰이는 예:
乙種 (   )
乙未 (   )

208

丙	字
병	자

※‘丙’자는 ‘一(한
일)’ 부수자에 속한
다.

‘丙’자가 다른 글자
의 음부자로도 쓰인
다.
　病(병들 병)
　炳(밝을 병)

↓

↓

↓

(남녘　병)

一 厂 厂 丙 丙

丙(남녘 병)

　본래 제사상의 모양
을 본뜬 것인데, 천간
의 뜻으로 쓰이게 되
었다.

「丙」이 쓰이는 예:
丙子 (　　　　　)
丙午 (　　　　　)

丁 (정)	字 (자)

※ '丁'자는 '一(한 일)' 부수자에 속한 다.

실로 고무래와는 관계없으나, 글자 모양이 고무래 비슷하여 붙여진 이름이다.

'丁'자가 다른 글자의 음부자로도 쓰인다.
   訂(고칠 정)
   頂(정수리 정)
   亭(정자 정)
   停(머무를 정)

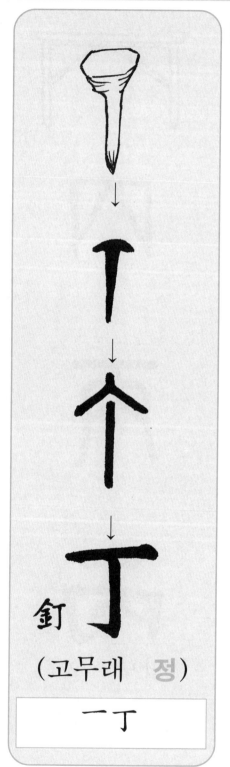

釘
(고무래 정)

一丁

글자풀이

丁(고무래 정)

본래 못대가리의 모양을 본뜬 것인데, 뒤에 천간의 뜻으로 변하였다. 다시 「釘(못 정)」자를 만들었다.

「丁」이 쓰이는 예:
丁酉 (   )
白丁 (   )
兵丁 (   )
壯丁 (   )

戊	字
무	자

※ '戊'자는 '戈(창
과)' 부수자에 속한
다.

'戊'자가 다른 글자
의 음부자로도 쓰인
다.
　茂(무성할 무)
예:茂盛(무성)

(천간　무)

一ノ厂戊戊戊

戊(천간 무)

　본래 도끼의 모양을
본뜬 것인데. 뒤에 천
간(天干)의 뜻으로 변
하였다.

「戊」가 쓰이는 예:
戊子 (　　　　　)
戊夜 (　　　　　)

211

己	部首字
기	부 수 자

● 「己」가 본자로
① 已 (그칠 이)
② 巳 (뱀 사)

● 「己」가 아래에
③ 巷 (거리 항)

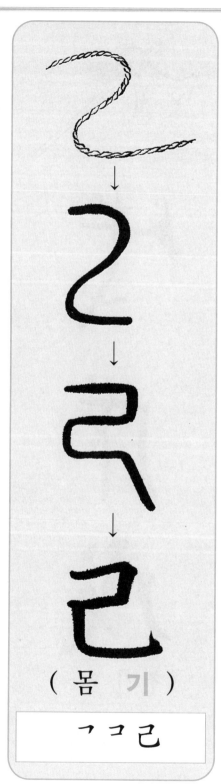

(몸　기)

ㄱㄱ己

글자풀이

己(몸 기)

본래 긴 끈의 모양
을 본뜬 것인데, 뒤
에 천간(天干)의 뜻
으로 변하였다. 또한
자기 스스로를 가리
키는 뜻으로 쓰이게
되어 「몸기」로 일컫
게 되었다.

「己」가 쓰이는 예:
自己 (　　　　)
克己 (　　　　)
知己 (　　　　)

212

辛	部首字
신	부 수 자

● 「辛」이 양쪽에
① 辨 (분별할 변)
② 辯 (말잘할 변)

● 「辛」이 오른쪽에
③ 辭 (말씀 사)

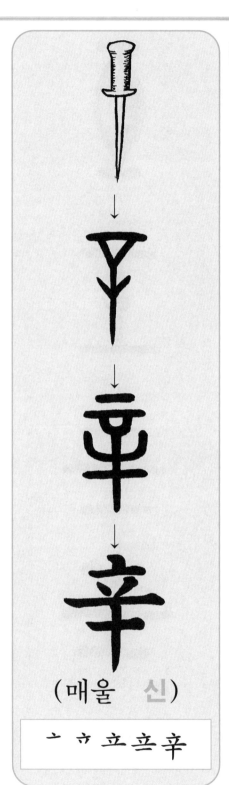

(매울 신)

亠 ㅗ 立 立 辛

辛 (매울 신) ·

본래 죄인이나 노예
의 문신에 썼던 침의
모양을 본뜬 것이다.

「辛」이 쓰이는 예:

辛苦 (   )

辛時 (   )

213

壬	字
임	자

※ '壬'자는 '士(선
비사)' 부수자에 속
한다.

'壬'자가 다른 글자
의 음부자로도 쓰인
다.
　任(맡길 임)
예:任務(임무)
　賃(품팔이 임)
예:賃金(임금)

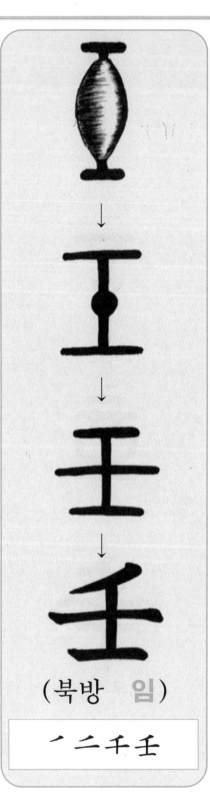

(북방 임)

ㅣ 二 千 壬

壬(북방 임)

　본래 실패의 모양을
본뜬 글자인데, 천간
의 뜻으로 쓰이게 되
었다.

「壬」이 쓰이는 예:
壬辰 (　　　　　)
壬午 (　　　　　)

214

癸	字
계	자

※ '癸'자는 'ㅉ(필 발머리)' 부수자에 속한다.

'癸'자와 비슷한 글 자로 '祭(제사제)' 자가 있다.

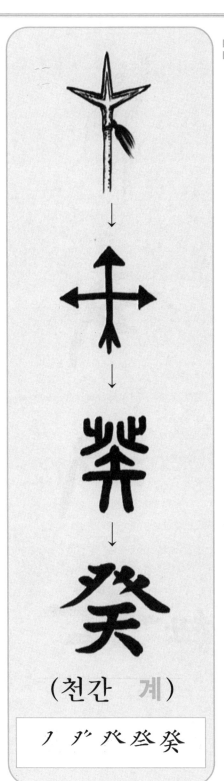

(천간 계)

ノ フ゛ バ ⺺ 癸

癸(천간 계)

본래 삼지창의 모양 을 본뜬 글자인데, 천 간의 뜻으로 쓰이게 되었다.

「癸」가 쓰이는 예:

癸卯 (   )

癸酉 (   )

215

丑	字
축	자

※ '丑'자는 '一
(한일)' 부수자에
속한다.

'丑'자가 지지(地
支)의 뜻으로 쓰이
게 되어, 다시 '紐
(끈뉴)'자를 만들
었다.
예 : 紐帶(유대)

紐丑
(소 축)

ㄱ ㄲ 刕 丑

丑(소 축)

본래 손으로 끈을
매는 모양을 본뜬 것
인데, 뒤에 지지(地
支)의 뜻으로 변하였
다. 지지(地支)에서
「丑(축)」은 소띠므로
「소축」으로 일컫게
되었다.

「丑」이 쓰이는 예:
丑時 (   )
丑日 (   )
丑生 (   )

216

卯	字
묘	자

※ '卯'자는 '卩(병 부절)' 부수자에 속 한다.

'卯'자가 다른 글자 와 어울렸을 때의 발음은 다음과 같 다.

柳(버들 류)

留(머무를 류)

劉(죽일 류)

貿(바꿀 무)

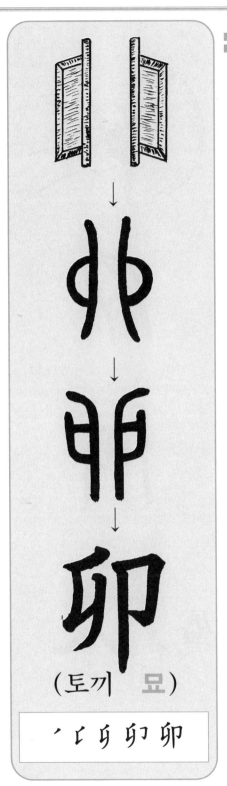

卯

(토끼 묘)

丶亡弓卯卯

卯(토끼 묘)

본래 문을 열어 놓 은 모양을 본뜬 것인 데, 뒤에 지지(地支) 의 뜻으로 쓰였다.

「卯」가 쓰이는 예:

卯月 (　　　　　)

卯生 (　　　　　)

乙卯 (　　　　　)

辰 진	部首字 부 수 자

• 「辰」이 위에
① 辱(욕될욕)

• 「辰」이 아리에
① 農(농사농)

※ '辰'자가 다른 글
자의 음부자로도 쓰
인다.
　脣(입술 순)
　晨(새벽 신)
　振(떨칠 진)

'辰'자가 들어가는
해, 곧 甲辰(갑진),
丙辰(병진), 戊辰
(무진)등의 출생자
는 '용띠'이다.

※ '辰'자는 본래 별
의 뜻일 때는 '신'으
로 읽고, 지지(地支)
의 뜻일 때는 '진'으
로 읽어야 한다.

蜃

辰
(별　진)

丆 丆 厈 辰 辰 辰

글자풀이

辰(별 진)

　본래 큰 조개껍데기
를 손에 매어 가지고
벼이삭을 자르는 모양
을 본뜬 것인데, 전갈
별자리 모양과 비슷하
여 별의 뜻으로 쓰이
게 되었다.
　다시 '辰'자에 '虫
(벌레훼)'자를 더하여
'蜃(조개신)자를 만들
었다.

「辰」이 쓰이는 예:
辰時 (　　　　　)
日辰 (　　　　　)

218

巳 사	字 자

※ '巳' 자는 '己(몸 기)' 부수자에 속한 다.

'己' 자와 비슷한 글 자:

　己(그칠 이)

예: 已往(이왕)

　　不得已(부득이)

　己(몸 기)

예: 自己(자기)

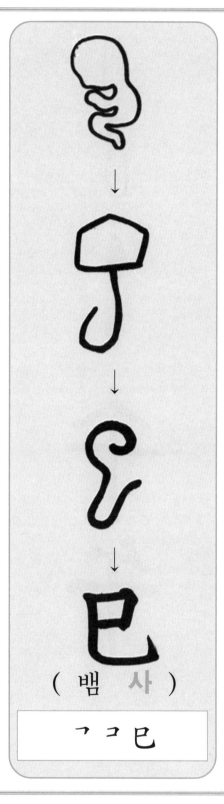

(뱀　사)

ㄱ ㄱ 巳

巳(뱀 사)

본래 태아의 모양을 본뜬 것인데. 뒤에 「뱀사(巳)」의 뜻으로 쓰이게 되어, 다시 「己(몸기)」자를 만들 었다.

「巳」가 쓰이는 예:

巳年 (　　　　)

己巳 (　　　　)

午	字
오	자

※ '午'자는 '十
(열십)' 부수자에
속한다.

'午'자와 비슷한
글자:

　午(소 우)

　半(반 반)

　乎(어조사 호)

　干(방패 간)

　于(어조사 우)

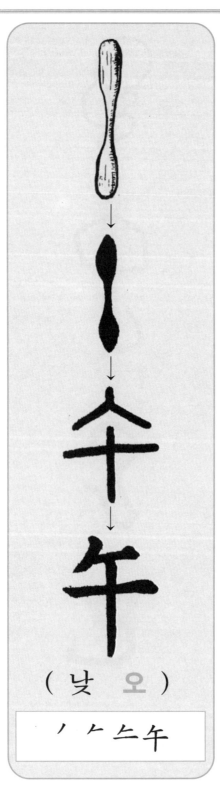

（낮 오）

丿 丷 乇 午

글자풀이

午(낮 오)

본래 절굿공이의 모
양을 본뜬 것인데,
뒤에 지지(地支)의
뜻으로 변하였다. 다
시 「杵(절구공이저)」
를 만들었다.

지지(地支)의 「午
(오)는 시간으로 오
전 11시에서 오후1시
까지를 가리키므로
「낮오」라고 일컫게
되었다.

「午」가 쓰이는 예:

午前 (　　　　)

午後 (　　　　)

正午 (　　　　)

端午 (　　　　)

未	字
미	자

※ '未'자는 '木(나
무목)' 부수자에 속
한다.

'未'자가 다른 글자
의 음부자로도 쓰인
다.
  味(맛 미)
예:妙味(묘미)
  妹(누이 매)
예:妹兄(매형)

(아닐 미)

一 二 キ 才 未

未(아닐 미)

본래 나무의 가지와
잎이 무성함을 본뜬
것인데, 뒤에 지지(地
支)의 뜻으로 변하였
다. 또한 부정의 뜻으
로 쓰이게 되어「아닐
미」로 일컬게 되었다.

「未」가 쓰이는 예:
未來(   )
未定(   )
未安(   )
丁未(   )
己未(   )

酉	部首 字
유	부 수 자

● 「酉」가 아래에
① 醫 (의원 의)

● 「酉」가 왼쪽에
② 配 (짝 배)
③ 醉 (취할 취)

● 「酉」가 오른쪽에
④ 酒 (술 주)

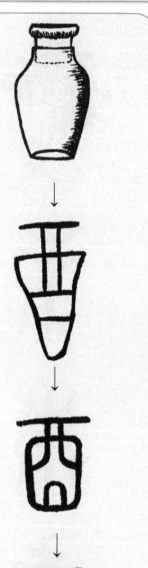

酒 酉
(닭 유)

一 丁 丙 西 西 酉

酉(닭 유)

본래는 술항아리의 모양을 본떠 술을 뜻한 것인데, 뒤에 닭띠를 나타내는 간지의 뜻으로 변하여, 물을 뜻하는 「氵(삼수변)」을 더하여 「酒(술주)」자가 되었다.

「酉」가 쓰이는 예:
乙酉 (   )
丁酉 (   )

戌	字
술	자

※'戌'자는 '戈(창 과)' 부수자에 속한 다.

'戍(수자리수)'자를 보라.

戌(개 술)

본래 도끼의 모양을 본뜬 글자인데, 뒤에 지지(地支)의 개띠를 뜻하는 글자로 쓰이 게 되었다.

(개 술)

一 厂 F 氏 戌 戌

「戌」이 쓰이는 예:

戌時 (   )

甲戌 (   )

戊戌 (   )

223

亥 해	字 자

※ '亥'자는 '亠(돼
지해머리)' 부수자
에 속한다.

'亥'자가 다른 글자
의 음부자로도 쓰인
다.

　該(그 해)
예 : 該當(해당)
　核(씨 핵)
예 : 核武器(핵무기)

亥(돼지 해)

　돼지의 모양을 본뜬
것인데, 지지(地支)의
글자로 쓰이게 되었
다.

「亥」가 쓰이는 예 :

亥年 (　　　　　　)

乙亥 (　　　　　　)

(돼지 해)

、　亠　亥　亥　亥　亥

(16)
動態類 (동태류)

入. 力. 立. 去. 之. 止.
言. 見. 行. 生. 步. 至.
及. 比. 共. 包. 交. 回.
求. 用

●「入」이 위에
① 全 (온전 전)

●「入」이 안에
② 内 (안   내)
③ 兩 (둘   량)

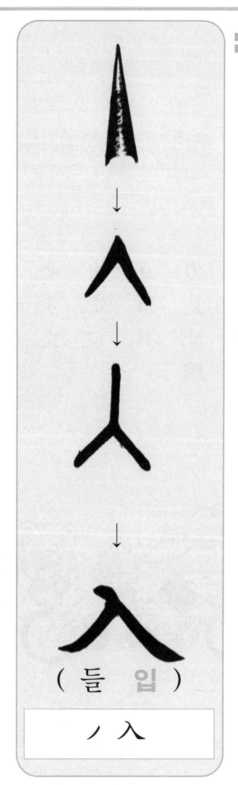

(들   입)

ノ 入

글자풀이

入 (들 입)

송곳의 형태를 본떠
「들어가다」의 뜻을
나타낸 글자이다.

「入」이 쓰이는 예:
入山 (   )
入學 (   )
加入 (   )
出入 (   )

●「力」이 아래에
① 努 (힘쓸 노)
② 勇 (날랠 용)
③ 劣 (못할 렬)
④ 勞 (수고스러울 로)
⑤ 勢 (형세 세)
⑥ 募 (모을 모)
⑦ 務 (힘쓸 무)
⑧ 勝 (이길 승)

●「力」이 왼쪽에
⑨ 加 (더할 가)

●「力」이 오른쪽에
⑩ 功 (공 공)
⑪ 助 (도울 조)
⑫ 動 (움직일 동)
⑬ 勤 (부지런할 근)
⑭ 勸 (권할 권)

(힘 력)

ㄱ 力

力 (힘 력)

 힘쓸 때 팔의 모양
을 본떠 힘의 뜻을
나타낸 글자이다.

「力」이 쓰이는 예:

力軍 (   )
力士 (   )
努力 (   )
人力 (   )
自力 (   )

227

立	部首 字
립	부 수 자

● 「立」이 위에
① 竟 (마침내 경)
② 章 (글장 장)
③ 童 (아이 동)

● 「立」이 왼쪽에
④ 端 (끝   단)

● 「立」이 거듭
⑤ 竝 (아우를 병)
⑥ 競 (다툴 경)

※ '立'자가 다른
글자의 음부자로도
쓰인다.
  泣(울 읍)
  粒(낟알 립)

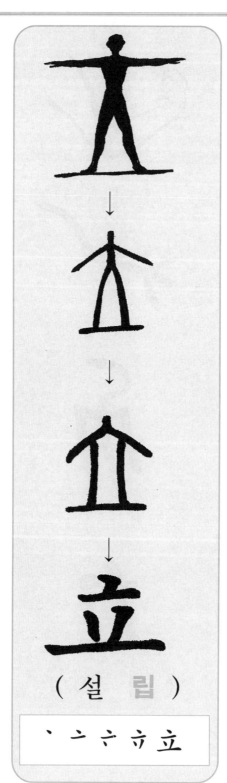

(설 립)

丶 亠 亠 立 立

글자풀이

立(설 립)

 사람이 땅 위에 서
있는 모양을 본떠
「서다」의 뜻을 나타
낸 글자이다.

「立」이 쓰이는 예:
立春 (   )
立身 (   )
中立 (   )
公立 (   )
國立 (   )

去 거	字 자

※ '去'자는 'ㅿ(마늘모)' 부수자에 속한다.

'去'자가 다른 글자와 어울려 쓰이는 글자:

法(법 법)
예: 憲法(헌법)

怯(겁낼 겁)
예: 卑怯(비겁)

↓

↓

↓

(갈 거)

一 十 土 去 去

글자풀이

去 (갈 거)

사람이 문턱을 나가는 상태를 본뜬 글자이다.

「去」가 쓰이는 예:

去來 (   )
去年 (   )
過去 (   )

之	字
지	자

'之'자는 ' ノ (삐
침)' 부수자에 속한
다.

'之東之西(지동지
서)' 하면 동으로 갈
까 서로 갈까 갈팡질
팡함을 이르는 말이
다.

'國之語音' (국지어
음)의 '之' 는 '의'
의 뜻으로 쓰인 것이
다.

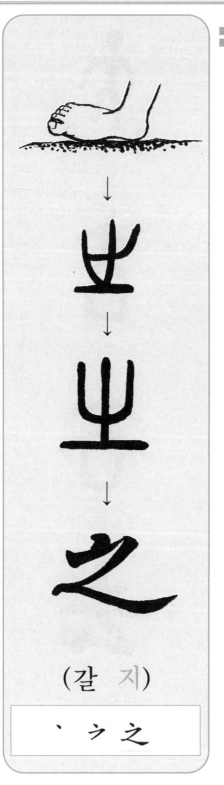

(갈　지)

之 (갈 지)

땅 위에 발을 그리어
「가다」의 뜻을 나타낸
글자이다.　뒤에 조사
「의」로 쓰이게 되었
다.

止	部首 字
지	부 수 자

● 「止」가 위에
① 步(걸음 보)
② 歲(해 세)

● 「止」가 아래에
③ 正(바를 정)
④ 武(호반 무)
⑤ 歷(지날 력)
⑥ 歸(돌아갈 귀)

● 「止」가 왼쪽에
⑦ 此(이 차)

止 (그칠 지)

본래 발자국을 그린 것인데, 뒤에 「그치 다」의 뜻으로 쓰이게 되어, 다시 「趾(발자 국지)」자를 만들었다.

「止」가 쓰이는 예:
止血( )
中止( )
停止( )
禁止( )

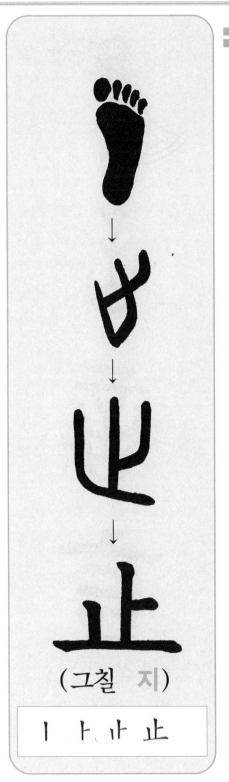

(그칠 지)

| ㅣ | ㅏ | ㅑ | 止 |

231

●「言」이 왼쪽에
① 計 (설계 계)
② 訂 (고칠 정)
③ 記 (기록 기)
④ 訓 (교훈 훈)
⑤ 訪 (찾을 방)
⑥ 設 (베풀 설)
⑦ 訟 (송사할 송)
⑧ 訴 (호소할 소)
⑨ 詞 (말 사)
⑩ 詠 (읊을 영)
⑪ 評 (평할 평)
⑫ 試 (시험 시)
⑬ 詳 (자세할 상)
⑭ 誠 (정성 성)
⑮ 詩 (글 시)
⑯ 說 (말씀 설)
⑰ 語 (말씀 어)
⑱ 誤 (그르칠 오)
⑲ 誘 (꾈 유)
⑳ 話 (말씀 화)
㉑ 談 (말씀 담)
㉒ 讀 (읽을 독)
㉓ 論 (의론 론)
㉔ 認 (알 인)
㉕ 調 (고를 조)

●「言」이 아래에
㉖ 譽 (기릴 예)
㉗ 警 (경계할 경)

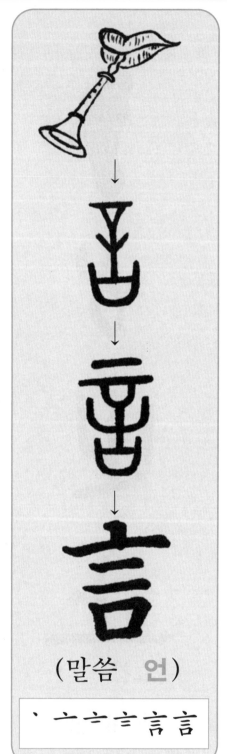

(말씀 언)

`ヽ 亠 亠 言 言 言`

言 (말씀 언)

본래 입에 피리를
물고 소리를 내는 모
양을 본뜬 것인데,
뒤에 「말씀」의 뜻으
로 변하였다.

「言」이 쓰이는 예:
言語 ( )
言爭 ( )
言行 ( )
甘言 ( )

見	部首字
견	부 수 자

● 「見」이 아래에
① 覺 (깨달을 각)
② 覽 (볼　람)

● 「見」이 오른쪽에
③ 規 (법　규)
④ 視 (볼　시)
⑤ 親 (어버이 친)
⑥ 觀 (볼　관)

※ '見'자가 다른
글자의 음부자로도
쓰인다.
　現(나타날 현)
　峴(고개 현)

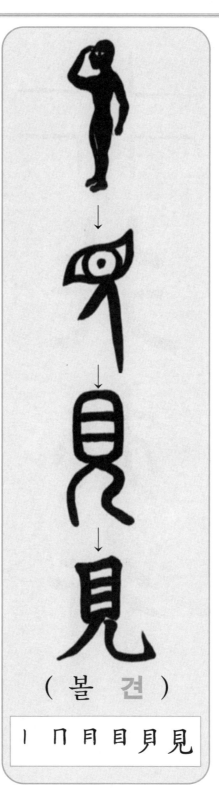

(볼　견)

丨 冂 冃 目 貝 見

見(볼　견)

　바라보는 사람의 눈
을 강조하여 본뜬 글
자이다.

「見」이 쓰이는 예:
見學 (　　　　　)
見聞 (　　　　　)
發見 (　　　　　)
意見 (　　　　　)

● 「行」의 가운데
① 術 (꾀 술)
② 街 (거리 가)
③ 衛 (지킬 위)
④ 衝 (찌를 충)

※ '行'자가 '行(항)'으로도 발음된다.
예 : 行列 (항렬)

(갈 행)

丶 ノ 彳 彳 行 行

行 (갈 행)

본래 네거리의 모양을 본뜬 것인데, 거리는 곧 사람이 다니는 곳이므로 「가다」의 뜻으로 쓰이게 되었다.

「行」이 쓰이는 예:

行人 (   )
行方 (   )
行政 (   )
平行 (   )
言行 (   )

生 생	部首 字 부 수 자

● 「生」이 아래에
① 産(낳을 산)

※ '生'과 비슷한
글자:
　主(임금 주)
　毛(털 모)
　去(갈 거)
　失(잃을 실)

生(날 생)

　풀싹이 땅에서 돋아
나는 모양을 본뜬 글
자이다.

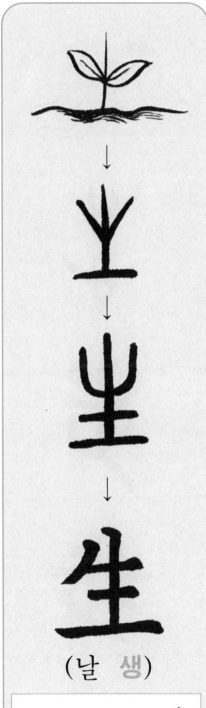

(날 생)

ㅣ ㅗ ㅗ 느 生

「生」이 쓰이는 예:
生日(　　　　　)
生物(　　　　　)
生死(　　　　　)
出生(　　　　　)
先生(　　　　　)

步	字
보	자

※ '步'자는 '止
(그칠 지)'부수자
에 속한다.

'步'자가 다른 글
자와 어울려 쓰이
는 글자:
  涉(건널 섭)
예 : 干涉(간섭)
  陟(오를 척)
예 : 進陟(진척)

'步'자는 '步'자
의 속자체이다.

(걸음 보)

| 一 ┤ 止 止 牛 歨 步 |

글자풀이

步(걸음 보)

  두 발을 그리어 걸
어가는 뜻을 나타낸
글자이다.

「步」가 쓰이는 예:
步行 (   )
步兵 (   )
步道 (   )
速步 (   )

至	部首字
지	부 수 자

● 「至」가 아래에
① 臺 (대 대)

● 「至」가 왼쪽에
② 致 (이룰 치)

至(이를 지)

　본래 화살이 땅에
떨어진 모양을 본떠
서 「이르다」의 뜻을
나타낸 글자이다.

「至」가 쓰이는 예:
至大 (　　　　　)
至今 (　　　　　)
冬至 (　　　　　)
夏至 (　　　　　)

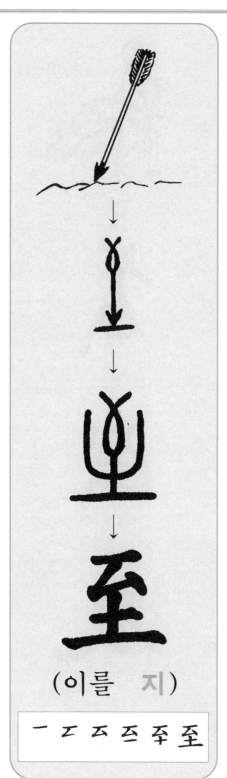

(이를 지)

一 工 エ 至 至 至

237

及	字
급	자

※ '及'자는 '又
(또우)' 부수자에
속한다.

'及'자가 다른 글
자의 음부자로도
쓰인다.
  級(등급 급)
  汲(물길을 급)

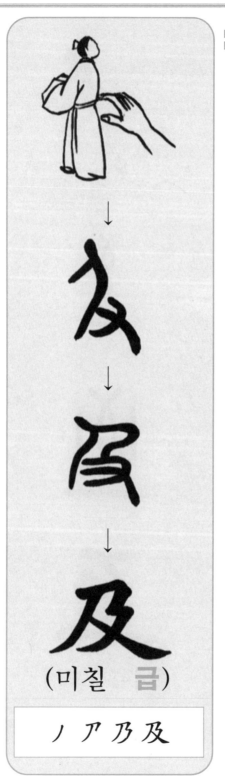

及
(미칠 급)

ノ ア 乃 及

及(미칠 급)

  본래 가는 사람을
뒤에서 손으로 잡는
모양을 본떠, 「미치
다」의 뜻으로 되었
다.

「及」이 쓰이는 예:
及第 (   )
言及 (   )

比	部首字
비	부 수 자

※ '比'자와 비슷한
글자에 '此(이차)'자
가 있다.
예: 此後 (차후)
　　此回 (차회)

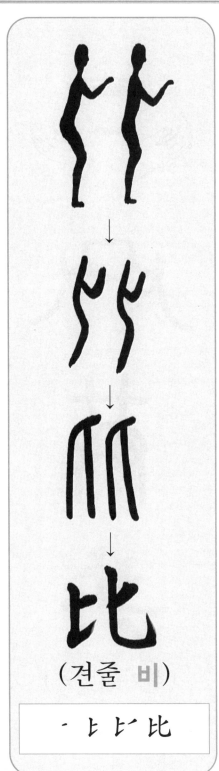

(견줄 비)

一 丿 　𠤎 比

글자풀이

比(견줄 비)

　두 사람이 나란히
서있는 모습을 본뜬
글자이다.

「比」가 쓰이는 예:
比較 (　　　　　)
比例 (　　　　　)

239

共	字
공	자

※ '共'자는 'ㅅ(여 덟팔)' 부수자에 속 한다

'共'이 다른 글자의 음부자로도 쓰인다.
　供(이바지할 공)
예:供給(공급)
　供養(공양)
　恭(공손할 공)
예:恭敬(공경)

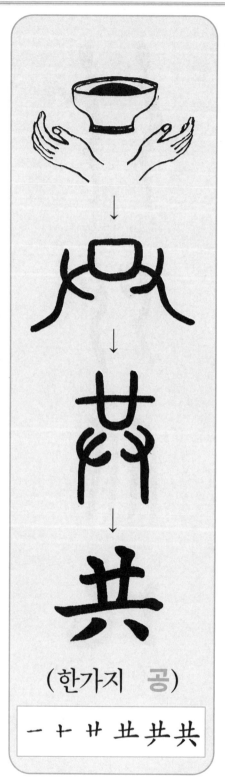

(한가지 공)

一 十 卄 共 共 共

共(한가지 공)

본래 두 손으로 그릇 을 들어올리는 모양을 본떠「함께」라는 뜻으 로 쓰이게 되었다.

「共」이 쓰이는 예:
共用(　　　)
共通(　　　)
公共(　　　)
反共(　　　)

240

包	字
포	자

※ '包' 자는 'ㄅ(쌀 포)' 부수자에 속한 다.

'包' 자가 다른 글자 의 음부자로도 쓰인 다.

胞(태보 포)
抱(안을 포)
飽(배부를 포)
砲(대포 포)

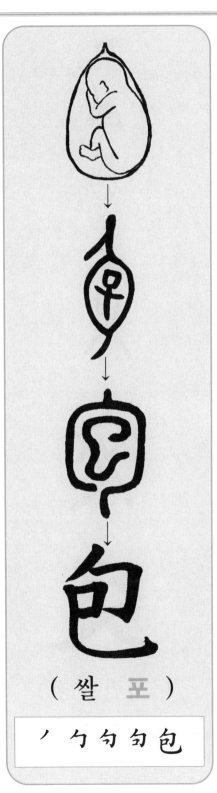

(쌀 포)

ノ ㄅ 勹 匀 包

包(쌀 포)

본래 배 안에 있는 아이의 모양을 본뜬 것인데, 「싸다」의 뜻 으로 쓰이게 되었다.

「包」가 쓰이는 예:
包容 (   )
包含 (   )
小包 (   )

241

交	字
교	자

※'交'자는 'ㅗ(돼
지해머리)' 부수자에
속한다.

'交'자가 다른 글자
의 음부자로도 쓰인
다.
　校(학교 교)
예:學校(학교)
　郊(들 교)
예:郊外(교외)
　較(비교할 교)
예:比較(비교)

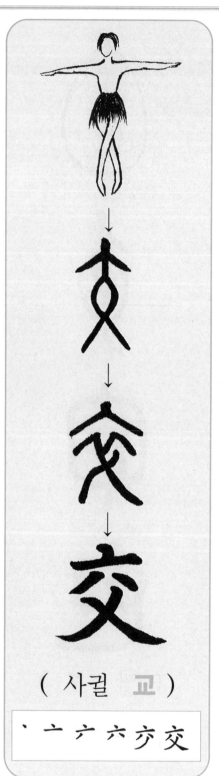

(사귈 　교)

、　一　亠　六　交　交

글자풀이

交(사귈 교)

　본래 사람이 두 다리
를 꼬고 있는 모습을
본뜬 것인데, 「사귀
다」의 뜻으로 쓰이게
되었다.

「交」가 쓰이는 예:
交代(　　　　　)
交流(　　　　　)
交通(　　　　　)
外交(　　　　　)
社交(　　　　　)

242

回	字
회	자

※「回」자는 口(큰입 구) 부수자에 속한 다

"나는 이 학교의 五回(5회)졸업생 으로 30년전을 回想 (회상)하니 감회가 무량하다"

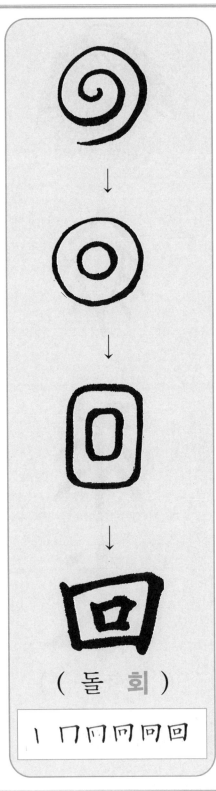

(돌 회)

ㅣㄇㄇㄇㄇ回

回(돌 회)

본래 연못의 물이 빙 빙도는 모양을 본뜬 것인데,「돌다」의 뜻 으로 쓰이게 되었다.

「回」가 쓰이는 예:

回甲(   )

回首(   )

每回(   )

243

求 구	字 자

※'求'자는 '水(물
수)' 부수자에 속한
다. 그러나 본래 물
과 관계 없는 글자이
다.

'求'자가 다른 글자
의 음부자로도 쓰인
다.

　　救(건질 구)
예:救命(구명)
　　救出(구출)
　　球(구슬 구)
예:地球(지구)
　　野球(야구)

(구할 구)

一 十 才 求 求 求

求(구할 구)

본래 가죽 옷의 모양
을 본뜬 것인데, 뒤에
「구하다」의 뜻으로 쓰
였다.

「求」가 쓰이는 예:
求人(　　　　)
求婚(　　　　)
希求(　　　　)
要求(　　　　)

※'用'자의 풀이에는 학설이 구구하다. 본래 짐승의 우리를 본떴다고 하는 이도 있고, 점치는 도구로 갑골(甲骨)을 걸어놓는 시렁과도 관계 있다고 하는 이도 있다.

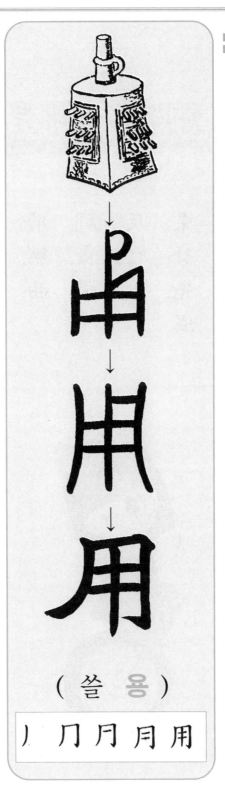

用
(쓸 용)

丿 刀 刀 月 用

用(쓸 용)

본래 종의 모양을 본뜬 것인데, 뒤에「쓰다」의 뜻으로 변하였다.

「用」이 쓰이는 예:

用具( )
用例( )
信用( )
使用( )
自家用( )

(17)
動態類 (동태류)

易. 束. 反. 鬪. 飛. 小.
大. 甘. 亡. 良. 無. 失.
互. 先. 永. 司. 曲. 直.
竝. 成

易	字
역	자

※ '易'자는 '日
(날 일)'부수자에
속한다.

'易'자가 다른 글
자의 음부자로도
쓰인다.
　錫(주석 석)

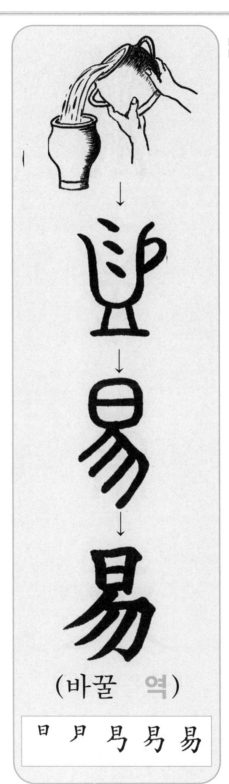

(바꿀　역)

日 㠯 昮 昜 易

易 (바꿀 역)

　본래 한 그릇의 물
을 다른 그릇에 옮기
는 것을 본뜬 것인
데, 뒤에 「바꿀 역」,
「쉬울 이」의 뜻으로
쓰이게 되었다.

「易」이 쓰이는 예:
貿易 (　　　　　)
周易 (　　　　　)
容易 (　　　　　)

束	字
속	자

※ '束'자는 '木
(나무목)'부수자
에 속한다.

'束'자가 다른 글
자의 음부자로도
쓰인다.

速(빠를 속)
예:速力(속력)
速度(속도)

束(묶을 속)

끈으로 나무를 여러
개 묶어 놓은 모양을
본뜬 글자이다.

「束」이 쓰이는 예:
束手 (   )
約束 (   )
結束 (   )

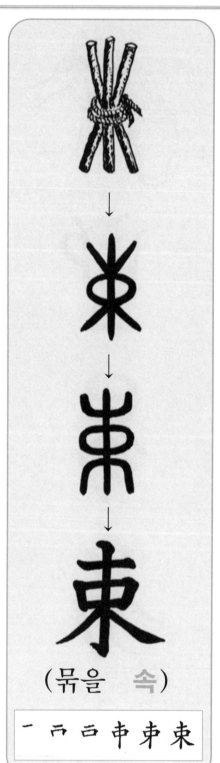

(묶을 속)

一 𠃍 𠮛 束 束 束

248

反	字
반	자

※ '反'자는 '又(또
우)' 부수자에 속한
다.

'反'자가 다른 글자
의 음부자로도 쓰인
다.
　返(돌아올 반)
　叛(배반할 반)
　飯(밥 반)

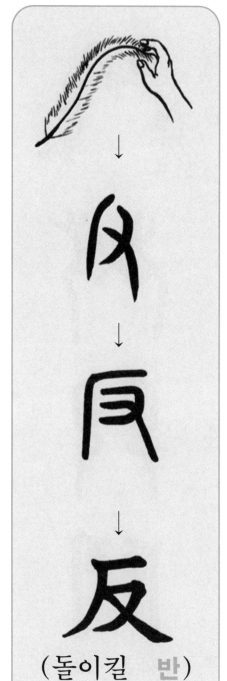

↓

↓

↓

反
(돌이킬　반)

一　厂　厂　反

글자풀이

反(돌이킬 반)

　본래 깃털 따위를
손으로 잡아서 반대
로 뒤집는 모양을 본
뜬 글자이다.

「反」이 쓰이는 예:
反面 (　　　　　)
反對 (　　　　　)
背反 (　　　　　)

鬪	字
투	자

※ '鬪'자는 '鬥(싸움 투)' 부수자에 속한다.

'門(문)'자와 구별해서 써야 한다.

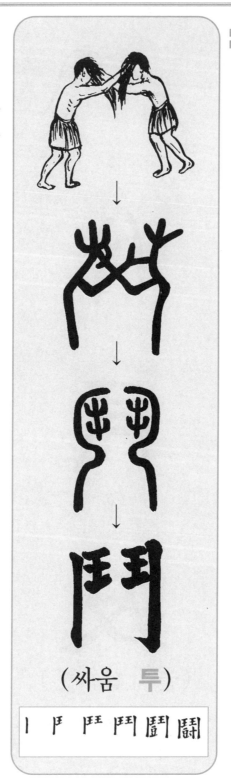

(싸움 투)

鬪(싸움 투)

본래 두 사람이 손으로 머리를 잡고 싸우는 것을 본 뜬 글자이다. 뒤에 「斲깎을 착」자를 더하여 「鬪」의 형태로 바뀌었고 다시 「鬪」의 형태로 바뀌었다. 약자로는 「鬪」와 같이 쓴다.

250

● 「飛」가 오른쪽에

① 飜(뒤칠 번)

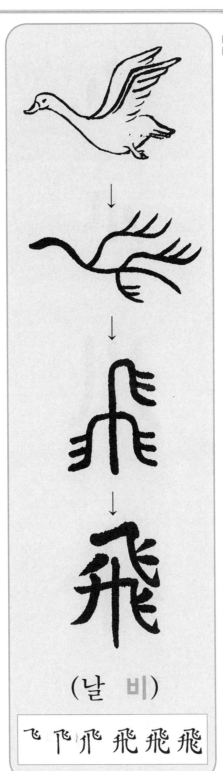

(날 비)

글자풀이

飛(날 비)

새가 날개를 펴서 나
는 모양을 세워서 본
뜬 글자이다.

「飛」가 쓰이는 예:

飛行 (　　　　　)

飛龍 (　　　　　)

小 部首 字
소 부 수 자

●「小」가 위에

① 少 (적을 소)

② 尖 (뾰죽할 첨)

③ 尙 (오히려 상)

"少年(소년)과 少女 (소녀)는 小人 표를 사서 관람할 수 있 다."

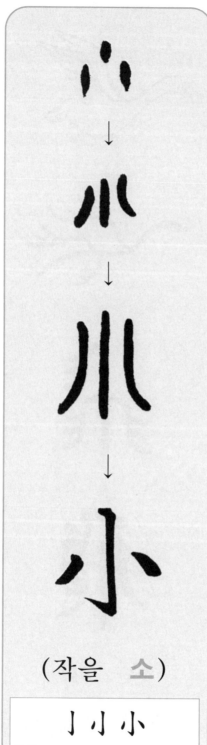

(작을 소)

亅 小 小

小(작을 소)

본래 빗방울이 떨어 지는 것을 본뜬 것인 데, 「작다」의 뜻으로 쓰이게 되었다.

「小」가 쓰이는 예:

小人 (   )

小子 (   )

小形 (   )

少小 (   )

大小 (   )

●「大」가 본자로
① 夫 (지아비 부)
② 天 (하늘 천)
③ 太 (클 태)
④ 央 (가운데 앙)
⑤ 夷 (오랑캐 이)

●「大」가 위에
⑥ 奇 (기이할 기)
⑦ 奈 (어찌 내)
⑧ 奉 (받들 봉)
⑨ 奪 (빼앗을 탈)
⑩ 奮 (떨칠 분)

●「大」가 아래에
⑪ 契 (맺을 계)

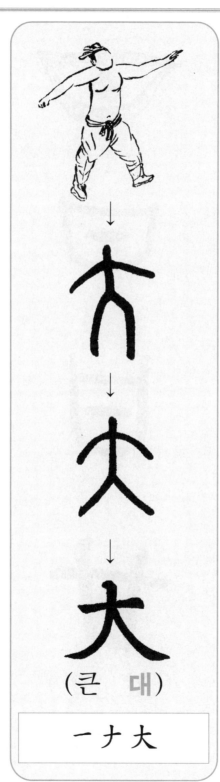

大
(큰 대)

一 ナ 大

글자풀이

大(큰 대)

본래 어른이 정면으로 서 있는 모습을 본떠서 아이의 대칭으로 뜻을 나타낸 것인데, 뒤에 「크다」는 뜻으로 쓰이게 되었다.

「大」가 쓰이는 예:
大人 (   )
大小 (   )
大會 (   )
巨大 (   )
至大 (   )

甘	部首字
감	부 수 자

● 「甘」이 위에
① 甚 (심할 심)

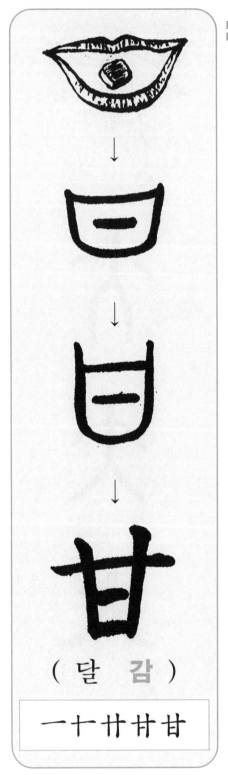

(달 감)

一 十 廿 甘 甘

甘(달 감)

입 안에 음식물을 물
고 있는 모양을 본떠,
달다의 뜻을 나타낸
글자이다.

「甘」이 쓰이는 예:

甘言 (   )
甘味 (   )
甘草 (   )

254

亡	字
망	사

※'亡'자는 '亠(돼
지해머리)' 부수자
에 속한다.

'亡'자가 다른 글자
의 음부자로도 쓰인
다.

忙(바쁠 망)

忘(잊을 망)

妄(망령될 망)

望(바랄 망)

茫(아득할 망)

罔(없을 망)

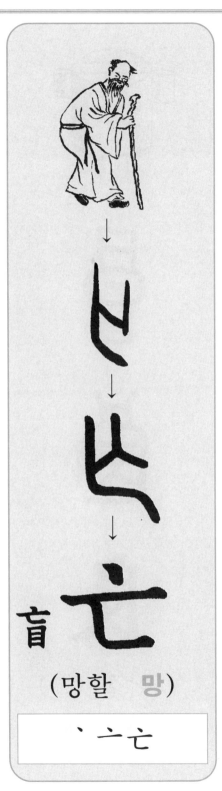

盲 亡
(망할 망)

`丶亠亡`

亡(망할 망)

본래 소경이 지팡이
를 짚고 가는 모양을
본뜬 것인데, 뒤에
「없다」 또는 「죽다」의
뜻으로 쓰이게 되어,
다시 「盲(소경맹)」자
를 만들었다.

「亡」이 쓰이는 예:

亡失 (   )

亡命 (   )

死亡 (   )

敗亡 (   )

興亡 (   )

255

良	字
량	자

※ '良'자는 '艮(괘이름간)'부수자에 속한다.

'良'자가 다른 글자의 음부자로도 쓰인다.

浪 (물결 랑)
郎 (사내 랑)
朗 (밝을 랑)
廊 (행랑 랑)

良(어질 량)

본래 도량형기의 모양을 본뜬 것인데, 뒤에 「어질다」의 뜻으로 쓰이게 되었다.

「良」이 쓰이는 예:
良心 (   )
良好 (   )
善良 (   )

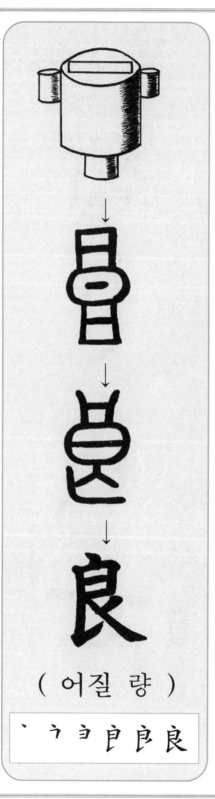

(어질 량)

`丶 ⺀ ⺕ 自 自 良 良`

256

無	字
무	자

※ '無'자는 '火(불
화)' 부수자에 속한
다.

'無'자가 없다는 뜻
으로 쓰이게 되므로
다시 '舞(춤출무)'
자를 만들었다.

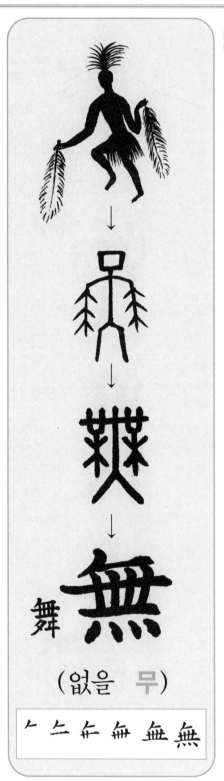

舞 無

(없을 무)

ㄴ ㄴ 血 無 無 無

無(없을 무)

 본래 사람이 깃털장
식을 들고 춤추는 모
습을 본뜬 것인데, 춤
출 때는 남녀노소 구
별이 없다는 뜻으로
「없다」의 뜻으로 쓰이
게 되었다.

「無」가 쓰이는 예:

無力(   )
無理(   )
無情(   )
有無(   )
虛無(   )

失 실	字 자

※ '失'자는 '大 (큰대)' 부수자에 속한다.

'失'자가 다른 글 자의 음부자로도 쓰인다.

秩(차례 질)

예:秩序(질서)

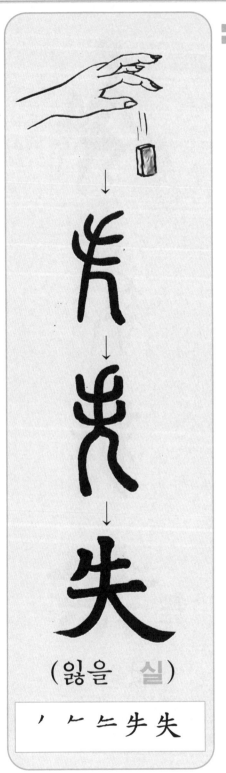

(잃을 실)

ノ ヒ ニ チ 失

失(잃을 실)

손에서 어떤 물건을 떨어뜨리는 모양을 나타낸 글자이다.

「失」이 쓰이는 예:

失手 (　　　　)

失敗 (　　　　)

過失 (　　　　)

258

互	字
호	자

※'互'자는 'ㄴ(두
이)' 부수자에 속
한다.

'互'와 비슷한 글
자로 '瓦(기와 와)
자가 있다.

青瓦(청와)

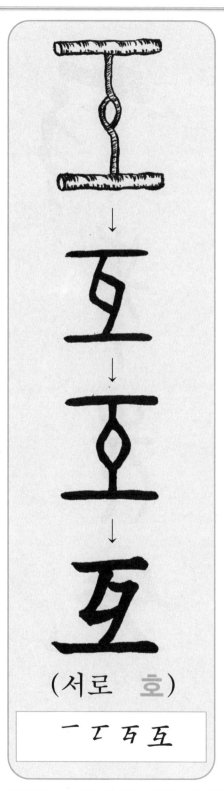

(서로 호)

一 ㄣ 石 互

互(서로 호)

본래 서로 돌리어
새끼를 꼬는 연장의
모양을 본뜬 것인데,
뒤에 서로의 뜻으로
쓰이게 되었다.

「互」가 쓰이는 예:
互助 (   )
相互 (   )

259

先 선	字 자

※ '先' 자는 '儿(어진사람인)' 부수자에 속한다.

초기의 상형자에서 'ㅂ' 형태의 글자는 발을 뜻한다.

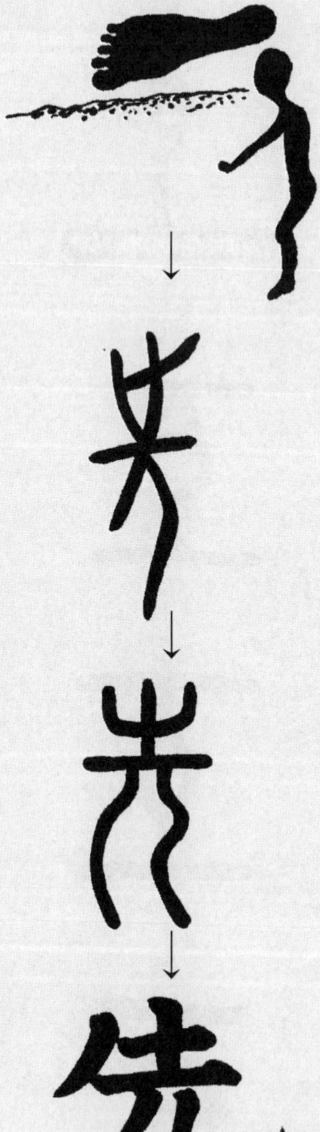

(먼저 선)

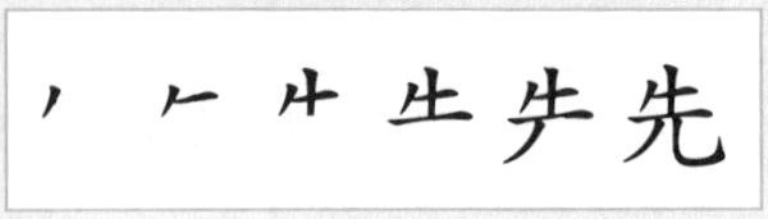

글자풀이

先(먼저 선)

한 사람의 앞에 발자국을 그리어, 먼저 간 사람이 있었음을 뜻한 글자이다.

「先」이 쓰이는 예:

先生 (　　　　　)
先見 (　　　　　)
先代 (　　　　　)
率先 (　　　　　)

永	字
영	자

※ '永'자는 '水(물
수)' 부수자에 속한
다.

'永'이 다른 글자
의 음부자로도 쓰인
다.
泳(헤엄칠 영)
예: 水泳(수영)
詠(읊을 영)
예: 詠歌 (영가)

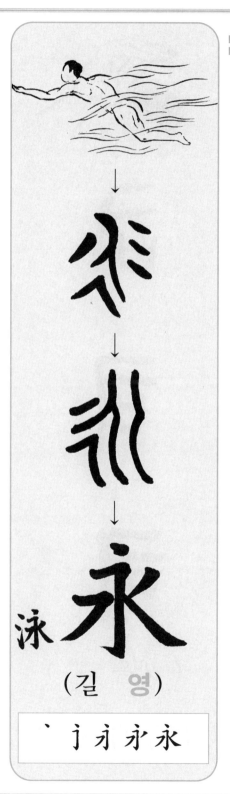

泳 永
(길 영)

`丶 氵 氵 永 永`

永(길 영)

본래는 사람이 물
속에서 헤엄치는 모
양을 본 뜬 글자인
데, 뒤에 물줄기가
「길다」는 뜻으로 쓰
이게 되었다.
다시 「泳(헤엄칠
영)」자를 만들었다.

「永」이 쓰이는 예:
永久 (   )
永生 (   )
永住 (   )

261

司	字
사	자

※ '司' 자는 '口(입 구)' 부수자에 속한 다.

'司' 자가 다른 글 자의 음부자로도 쓰인다.
　詞(말씀 사)
예 : 歌詞(가사)

(맡을 사)

ㄱ ㄱ ㄱ 司 司

司 (맡을 사)

　손을 입에 대고 큰소 리를 지르는 모양을 본떠, 명령하여 맡은 책임을 실행하다의 뜻 으로 쓰이게 되었다.

「司」가 쓰이는 예 :
司命 (　　　　　　)
司直 (　　　　　　)
上司 (　　　　　　)

262

曲	字
곡	자

※ '曲'자는 'ㅂ(가
로왈)' 부수자에 속
한다.

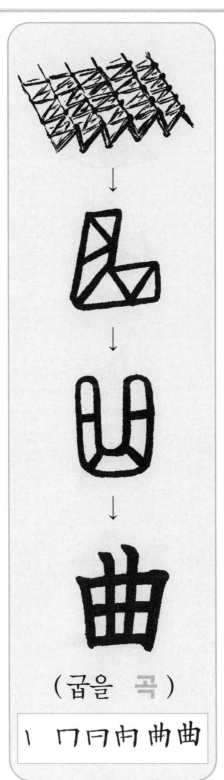

(굽을 곡)

丶 冂 冃 曲 曲 曲

曲(굽을 곡)

본래 누예를 올리는
굴곡진 잠박의 모양을
본뜬 것인데, 뒤에
「굽다」의 뜻으로 쓰이
게 되었다.

「曲」이 쓰이는 예:
曲直(   )
作曲(   )
樂曲(   )

263

直	字
직	자

※'直'자는 '目(눈
목) 부수자에 속한
다.

'直'자가 다른 글자
의 부수자로도 쓰인
다.
  植(심을 식)
예:植物(식물)
  値(값 치)
  置(둘 치)

直
(곧을 직)

| 十 | 十 | 古 | 直 | 直 |

直(곧을 직)

 본래 눈의 시선이 똑
바로 보는 것을 본 뜬
것이다.

「直」이 쓰이는 예:
直位(   )
直行(   )
正直(   )
曲直(   )

竝	字
병	자

※ '竝'자는 '立(설립)' 부수자에 속한다.

'竝'자를 흔히 '並'과 같이 쓰지만 속자이다.

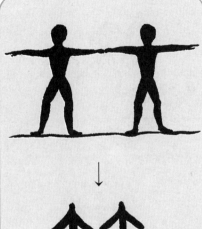

(아우를 병)

亠 亠 立 竝 竝 竝

글자풀이

竝(아우를 병)

두 사람이 나란히 서 있는 모양을 본뜬 글자이다.

「竝」이 쓰이는 예:
竝立 (   )
竝設 (   )
竝行 (   )

265

成	字
성	자

※ '成'자는 '戈(창
과)' 부수자에 속한
다.

'成'이 다른 글자의
음부자로도 쓰인다.
  城(성 성)
예: 城門(성문)
    南漢城(남한성)
  誠(정성 성)
예: 誠實(성실)

(이룰 성)

㇑ 厂 斤 成 成 成

成(이룰 성)

 본래 도끼로 나무토
막을 쪼개는 모양을
본뜬 것인데, 뒤에
「이루다」의 뜻으로
쓰이게 되었다.

「成」이 쓰이는 예:
成人 (   )
成功 (   )
完成 (   )
形成 (   )

266

(18)
動態類 (동태류)

乘. 奇. 看. 弗. 非. 勿.
豊. 安. 具. 保. 孝. 休.
拜. 爭. 降. 射. 從. 雙.
興. 畢. 集. 奉. 受. 爲.
業. 商. 卽. 兼. 尊. 齊.
　　　　　　盡

勿	字
물	자

※ '勿'자는 '勹(쌀
포)' 부수자에 속한
다.

'勿'자가 다른 글자
의 음부자로도 쓰인
다.
  物(만물 물)
예:物件(물건)
  忽(문득 홀)
예:忽然(홀연)

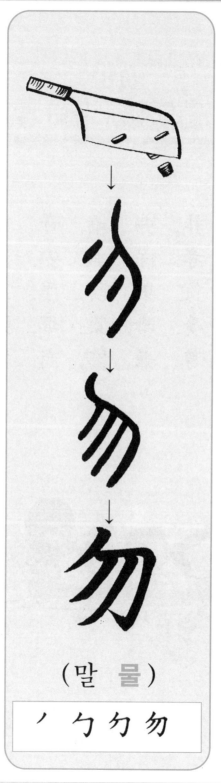

(말 물)

ノ 勹 勿 勿

勿(말 물)

본래 칼로 물건을 썰
때, 칼에 부스러기가
붙은 것을 본뜬 것인
데, 부스러기는 쓸모
없다는 뜻에서 「말다」
의 부정사로 쓰이게
되었다.

「勿」이 쓰이는 예:
勿論(   )
勿人(   )

268

※ '非' 자가 다른 글
자의 음부자로도 쓰
인다.

悲(슬플 비)

誹(헐뜯을 비)

排(물리칠 배)

輩(무리 배)

俳(광대 배)

裵(성씨 배)

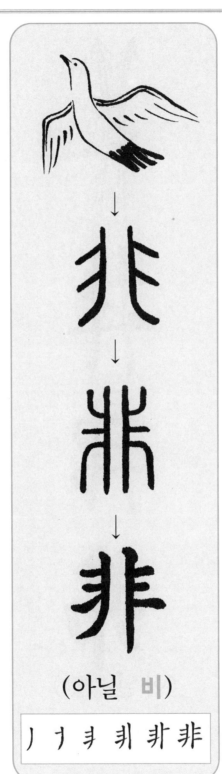

(아닐 비)

丿 ㇉ ㇌ ㇍ 非 非

非(아닐 비)

본래 새의 날개를 본
뜬 것인데, 새의 날개
를 잡아 날아가지 못
하게 하는데서 「아니
다」의 부정사로 쓰이
게 되었다.

「非」가 쓰이는 예:

非理(   )

非常(   )

非凡(   )

是非(   )

弗	字
불	자

※ '弗'자는 '弓(활
궁)' 부수자에 속한
다.

'弗'자가 다른 글자
의 음부자로도 쓰인
다.

　佛(부처 불)
예:佛敎(불교)
　拂(떨 불)
예:支拂(지불)
　費(쓸 비)
예:費用(비용)

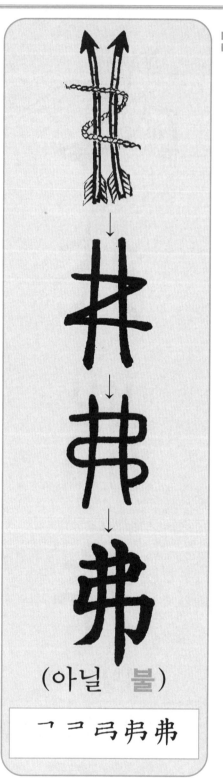

(아닐 불)

フ　フ　弓　弔　弗

弗(아닐 불)

　본래 비뚤어진 화살
을 묶어 바르게 잡는
모양을 본뜬 것인데,
부정사의 뜻으로 쓰이
게 되었다.

270

看 간	字 자

※ '看'자는 '目(눈
목)' 부수자에 속한
다.

'看'자의 '手'는 곧
'手(손수)'자의 다
른 형태이다.

(볼 간)

一 三 手 看 看 看

看(볼 간)

멀리 볼 때는 손을
눈위에 대고 바라보
는 모습을 본뜬 글자
이다.

「看」이 쓰이는 예:
看板 (   )
看護 (   )

271

奇	字
기	자

※ '奇'자는 '大(큰
대)' 부수자에 속한
다.

'奇'자가 다른 글자
의 음부자로도 쓰인
다.
　寄(부칠 기)
예:寄宿舍(기숙사)
　騎(말탈 기)
예:騎馬兵(기마병)

騎 奇
(기이할 기)

一 ナ 大 卒 卒 奇

奇(기이할 기)

본래 사람이 말을 탄
모양을 본떠 「타다」의
뜻을 나타낸 글자인
데, 뒤에 「기이하다」
의 뜻으로 변하였다.
다시 「騎(탈기)」자를
또 만들었다.

「奇」가 쓰이는 예:
奇妙 (　　　　)
奇人 (　　　　)
奇形 (　　　　)

乘 승	字 자

※ '乘'자는 'ノ(삐
침)'부수자에 속한
다.

'乘'자가 다른 글
자의 음부자로도
쓰인다.

剩(남을 잉)
예 : 剩餘(잉여)
　　過剩(과잉)

乘(탈 승)

본래 사람이 나무
위에 오르는 모습을
본뜬 것인데, 뒤에
「타다」의 뜻으로 변
하였다.

「乘」이 쓰이는 예 :

乘馬 (　　　　)
乘車 (　　　　)
合乘 (　　　　)

273

休	字
휴	자

※ '休'자는 '人(사
람인)' 부수자에 속
한다.

'体育(체육)'의 '体'
는 '體'자의 속자로
'休'자와 비슷하니
잘 구별해야 한다.

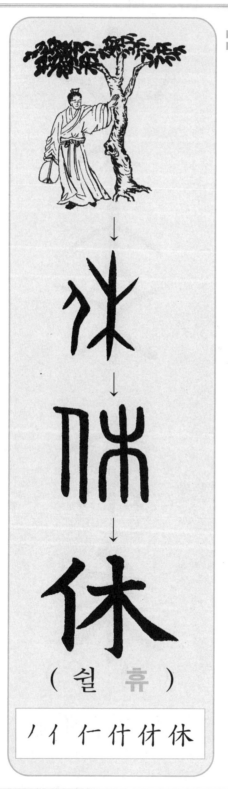

(쉴   휴)

ノ イ 仁 什 休 休

休(쉴 휴)

사람이 나무 밑에서
쉬는 모습을 본뜬 글
자이다.

「休」가 쓰이는 예:
休息 (   )
公休日 (   )

孝 효	字 자

※ '孝'자는 '子(아들자)' 부수자에 속한다.

'孝'자와 비슷한 글자에 '考(상고할고)'자가 있다.
예: 考察(고찰)

(효도 효)

＋ 土 耂 耂 孝 孝

孝(효도 효)

본래 아이가 노인을 부추겨 가는 모습을 본떠, 「효도」의 뜻을 나타낸 글자이다.

「孝」가 쓰이는 예:

孝子 (   )
孝行 (   )
不孝 (   )
忠孝 (   )

保	字
보	자

※ '保'자는 '人(사
람인)' 부수자에 속
한다.

'保存(보존)'과 '保
全(보전)'의 뜻은 어
떻게 다른가 알아보
자.

(보전할 보)

亻 亻 伢 俹 俹 保

保 (보전할 보)

어른이 아이를 업고
있는 모양을 본떠
「보살피다」의 뜻으로
쓰인 글자이다.

「保」가 쓰이는 예:

保安 (   )

保全 (   )

保存 (   )

276

具	字
구	자

※ '具'자는 '八(여덟팔)' 부수자에 속한다

'具'자와 비슷한 글자:

俱(함께 구)
예:俱存(구존)
且(또 차)
예:且置(차치)

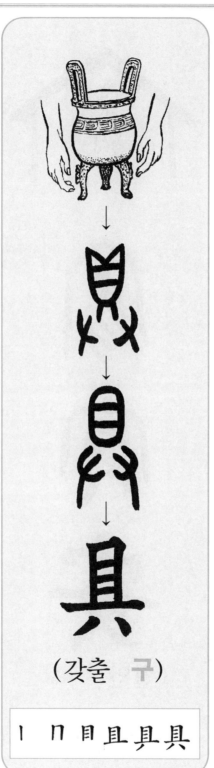

(갖출 구)

丨 冂 目 且 具 具

具(갖출 구)

본래 두 손으로 솥을 들어올리는 모양을 본뜬 것인데, 뒤에 「갖추다」의 뜻으로 쓰이게 되었다.

「具」가 쓰이는 예:

具色(   )
家具(   )
文具(   )
用具(   )

277

安	字
안	자

※ '安'자는 'ㄱ(갓 머리)' 부수자에 속한다.

'ㄱ(갓머리)'의 본 래 자음은 'ㄱ(집 면)'자이다.

'安'자가 다른 글자 의 음부자로도 쓰인 다.
  案(책상 안)
  宴(잔치 연)

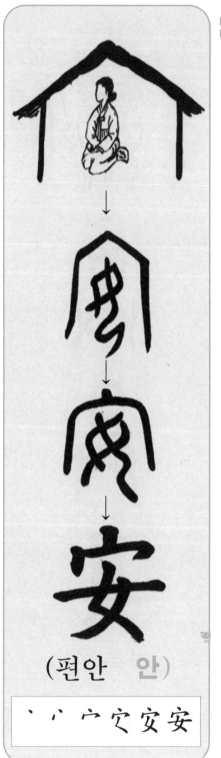

(편안 안)

ヽ ヽ ハ 宀 安 安

安(편안 안)

여자가 집 안에 있는 모양을 그리어 편안함 을 나타낸 글자이다.

「安」이 쓰이는 예:
安心 (   )
安寧 (   )
安全 (   )
平安 (   )
不安 (   )

豊 풍	字 자

※ '豊' 자는 '豆(콩
두)' 부수자에 속한
다.
'豐' 자의 정자는 '豊'
과 같이 써야 한다.

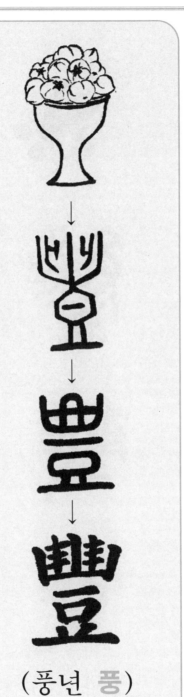

(풍년 풍)

冖 曲 曲 曹 曹 豊

豊 (풍년 풍)

그릇에 먹을 것을 풍
성하게 담아 놓은 모
양을 본뜬 글자이다.

「豊」이 쓰이는 예:

豊年 (   )
豊富 (   )
豊足 (   )
大豊 (   )

雙 쌍	字 자

※ '雙'자는 '隹(새
추)' 부수자에 속한
다.

　'雙'자와 비슷한
글자에 '隻(짝척)'
자가 있다.
예：배가 바다에 두
척(隻)이 떠 있는
데, 돛대는 쌍(雙)
이다.

(쌍 쌍)

亻 隹 倠 雔 雙 雙

雙 (쌍 쌍)

　본래 손에 새 두마리
를 잡고 있는 것을 본
떠「쌍」의 뜻을 나타
낸 글자이다.

「雙」이 쓰이는 예：

雙方 (　　　　)

雙手 (　　　　)

百雙 (　　　　)

280

從	字
종	자

※ '從'자는 'ㄔ(두인 변)' 부수자에 속한 다.

'從'자가 다른 글자 의 음부자로도 쓰인 다.

縱 (세로 종)

예:縱橫(종횡)

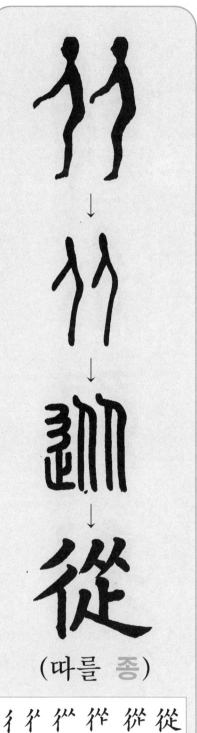

(따를 종)

彳 彳 彷 徔 從 從

從(따를 종)

 앞 사람의 뒤를 따 르는 모양을 본뜬 글 자인데, 뒤에 자획을 더하였다.

「從」이 쓰이는 예:

從來 (   )

從兄 (   )

盲從 (   )

主從 (   )

射	字
사	자

※ '射'자는 '寸
(마디촌)' 부수자
에 속한다.

'射'자가 다른 글자
의 음부자로도 쓰인
다.

　謝(사례할 사)
예：感謝(감사)

（쏠　사）

丿 自 身 身 身 射

射(쏠 사)

　본래 활에 화살을
건 모양을 본뜬 것인
데, 뒤에 글자의 모
양이 완전히 변하였
다.

「射」가 쓰이는 예:

射手（　　　　）

射殺（　　　　）

反射（　　　　）

發射（　　　　）

282

降	字
강	자

※'降'자는 '阜(언덕부)' 부수자에 속한다.

'降'자는 '항복할 항'자로도 쓰인다.
예: 降伏(항복)

降(내릴 강)

본래 사람이 언덕을 내려오는 상태를 본뜬 글자이다.

(내릴 강)

ㄟ ㅏ ㅏ ㅏ 阝 阝 降 降 降

「降」이 쓰이는 예:

降雨 (　　　　　)

降伏 (　　　　　)

下降 (　　　　　)

283

爭 쟁	字 자

※ '爭'자는 '爪(손톱 조)'부수자에 속한다.

'爭'자가 다른 글자의 음부자로도 쓰인다.

淨(깨끗할 정)
예：淨水器(정수기)
靜(고요할 정)
예：靜肅(정숙)

(다툴 쟁)

ノ ノ ㅸ ㅱ 爭 爭

爭(다툴 쟁)

두 사람이 손으로 물건을 잡고 서로 빼앗는 상태를 본떠, 「다투다」의 뜻으로 쓰이게 되었다.

「爭」이 쓰이는 예:

爭取 (   )
戰爭 (   )
競爭 (   )

拜 배	字 자

※ '拜'자는 '手(손수)'부수자에 속한다.

'拜'자는 '拜'자의 속자이다.

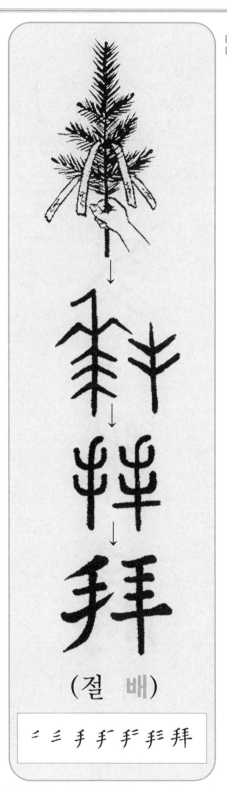

(절 배)

二 三 手 拜 拜 拜 拜

拜(절 배)

본래 손에 신장대를 잡은 모양을 본뜬 것인데, 뒤에 「절하다」의 뜻으로 변하였다.

「拜」가 쓰이는 예:

拜上 (   )

拜金 (   )

再拜 (   )

285

爲 위	字 자

※ '爲'자는 '爪(손톱조)' 부수자에 속한다.

'爲'자가 다른 글자의 음부자로도 쓰인다.

僞(거짓 위)

예:僞善(위선)

虛僞(허위)

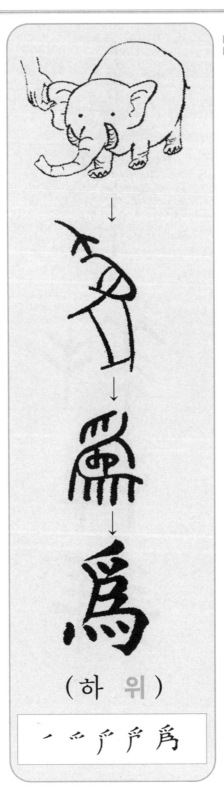

(하 위)

一 ᠃ ᠅ 尸 尸 爲

爲(하 위)

본래 손으로 코끼리를 잡고 부리는 모습을 본뜬 것인데, 뒤에 「하다」의 뜻으로 쓰이게 되었다.

「爲」가 쓰이는 예:

爲人 (   )

爲始 (   )

行爲 (   )

人爲 (   )

286

受 수	字 자

※ '受'자는 '又
(또우)'부수자에
속한다.

'受'자가 '받다'의
뜻으로만 쓰이게
되므로 '주다'의
뜻을 나타내는 '授
(줄수)'자를 다시
만들었다.

受(받을 수)

본래 제사를 지낼
때, 제물을 담은 그
릇을 서로 주고 받는
모습을 본뜬 글자이
다.

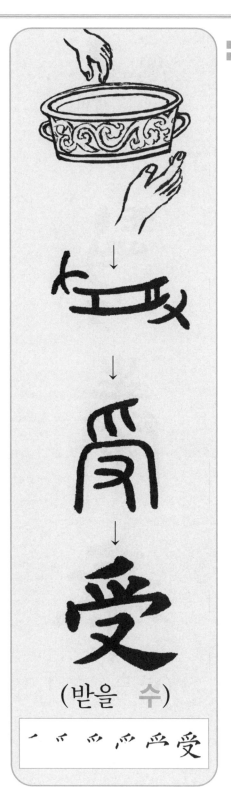

(받을 수)

「受」가 쓰이는 예:

受容 (   )
受信 (   )
受益 (   )
甘受 (   )
引受 (   )

奉 봉	字 자

※ '奉'자는 '大(큰
대)' 부수자에 속한
다.

'奉'자와 비슷한 글
자:
　　泰(아뢸 주)
　　泰(클 태)
　　秦(진나라 진)

(받들　봉)

一　二　三　夫　表　奉

奉(받들 봉)

　본래 사람이 옥을
받들고 있는 모양을
본뜬 글자이다.

「奉」이 쓰이는 예:
奉祝 (　　　　　)
奉仕 (　　　　　)
奉命 (　　　　　)

288

集	字
집	자

※ '集'자는 ' 隹 (새
추)' 부수자에 속한
다.

　본래는 '雧'과 같
이 만든 글자인데,
지금은 '集'과 같이
간략히 쓴다.

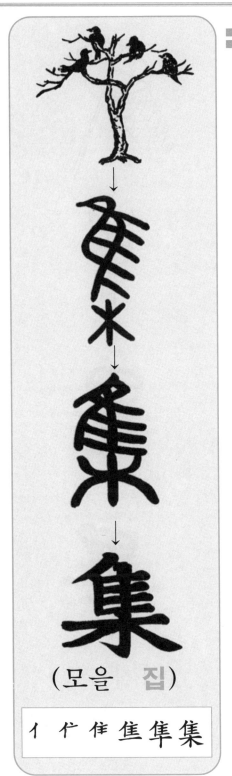

(모을 집)

亻 亻 亻 隹 隼 集

集 (모을 집)

　본래는 새들이 나무
위에 모여 앉은 모양
을 본뜬 것인데, 「모
으다」의 뜻으로 쓰이
게 되었다.

「集」이 쓰이는 예:
集中 (　　　　　)
集合 (　　　　　)
詩集 (　　　　　)

畢	字
필	자

※ '畢'자는 '田(밭 전)' 부수자에 속한다.

'畢'자와 비슷한 글자:
累(묶을 루)
예: 累計(누계)

畢(마칠 필)

본래 손잡이가 달린 그물의 모양을 본뜬 것인데, 망속에 들어간 새는 삶을 마쳐야 하기 때문에 「마치다」의 뜻으로 쓰이게 되었다.

「畢」이 쓰이는 예:
畢生 (   )
未畢 (   )

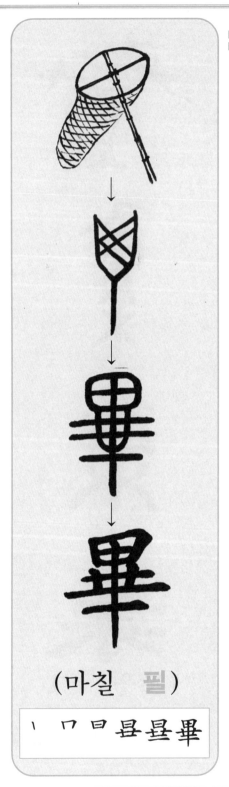

(마칠 필)

丶 一 口 日 呂 昌 畢

290

興 흥	字 자

※ '興'자는 '臼(절구구)' 부수자에 속한다.

절구와는 관계가 없는데 사전에서 '興'자를 '臼(절구구)' 부수자에 넣은 것은 잘못이다.

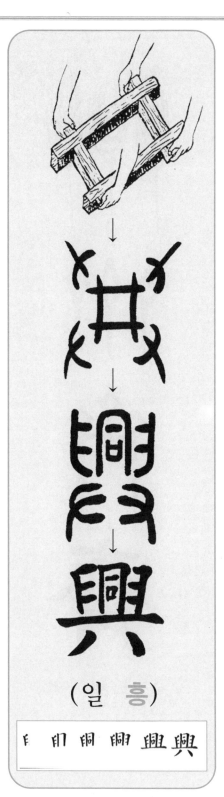

(일 흥)

興(일 흥)

본래 네 손으로 우물틀을 드는 모양을 본뜬 것인데, 「일어나다」의 뜻으로 쓰이게 되었다.

「興」이 쓰이는 예:

興亡 (   )

興行 (   )

中興 (   )

新興 (   )

齊	部首字
제	부 수 자

※ '齊'자가 다른 글
자의 음부자로도 쓰
인다.

　濟(건널 제)
예:濟州道(제주도)
　劑(약지을 제)
예:調劑藥(조제약)

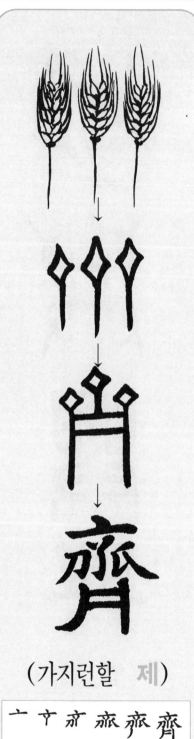

(가지런할　제)

齊 (가지런할 제)

　본래 보리 이삭의 크
기가 가지런한 모양을
본떠서 「고르다」의
뜻을 나타낸 글자이
다.

「齊」가 쓰이는 예:
　齊唱(　　　　　)

292

尊 존	字 자

※ '尊'자는 '寸
(마디촌)'부수자
에 속한다.

'尊'자가 다른 글자
의 음부자로도 쓰
인다.

遵(좇을 준)
예 : 遵法(준법)
樽(술통 준)
예 : 金樽(금준)

樽 尊
(높을   존)

丷 丷 广 酋 酋 尊

글자풀이

尊(높을 존)

본래 두손으로 술그
릇을 받들어 올리는
모양을 본뜬 것인데,
「공경하여 높히다」의
뜻으로 쓰이게 되었
다.

「尊」이 쓰이는 예 :

尊敬 (   )
尊堂 (   )
自尊 (   )

293

兼	字
겸	자

※ '兼'자는 '八(여
덟 팔)' 부수자에 속
한다.

'兼'자가 다른 글자
의 음부자로도 쓰인
다.
　謙(겸손할 겸)
예:謙虛(겸허)
　廉(청렴할 렴)
예:廉恥(염치)
　清廉(청렴)

(겸할　겸)

丿 八 今 　 㸌 兼

兼(겸할 겸)

　본래 손으로 벼 두
포기를 겸하여 잡은
모양을 본뜬 글자이
다.

「兼」이 쓰이는 예:
兼用 (　　　　)
兼任 (　　　　)

卽	字
즉	자

※ '卽'자는 'ㅏ(병
부절)' 부수자에
속한다.

'卽'자가 다른 글자
의 음부자로도 쓰인
다.
　節(마디 절)
예 : 開天節(개천절)
　鯽(붕어 즉)
예 : 鯽魚(즉어)

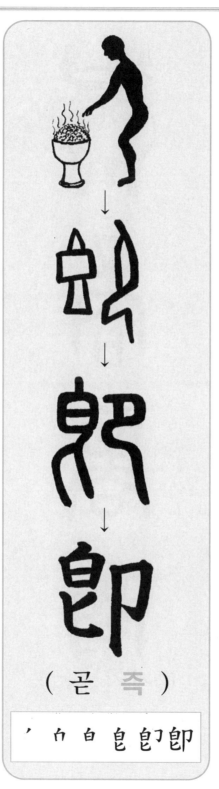

(곧 즉)

　ノ　ㅅ　白　皀　皀ㄱ　卽

글자풀이

卽(곧 즉)

　본래 몸을 굽혀, 곧
밥을 먹으려는 모습
을 본뜬 것인데,「곧」
의 뜻으로 쓰이게 되
었다.

「卽」이 쓰이는 예:
卽位 (　　　　　)
卽興 (　　　　　)
卽時 (　　　　　)

商	字
상	자

※ '商'자는 'ㅁ(입
구)' 부수자에 속
한다.

　'商'자와 비슷한
글자 :
　高(높을 고)
　帝(임금 제)
　毫(터럭 호)

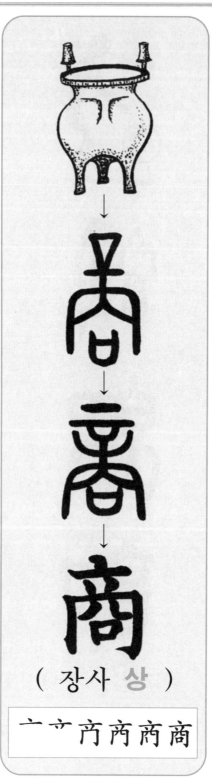

(장사 상)

一　亠　产　产　商　商

商(장사 상)

　본래 청동기의 모양
을 본뜬 것인데, 「商
(상)」나라의 이름으
로 쓰이었다.뒤에 商
(상)나라가 망하자,
유민들이 사방에 장
사꾼으로 떠돌게 되
어, 「장사 상」자가 되
었다.

「商」이 쓰이는 예:
商人 (　　　　　　)
商業 (　　　　　　)
商船 (　　　　　　)
行商 (　　　　　　)

業	字
업	자

※ '業' 자는 ' 木 (나무목)' 부수자에 속한다.

'業'자와 비슷한 글 자:

叢(모일 총)

예:叢生(총생)

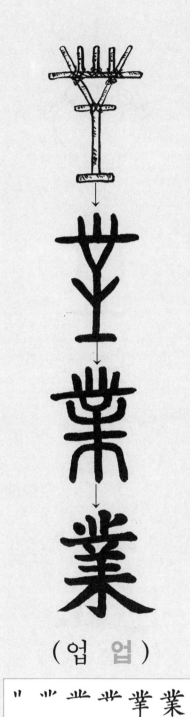

(업 업)

丿 丷 丵 丵 丵 業 業

業(업 업)

본래 종이나 북을 매 어다는 나무틀을 본뜬 것인데, 그 일을 직업 으로 한다는 뜻으로 쓰이게 되었다.

「業」이 쓰이는 예:

業界 (   )

業者 (   )

工業 (   )

休業 (   )

盡 字
진 자

※ '盡'자는 '皿(그
릇명)' 부수자에 속
한다.

'盡'자가 다하다의
뜻으로 쓰이게 되므
로 다시 '燼(꺼질진
→재신)'자를 만들
었다.

(다할 진)

一 ⺕ ⺕ 肀 盡 盡 盡

盡(다할 진)

본래 손에 부젓가락
을 잡고 화로속의 불
을 휘저으면 불이 꺼
진다는 뜻을 나타냈던
것인데, 옛날에는 불
씨가 꺼지면 다 끝나
버리기 때문에 「다하
다」의 뜻으로 변하였
다.

「盡」이 쓰이는 예:
盡力 (   )
無盡 (   )

298

其他類 (기타류)

白. 丹. 朱. 黃. 文. 字.
由. 以. 卜. 鬼. 羽. 尾.
角. 片. 凡. 才. 氏. 寸

白	部首 字
백	부 수 자

● 「白」이 위에
① 皇 (임금 황)

● 「白」이 아래에
② 百 (일백 백)
③ 皆 (다 개)

● 「白」이 왼쪽에
④ 的 (과녁 적)

※ ‘白’자가 다른
글자의 음부자로도
쓰인다.
　伯(맏 백)
예: 伯父(백부)
　柏(잣나무 백)
예: 松柏 (송백)

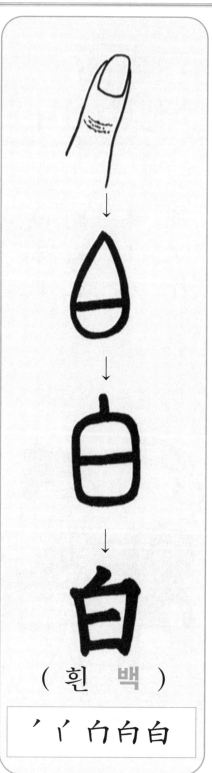

(흰　백)

丿 亻 冇 白 白

白 (흰 백)

본래는 엄지손가락
의 모양을 본뜬 것인
데, 뒤에 「희다」의 뜻
으로 쓰이게 되었다.

「白」이 쓰이는 예:
白玉 (　　　　)
白色 (　　　　)
白松 (　　　　)
自白 (　　　　)
明白 (　　　　)

丹 단	字 자

※ '丹'자는 '、(점
주)' 부수자에 속한
다.
'丹'과 비슷한 글자
로 '舟(배주)'자가
있다.

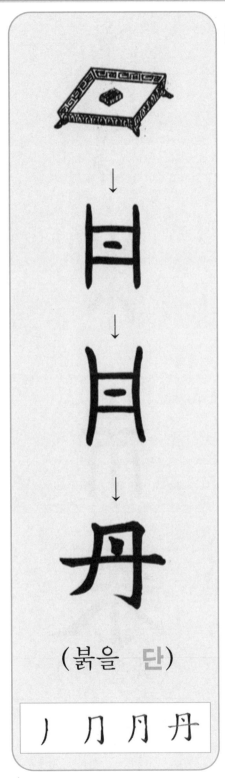

↓

↓

↓

丹

(붉을 **단**)

ノ 几 月 丹

丹(붉을 단)

붉은 주사(朱沙) 같
은 귀한 약을 그릇에
담아 놓은 모양을 본
뜬 것인데,「붉다」의
뜻으로 쓰이게 되었
다.

「丹」이 쓰이는 예:

丹心 (   )

丹田 (   )

丹靑 (   )

301

朱 주	字 자

※ '朱'자는 '木(나무목)' 부수자에 속한다.

'朱'자가 다른 글자의 음부자로도 쓰인다.

　株(그루 주)
예:株式(주식)
　珠(구슬 주)
예:珠玉(주옥)

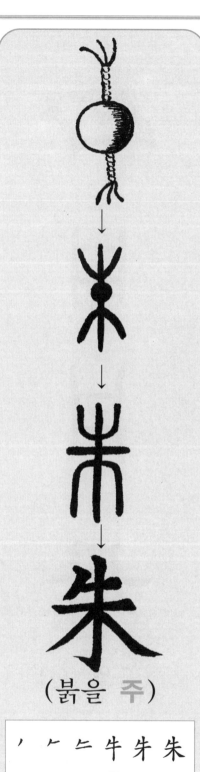

(붉을 주)

丿 ⺊ ⻗ 牛 牛 朱

朱(붉을 주)

　본래 구슬을 실에 꿴 모양을 본뜬 것인데, 구슬의 색깔이 붉기 때문에 붉다의 뜻으로 변하여, 다시 「구슬주(珠)」를 만들었다.

「朱」가 쓰이는 예:
朱木 (　　　　)
朱崔 (　　　　)
印朱 (　　　　)

黃	部首字
황	부 수 자

※ '黃'자가 다른 글
자의 음부자로도 쓰
인다.

橫(가로 횡)

磺(유황 황)

廣(넓을 광)

鑛(쇳돌 광)

黃(누루 황)

본래 황옥띠를 맨 귀
인의 모습을 본뜬 것
인데, 뒤에 누룬 색을
뜻하게 되었다.

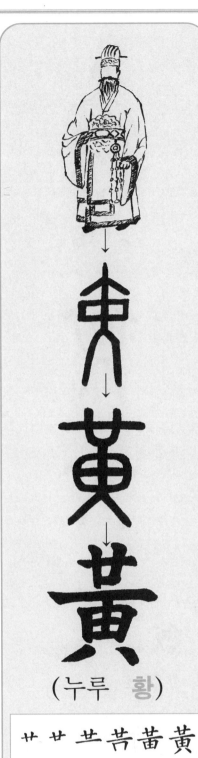

(누루 황)

艹 艹 芏 芏 苗 黃

「黃」이 쓰이는 예:

黃帝 (   )

黃河 (   )

牛黃 (   )

303

文	部首 字
문	부 수 자

※殷(은)나라 甲骨
文(갑골문)에서는
'文'이 글자의 뜻
으로 쓰이지 않았
다.

'文'자가 다른 글
자의 음부자로 쓰
인 글자:
　紋(무늬 문)
　蚊(모기 문)
　憫(민망할 민)

文(글월 문)

본래 사람의 가슴에
문신한 모양을 본뜬
것인데, 뒤에 글자의
뜻으로 쓰이게 되었
다. 따라서 「무늬문
(紋)」자를 다시 만들
었다.

「文」이 쓰이는 예:
文人(　　　　)
文章(　　　　)
文具(　　　　)
文化(　　　　)
作文(　　　　)

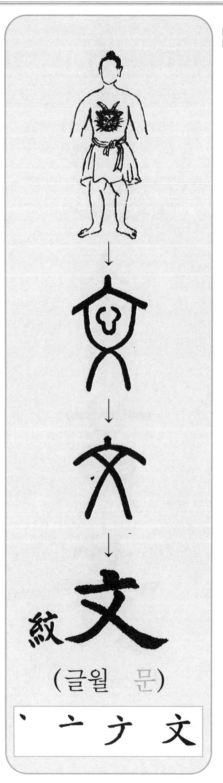

紋 文
(글월 문)

丶 一 ナ 文

字	字
자	자

※ '字'자는 '子(아들자)'부수자에 속한다.

'字'자와 비슷한 글자로 '宇(집우)'자가 있다.
예: 宇宙(우주)

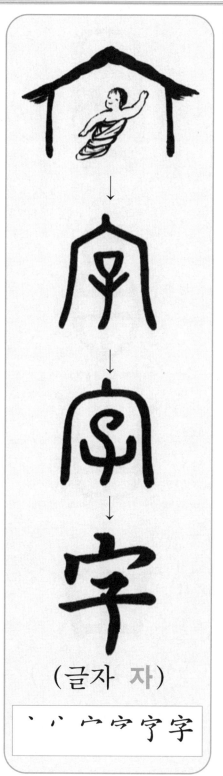

(글자 자)

丶 丷 宀 宀 宁 字

字(글자 자)

본래 집 안에 아이가 있는 것을 본떠 「아이를 낳다」, 또는 「파생하다」의 뜻으로 쓴 것인데, 뒤에 「글자」의 뜻으로 변하였다.

「字」가 쓰이는 예:

字典 (   )
字句 (   )
字母 (   )
文字 (   )

由	字
유	자

※ '由'자는 '田(밭
전)' 부수자에 속한
다.

'由'자가 다른 글자
의 음부자로도 쓰인
다.
　油(기름 유)
　宙(하늘 주)
　紬(명주 주)

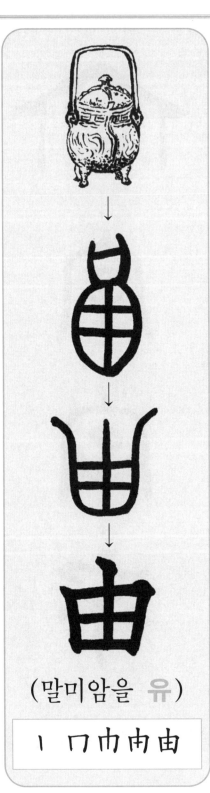

(말미암을 유)

ㅣ 冂 冂 由 由

由 (말미암을 유)

본래 술그릇의 모양
을 본뜬 것인데, 뒤
에 「말미암다」의 뜻
으로 쓰이게 되었다.

「由」가 쓰이는 예:
由來 (　　　　　)
自由 (　　　　　)
理由 (　　　　　)

以	字
이	자

※ '以' 자는 '人(사
람인)' 부수자에 속
한다.

'以' 자와 비슷한 글
자:
　似(같을 사)
예: 近似(근사)
　　似而非(사이비)

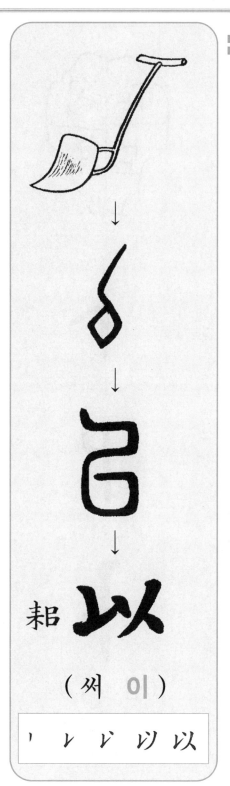

耜 **以**

(써 이)

丶 レ レ 以 以

以(써 이)

본래 밭가는 보습의
모양을 본뜬 것인데,
「…로써」의 뜻으로
쓰이게 되어, 다시
「耜(보습사)」자를
만들었다.

「以」가 쓰이는 예:
以來(　　　　)
以前(　　　　)
以下(　　　　)
所以(　　　　)

ト	部首 字
복	부 수 자

● 「ト」이 위에

① 占 (점칠 점)

(점　복)

ㅣ ト

글자풀이

ト(점 복)

　본래 은나라 사람들
이 거북의 배뼈를 불
로 지져서 금이 생긴
모양으로 점을 쳤는
데, 그 금의 모양을
본뜬 글자이다. 점괘
대로 입으로 떠드는
것이 점(占)이다.

「ト」이 쓰이는 예:
ト占 (　　　　　)

鬼	部首字
귀	부 수 자

※'鬼'자가 다른 글
자의 음부자로된 글
자:

　塊(덩이 괴)

　愧(부끄러울 괴)

（귀신　귀）

ㆍㄅ由甶鬼鬼

鬼(귀신 귀)

　특별히 큰 머리통의
기이한 모양을 본뜬
것인데, 뒤에 귀신은
못된 짓을 한다는 뜻
을 나타내는 「厶」의
부호를 더한 글자이
다.

「鬼」가 쓰이는 예:

鬼神(　　　　　　)

鬼才(　　　　　　)

鬼面(　　　　　　)

● 「羽」가 위에
① 習(익힐 습)
② 翼(날개 익)

● 「羽」가 아래에
① 翁(늙은이 옹)

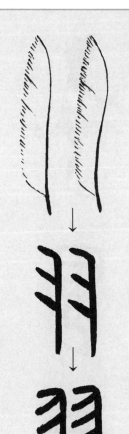

(깃 우)

```
一 ㄱ 刁 刋 羽 羽
```

글자풀이

羽(깃 우)

깃털 두개의 모양을 세워서 본뜬 글자이다.

「羽」가 쓰이는 예:
羽衣(   )

310

尾	字
미	자

※ '尾'자는 'ㅏ(주검시)'부수자에 속한다.

여기서 'ㅏ(주검시)'자는 본래 사람의 모습을 나타낸 글자이지, 시체를 나타낸 것이 아니다.

尾(꼬리 미)

사람의 꼬리가 실제 있음을 표시한 것이 아니라, 뒤끝을 나타낸 글자이다.

(꼬리 미)

「尾」가 쓰이는 예:

尾行 (   )
末尾 (   )
首尾 (   )

311

● 「角」이 왼쪽에

① 解(풀 해)

(뿔 각)

丶 勹 勹 叼 角 角

角(뿔 각)

 뿔의 모양을 본뜬 글
자이다.

「角」이 쓰이는 예:
 角度(   )
 三角(   )

片	部首 字
편	부 수 자

● 「片」이 왼쪽에

①版 (판목 판)

※ '片'과 비슷한 글
자:

　斤 (도끼 근)

　斥 (물리칠 척)

　爿 (장수장 부수)

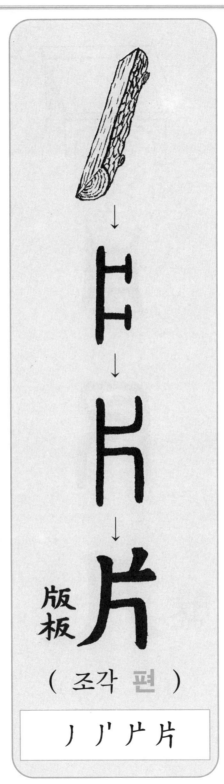

版
板 片

(조각 편)

ノ ノ゛ ゲ 片

글자풀이

片 (조각 편)

　나무토막의 반 쪽의
모양을 본뜬 것인데,
조각의 뜻으로 쓰이
게 되었다.

「片」가 쓰이는 예:

片雲 (　　　　　)

片肉 (　　　　　)

半片 (　　　　　)

凡	字
범	자

※ '凡'자는 '几(책
상궤)' 부수자에 속
한다.

'凡'자가 다른 글
자의 음부자로도
쓰인다.
  汎(뜰 범)
예 : 汎愛(범애)
  帆(돛 범)
예 : 帆船(범선)

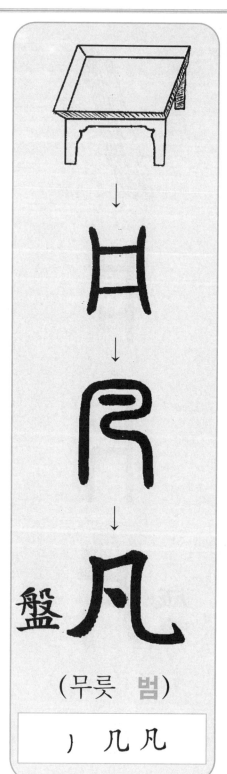

盤凡
(무릇 범)

) 几凡

凡(무릇 범)

본래 목판의 모양을
본뜬 것인데, 뒤에 무
릇의 뜻으로 쓰이게
되어, 다시 목판을 뜻
하는 「盤(쟁반반)」자
를 만들었다.

「凡」이 쓰이는 예 :
凡夫(   )
凡事(   )
平凡(   )
非凡(   )

314

才	字
재	자

※'才'자는 '手(손
수)' 부수자에 속한
다.

'才'자와 비슷한
글자:

　寸(마디 촌)

예:三寸(삼촌)

　牙(어금니 아)

예:象牙(상아)

　材(재목 재)

예: 材(재목)

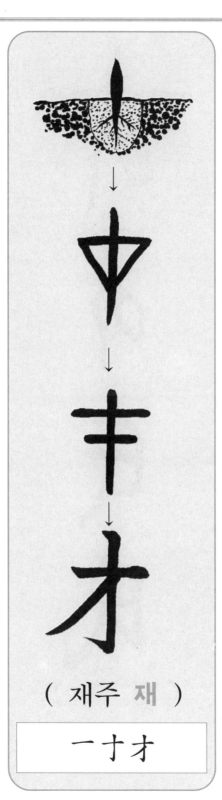

(재주 재)

一 十 才

才(재주 재)

　본래 식물의 싹이
흙 속에서 처음 돋
아나는 모양을 본뜬
것인데, 뒤에 재주의
뜻으로 쓰이게 되었
다.

「才」가 쓰이는 예:

才士 (　　　　)

才談 (　　　　)

鬼才 (　　　　)

英才 (　　　　)

天才 (　　　　)

氏	部首 字
씨	부 수 자

● 「氏」가 본자로
① 民 (백성 민)

(성 씨)

´ 亡 F 氏

氏 (성 씨)

 본래 땅에 심은 씨
가 뿌리와 싹을 내민
모양을 본뜬 것인데,
뒤에 사람의 성씨의
뜻으로 쓰이게 되었
다.

「氏」가 쓰이는 예:
氏族 (   )
姓氏 (   )

316

寸	部首字
촌	부 수 자

● 「寸」이 아래에
① 寺(절 사)
② 專(오로지 전)
③ 尊(높을 존)
④ 導(이끌 도)

● 「寸」이 오른쪽에
⑤ 射(쏠 사)
⑥ 尉(벼슬 위)
⑦ 對(대답할 대)
⑧ 將(장수 장)

※ '寸'이 음부자로
쓰인 글자:
　村(마을 촌)
예: 農村(농촌)

(마디 촌)

一 寸 寸

寸(마디 촌)

　손목에서 팔쪽으로
만져 보면 맥박이 뛰
는 곳이 있다. 그 간
격이 1치 정도의 길이
가 되므로 촌(寸)의
단위를 삼은 것이다.

317

(20)
<u>部首類 (부수류)</u>

冫. 宀. 厂. 广. 艹. 辶.
阝. 邑. 巾. 示. 丬. 穴.
皿. 欠. 支. 殳. 走. 疒

冫	部 首 字
이수	부 수 자

●「冫」가 아래에

① 冬 (겨울 동)

●「冫」가 왼쪽에

② 冷 (찰 랭)

③ 凍 (얼 동)

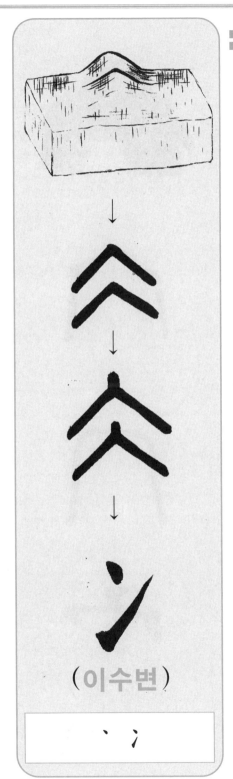

(이수변)

`、冫`

글자풀이

冫 (이수변)

본래 물은 평평하지
만 얼면 솟아오르는
모양을 본뜬 것이다.
부수자로만 쓰이며,
이 부수자의 글자는
「얼음」또는「차다」의
뜻으로 쓰인다.

宀 部首字
집면 부 수 자

●「宀」이 위에

① 守 (지킬 수)
② 安 (편안 안)
③ 宇 (집 우)
④ 宅 (집 택)
⑤ 完 (완전할 완)
⑥ 官 (벼슬 관)
⑦ 宜 (마땅 의)
⑧ 定 (정할 정)
⑨ 宗 (마루 종)
⑩ 宙 (하늘 주)
⑪ 客 (손 객)
⑫ 宣 (베풀 선)
⑬ 室 (집 실)
⑭ 家 (집 가)
⑮ 宮 (궁정 궁)
⑯ 宴 (잔치 연)
⑰ 容 (얼굴 용)
⑱ 害 (해칠 해)
⑲ 寄 (부칠 기)
⑳ 密 (빽빽 밀)
㉑ 宿 (잘 숙)
㉒ 富 (부자 부)
㉓ 寒 (찰 한)
㉔ 寧 (편안 녕)
㉕ 實 (열매 실)
㉖ 察 (살필 찰)
㉗ 寫 (쓸 사)
㉘ 寶 (보배 보)
㉙ 寡 (적을 과)

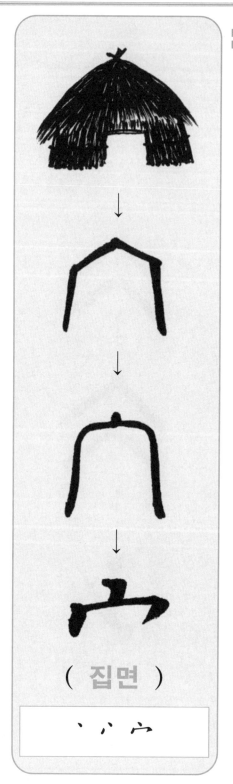

(집면)

`丶 ﹀ 宀`

글자풀이

宀 (집면)

본래 초가집의 모양을 본뜬 것인데, 「갓머리」라고 하는 것은 글자의 모양이 「갓」과 비슷해서 생긴 부수(部首)의 명칭일 뿐이다.
본래는 '집면(宀)' 이라고 읽어야 한다.

● 「厂」가 아래에

① 厚 (두터울 후)

② 原 (언덕 원)

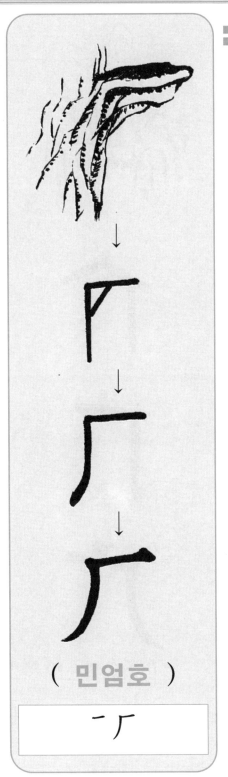

(민엄호)

一厂

== 글자풀이 ==

厂 (민엄호)

본래 언덕의 튀어나
온 벼랑을 본뜬 글자
이다. 「민엄호」는 부
수(部首)의 명칭일
따름이다. 본래는
'언덕안(厂)'이라고
읽는다.

● 「广」가 위에

① 床 (평상 상)
② 序 (차례 서)
③ 庚 (천간 경)
④ 府 (마을 부)
⑤ 底 (밑 저)
⑥ 店 (가게 점)
⑦ 度 (법도 도)
⑧ 庫 (곳집 고)
⑨ 庶 (여러 서)
⑩ 庭 (뜰 정)
⑪ 座 (좌리 좌)
⑫ 康 (편안 강)
⑬ 庸 (떳떳 용)
⑭ 廣 (넓을 광)
⑮ 廟 (사당 묘)
⑯ 廢 (폐할 폐)
⑰ 廳 (관청 청)

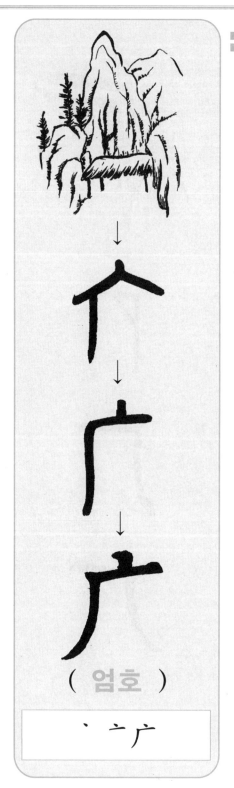

广
(엄호)

丶 亠 广

글자풀이

广 (엄호)

산 언덕 밑에 지은 집의 모양을 본뜬 것 이다. 부수자로만 쓰 이며, 이 부수자 밑에 쓰인 글자는 자음(字 音)을 나타낸다.

艸	部首字
초두머리	부 수 자

● 「艹」가 위에

① 花 (꽃 화)
② 苦 (쓸 고)
③ 芳 (꽃다울 방)
④ 茂 (무성할 무)
⑤ 若 (같을 약)
⑥ 英 (꽃부리 영)
⑦ 茶 (차 다)
⑧ 茲 (이 자)
⑨ 草 (풀 초)
⑩ 荒 (거칠 황)
⑪ 莫 (말 막)
⑫ 莊 (장중할 장)
⑬ 荷 (질 하)
⑭ 菊 (국화 국)
⑮ 萬 (일만 만)
⑯ 葉 (잎새 엽)
⑰ 菜 (나물 채)
⑱ 華 (빛날 화)
⑲ 落 (떨어질 락)
⑳ 蒙 (어릴 몽)
㉑ 蓋 (덮을 개)
㉒ 葬 (장사 장)
㉓ 著 (드러날 저)
㉔ 蓄 (쌓을 축)
㉕ 蒼 (푸를 창)

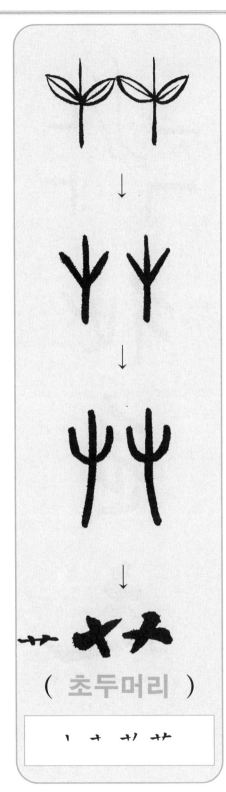

(초두머리)

艸(초두머리)

글자풀이

艸(초두머리)

풀싹이 돋아나는 모양을 본뜬 것이다. 본래는 '艸(풀초)'자인데 '艹(초두머리)'의 부수자로 되었다.

「艹(초두머리)」밑에 쓰는 글자는 모두 식물의 이름이나 식물과 관계 있는 글지이다.

● 「辵」이 왼쪽아래에
① 近 (가까울 근)
② 返 (돌아올 반)
③ 迎 (맞을 영)
④ 迫 (핍박할 박)
⑤ 述 (지을 술)
⑥ 送 (보낼 송)
⑦ 逆 (거스릴 역)
⑧ 追 (따를 추)
⑨ 退 (물릴 퇴)
⑩ 逃 (달아날 도)
⑪ 連 (이을 련)
⑫ 逢 (만날 봉)
⑬ 速 (빠질 속)
⑭ 通 (통할 통)
⑮ 萬 (일만 만)
⑯ 逸 (숨을 일)
⑰ 逐 (몰 축)
⑱ 進 (나아갈 진)
⑲ 週 (돌 주)
⑳ 過 (지날 과)
㉑ 達 (통할 달)
㉒ 道 (길 도)
㉓ 遂 (드디어 수)
㉔ 遇 (만날 우)
㉕ 運 (돌 운)
㉖ 違 (어길 위)
㉗ 遊 (놀 유)
㉘ 遍 (두루 편)
㉙ 遼 (멀 요)
㉚ 適 (갈 적)

(책받침)

글자풀이

辵 (책받침)

　본래 네거리에 사람
의 다리를 그리어 「가
다」의 뜻을 나타낸 것
인데, 부수(部首)자로
만 쓰이게 되었다.
　본래는 '辵(쉬엄쉬엄
갈 착)'자 인 데 '辵
(책받침)'의 부수자로
되었다.

阜	部首字
언덕부	부 수 자

● 「阝」가 왼쪽에
① 防 (막을 방)
② 附 (부칠 부)
③ 阿 (언덕 아)
④ 限 (한정 한)
⑤ 降 (내릴 강)
⑥ 院 (집 원)
⑦ 除 (덜 제)
⑧ 陣 (진칠 진)
⑨ 陶 (질그릇 도)
⑩ 陸 (뭍 륙)
⑪ 陵 (언덕 릉)
⑫ 陰 (그늘 음)
⑬ 陳 (베풀 진)
⑭ 陷 (빠질 함)
⑮ 階 (섬돌 계)
⑯ 隊 (떼 대)
⑰ 隆 (륭성할 륭)
⑱ 陽 (볕 양)
⑲ 際 (즈음 제)
⑳ 隣 (이웃 린)
㉑ 隨 (따를 수)
㉒ 險 (험할 험)
㉓ 隱 (숨을 은)
㉔ 障 (막을 장)

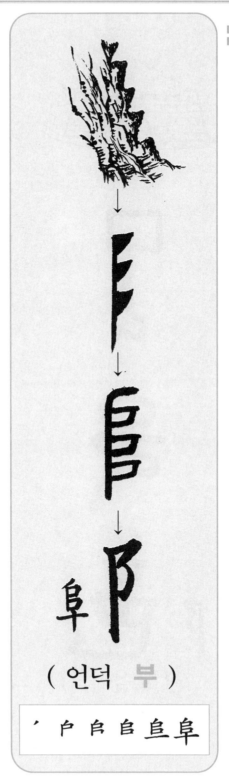

(언덕 부)

`　阝 阝 阜 阜 阜`

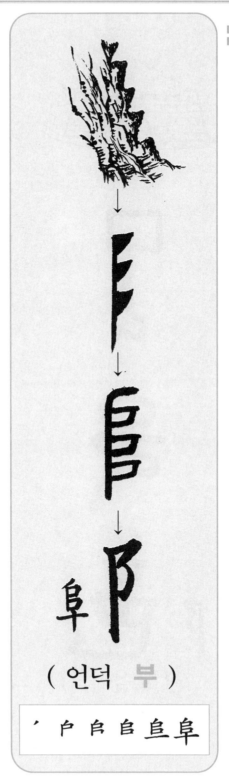

글자풀이

阜(언덕 부)

올라갈 수 있도록 층계로 되어 있는 언덕의 모양을 본뜬 것이다. 부수(部首)자로 쓸 때는 「阝」의 형태로 「좌부방」이라고도 일컫는다.

●「阝」이 오른쪽에

① 那 (어찌 나)

② 邦 (나라 방)

③ 郊 (들　교)

④ 郞 (사내 랑)

⑤ 郡 (고을 군)

⑥ 郭 (성곽 곽)

⑦ 鄕 (시골 향)

⑧ 都 (도읍 도)

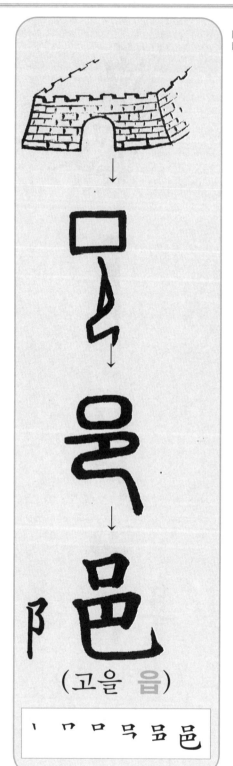

(고을 읍)

｜ 口 口 무 뮵 邑

글자풀이

邑(고을 읍)

본래 성안에, 사람이 있는 것을 본뜬 것인데, 뒤에 「邑(고을 읍)」의 형태로 변하여 다시 「阝」의 부수자로 쓰이게 되었다.

「邑」이 쓰이는 예:

邑內 (　　　)

邑長 (　　　)

邑民 (　　　)

市邑 (　　　)

326

巾	部首字
건	부 수 자

●「巾」이 아래에
① 市 (저자 시)
② 布 (베 포)
③ 希 (바랄 희)
④ 帝 (임금 제)
⑤ 帶 (띠 대)
⑥ 席 (자리 석)
⑦ 常 (떳떳 상)
⑧ 幕 (장막 막)
⑨ 幣 (화폐 폐)

●「巾」이 왼쪽에
⑩ 帳 (휘장 장)

●「巾」이 오른쪽에
⑪ 師 (스승 사)
⑫ 帥 (장수 수)

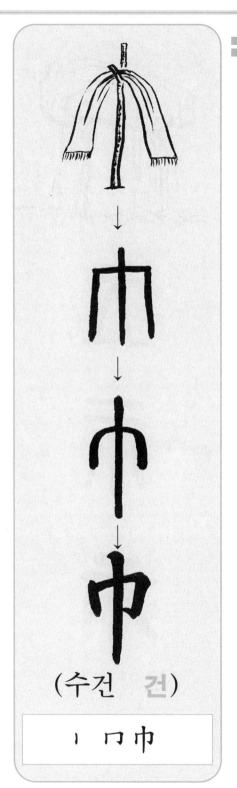

(수건 건)

ㅣ ㅁ 巾

巾 (수건 건)

수건을 나무에 걸어
놓은 모양을 본뜬 것
이다.

「巾」이 쓰이는 예:
手巾 (   )
角巾 (   )

<table>
<tr><td>示
보일시</td><td>部首字
부 수 자</td></tr>
</table>

●「示」가 아래에
① 票 (표　표)
② 祭 (제사 제)
③ 禁 (금할 금)

●「示」가 왼쪽에
④ 社 (토지신 사)
⑤ 祈 (빌　기)
⑥ 祀 (제사 사)
⑦ 神 (귀신 신)
⑧ 祖 (할아비 조)
⑨ 祝 (빌　축)
⑩ 祥 (상서 상)
⑪ 祿 (녹　록)
⑫ 福 (복　복)
⑬ 禍 (재앙 화)
⑭ 禮 (예도 례)

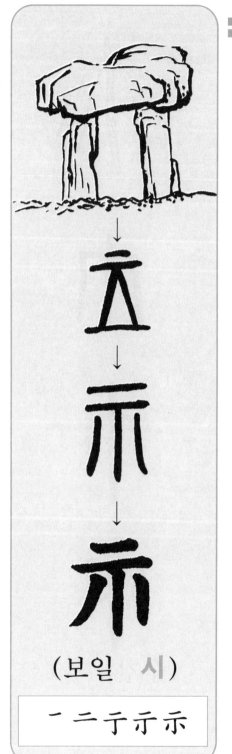

↓

示

↓

示

(보일　시)

一 二 于 示 示

示 (보일 시)

　본래 고인돌의 모양을 본떠 신(神)의 뜻으로 쓰인 것인데, 뒤에 「보이다」의 뜻으로 변하였다. 다른 글자의 변으로 쓸 때는 「礻 (보일시변)」의 형태로 쓰인다.

「示」가 쓰이는 예:
告示 (　　　)
公示 (　　　)
表示 (　　　)

328

爿 장수장	部首字 부 수 자

● 「爿」이 왼쪽에

① 牀 (평상 상)

② 牆 (담 장)

※ '將'(장수장)은
「寸(마디촌)」부수자
에, '狀'(문서장)은
「犬(개견)」부수자에
속한다.

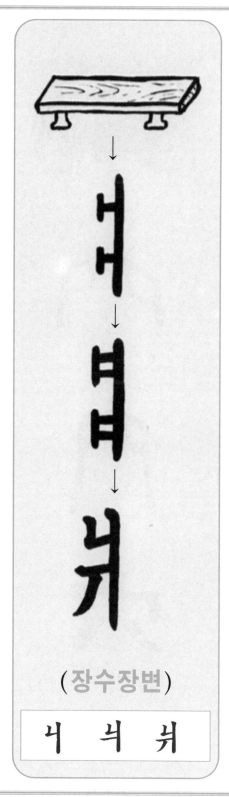

(장수장변)

爿	爿	爿

글자풀이

爿 (장수장변)

본래 나무로 만든
침상의 형태를 세워
서 본뜬 것인데, 「爿
(장수장변)」의 부수
자로 쓰이게 되었다.

329

穴	部首字
구멍혈	부 수 자

● 「穴」이 위에

① 究 (궁구할 구)

② 空 (빌 공)

③ 突 (부딪칠 돌)

④ 窓 (창 창)

⑤ 窮 (궁할 궁)

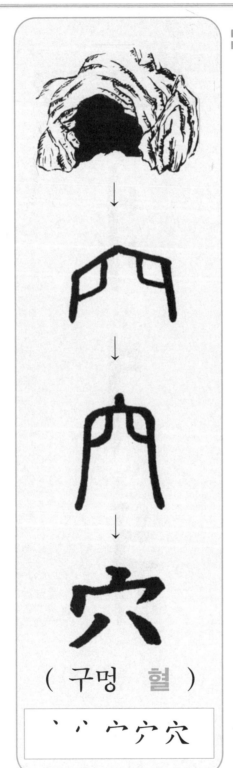

(구멍 혈)

`丶丶宀宀穴`

穴 (구멍 혈)

동굴의 모양을 본뜬 글자이다.

「穴」이 쓰이는 예:

穴居 ( )

虎穴 ( )

三性穴 ( )

330

● 「罒」이 위에

① 罪 (허물 죄)
② 置 (둘 치)
③ 罰 (벌줄 벌)
④ 署 (마을 서)
⑤ 罷 (파할 파)
⑥ 羅 (그물 라)

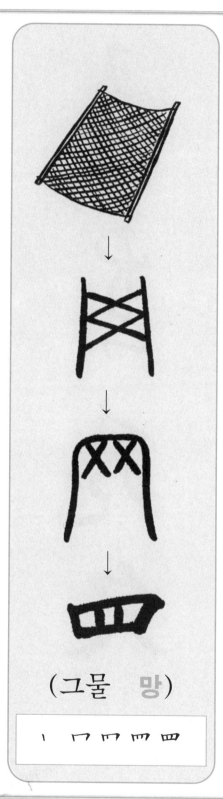

(그물 망)

丨 冂 冃 罒 罒

罒 (그물 망)

그물의 모양을 본뜬 것이다. 본래는 「㓁」의 형태로 쓴 것인데, 부수(部首)자로 쓰이면서 「罒」의 형태로 변하여, 「가로 눈목자(罒)」부수와 같은 형태로 쓰이게 되었다.

<table>
<tr><td>欠
하품흠</td><td>部首字
부 수 자</td></tr>
</table>

● 「欠」이 오른쪽에

① 次 (버금 차)

② 欲 (하고자할 욕)

③ 欺 (속일 기)

④ 歌 (노래 가)

⑤ 歎 (탄식할 탄)

⑥ 歡 (기쁠 환)

(하품 흠)

ノ 个 欠

欠(하품 흠)

사람이 크게 하품하는 모양을 본뜬 글자이다.

「缺(이지러질결)」자의 약자로 쓰는 것은 잘못이다.

攵	部首字
등글월문	부 수 자

●「攵」이 오른쪽에

① 收 (거둘 수)

② 改 (고칠 개)

③ 攻 (칠 공)

④ 放 (놓을 방)

⑤ 政 (정사 정)

⑥ 故 (예 고)

⑦ 效 (효험 효)

⑧ 敎 (가르칠 교)

⑨ 救 (구할 구)

⑩ 敏 (빠를 민)

⑪ 敗 (패할 패)

⑫ 敢 (감히 감)

⑬ 敬 (공경 경)

⑭ 敦 (도타울 돈)

⑮ 散 (흩을 산)

⑯ 數 (셈 수)

⑰ 敵 (원수 적)

⑱ 敍 (차례 서)

⑲ 整 (가지런할 정)

(등글월문)

丨 ㅏ 与 攴

글자풀이

攵(등글월문)

본래 손에 막대기를 잡은 모양을 본떠 「치다」의 뜻을 나타 낸 것이다. 부수자로 만 쓰이는데, 다른 글자의 등에 붙는 글 자로 「글월문(文)」자 와 비슷하다고 해서 부수명칭으로 「등글 월문」이라고 일컫게 되었다.

※「ㅋ → 又」의 자형은 손을 상형한 것이다.

● 「殳」이 오른쪽에

① 段 (층계 단)

② 殺 (죽일 살)

③ 毀 (헐 훼)

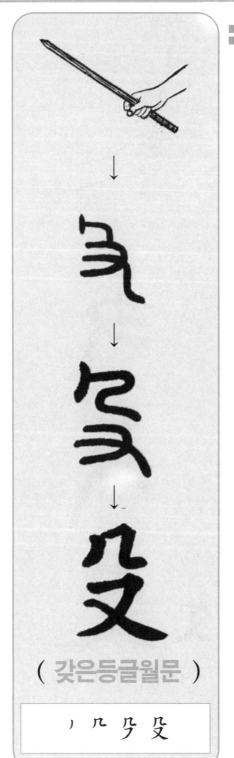

(갖은등글월문)

﹁ 几 殳 殳

殳 (갖은등글월문)

본래 손에 긴 창을 잡은 모양을 본뜬 것 이다. 「등글월문(攵)」 보다 더 갖추었다는 뜻으로 「갖은등글월 문」이라고 일컫는 부 수자의 명칭이다.

334

走	部首字
달릴주	부 수 자

●「走」가 왼쪽아
래에

① 起 (일어날 기)

② 越 (넘을 월)

③ 超 (뛰어넘을 초)

④ 趣 (뜻 취)

※'走'자가 다른 글
자의 음부자로도 쓰
인다.

徒(무리 도)

예:學徒(학도)

(달릴 주)

十 土 キ キ 走 走

글자풀이

走(달릴 주)

사람이 달려가는 모
양을 본뜬 글자이다.

「走」가 쓰이는 예:

走力 (   )

走狗 (   )

敗走 (   )

●「疒」이 위에

① 病 (병 병)

② 症 (병증세 증)

③ 疾 (병 질)

④ 痛 (아플 통)

⑤ 疫 (병 역)

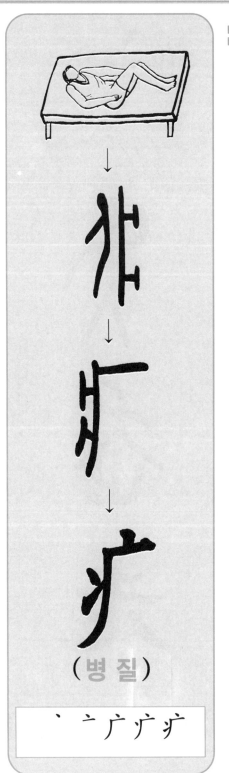

(병질)

` 丶 亠 广 广 疒 `

글자풀이

疒(병질)

본래 사람이 아파서 땀을 흘리며 침상에 누워 있는 모양을 본 뜬 것인데, 병과 관계되는 부수자로만 쓰인다. 이 부수 안에 쓰는 글자는 자음(字晉)을 나타낸다.

※「疾」을 단독으로 쓸 때는「병들어 기댈 녁·상」이라고 한다.

(一) 混同되기 쉬운 漢字

(一) 二字例

(1)
- 几(궤)—안석(几席), 책상(几案). 几部 0획.
- 凡(범)—무릇, 대강(凡例), 보통(凡夫). 几部 1획.

(2)
- 干(간)—방패(干戈), 관여하다(干涉), 막다(干拓). 干部 0획.
- 于(우)—어조사, 전치사(于今, 貪于飮食). 二部 1획.

(3)
- 斤(근)—도끼(斤斧), 무게의 단위(斤兩). 斤部 0획.
- 斥(척)—물리치다(斥和, 排斥), 엿보다(斥候). 斤部 1획.

(4)
- 攴(복)—部首로만 쓰임(敍, 敲). 등글월문(攵)과 같음(改, 敎). 攴部 0획.
- 支(지)—가르다(支流), 버티다(支持), 치르다(支拂), 갈림길(支徑). 支部 0획.

(5)
- 勺(작)—구기(국자의 일종), 1홉(合)의 10분의 1 (升勺). 勹部 1획.
- 勻(균)—적다, 고르다(勻敎, 勻體). 勹部 2획.

(6)
- 市(불)—슬갑, 사람 이름(徐市). 芾(불), 肺(폐) 등은 4획의 市로 써야 함. 巾部 1획.
- 市(시)—저자, 시장(市價), 도시(市街). 柿는 枾(시)의 俗字. 巾部 2획.

(7)
- 爪(조)—손톱(爪甲), 할퀴다(爪痕). 爪部 0획.
- 瓜(과)—오이(瓜田, 黃瓜). 瓜部 0획.

(8)
- 友(우)—벗(親友, 友誼). 又部 2획.
- 犮(발)—개 달아나다(犮乙). 拔(발), 髮(발) 등은 友(우)가 아니라, 5획의 犮(발)로 써야 함. 犬部 1획.

(9)
- 禾(계)—나무 끝을 구부려 올라가지 못하게 하다. 部首로만 쓰임(稽·秸). 禾(계)는 禾(화)와 달리 첫 획이 짧다.
- 禾(화)—벼(禾苗, 禾粟). 禾部 0획.

(10)
- 末(말)—끝(末端, 年末), 난세(末世), 가루(粉末). 木部 1획.
- 未(미)—아니다(未及, 未婚), 양띠의 地支(癸未). 木部 1획.

(11) { 小(소)—작다(小兒), 겸양의 뜻(小子), 좁다(小路). 小部 0획.
      少(소)—적다(少數), 젊다(少年). 小部 1획.

(12) { 朮(출)—삽주뿌리(朮酉, 白朮), 述(술), 術(술), 秫(출)의 音部로 쓰
             인 字는 求(구)가 아니라, 朮(출)이다. 木部 1획.
      求(구)—구하다(求人), 빌다(求乞). 水部 2획.

(13) { 旦(단)—아침(元旦). 日部 1획.
      且(차)—또(重且大), 만일(且如), 우선(且置). 一部 4획.

(14) { 朿(차)—가시랭이. 刺(자), 策(책), 棘(극), 棗(조) 등은 가시와 관계
             되어 있기 때문에 朿(차)로 씀. 木部 2획.
      束(속)—묶다(結束), 약속하다(約束). 木部 3획.

(15) { 代(대)—대신(代理), 세상(漢代), 한평생(當代). 人部 3획.
      伐(벌)—치다(征伐), 베다(伐木). 人部 4획.

(16) { 丐(개)—빌다(丐命), 거지(乞丐). 一部 3획.
      丏(면)—가리다. 眄(면), 麵(면) 등의 部首. 一部 3획.

(17) { 皿(명)—그릇(器皿). 盆(분), 盒(합), 盃(배) 등의 部首. 皿部 0획.
      血(혈)—피(血液), 골육(血肉). 血部 0획.

(18) { 戎(융)—오랑캐(西戎), 무기(戎馬), 병사(戎歌). 戈部 2획.
      戒(계)—경계하다(戒嚴), 삼가다(戒律). 賊(적)은 戎(융)을, 械(계)
             에는 戒(계)를 씀. 戈部 3획.

(19) { 豕(시)—돼지(遼東豕), 豚(돈), 逐(축), 豬(저), 象(상) 등의 部首.
             豕部 0획.
      豕(축)—발 얽은 돼지걸음. 啄(탁), 涿(탁), 琢(타), 塚(총) 등에 쓰
             인 字는 豕(시)가 아니라, 豕(축)이다. 豕部 1획.

(20) { 免(면)—벗어나다(免職), 허락하다(免許). 儿部 5획.
      兎(토)—토끼(兎脣). 免(면)은 7획, 兎(토)는 8획, 逸(일)은 免(면)
             이 아니라 兎(토)를 써야 함. 儿部 6획.

(21) { 易(역)—바꾸다(貿易). 쉽다(容易)의 뜻으로는 「이」音이다. 錫(석),
             惕(척) 등에 8획의 易을 씀. 日部 4획.
      昜(양)—陽의 古字, 場(장), 揚(양), 錫(양) 등에는 9획의 昜을 씀.
             日部 5획.

338

(22)
- 幸(행)―다행하다(幸福), 사랑하다(幸臣). 干部 5획.
- 羍(달)―어린양. 達(달)字는 幸(행)이 아니라 羍(달)을 써야 함. 羊部 3획.

(23)
- 岡(강)―언덕(高岡). 綱, 剛, 鋼 등에 岡字를 써야 함. 山部 5획.
- 罔(망)―그물(罔罟), 없다(罔極). 網, 惘 등에 罔字를 써야 함. 网部 3획.

(24)
- 坐(좌)―앉다(坐視, 正坐). 動詞. 土部 4획.
- 座(좌)―자리(座席, 王座). 名詞. 广部 7획.

(25)
- 到(도)―이르다(到達), 찬찬하다(周到). 刀部 6획.
- 致(치)―이루다(致富), 버리다(致命), 이르다(致死). 至部 3획.

(26)
- 廷(정)―조정(宮廷). 庭(뜰 정)은 家庭의 뜻으로 씀.
- 延(연)―끌다(延期). 誕(탄), 筵(연) 등은 延을 써야 함.

(27)
- 刺(자, 척)―찌르다(刺殺, 刺客), 바느질하다(刺繡). 刀部 6획.
- 剌(랄)―어그러지다(剌謬), 활소리(潑剌). 刀部 7획.

(28)
- 班(반)―나누다(兩班), 班은 두 玉字 가운데 刀(刂)字를 쓴 字形. 玉部 6획.
- 斑(반)―얼룩(斑文, 斑白). 文部 8획.

(29)
- 陜(협)―좁다(陜隘). 陜(협)은 人(인)字, 陝(섬)은 入(입)字를 씀. 阜部 7획.
- 陝(섬)―고을 이름(陝西省). 阜部 7획.

(30)
- 姬(희)―아씨(姬妾, 美姬). 女部 6획. 姬는 女部 7획이 아니다.
- 姫(진)―삼가다. 女部 6획. 지금은 姬의 약자로 쓰임.

(31)
- 衆(중)―무리(衆論, 觀衆). 血(혈)部 6획.
- 象(상)―코끼리(象形, 氣象). 象은 象의 俗字. 豕(시)部 5획.

(32)
- 傅(부)―스승(師傅), 돕다(傅輔). 人部 10획.
- 傳(전)―전하다(傳來, 遺傳). 人部 11획.

(33)
- 曾(증)―일찍(曾經), 거듭하다(曾孫). 曰部 8획.
- 會(회)―모이다(會合), 도시(都會). 曰部 9획.

(34)
{
錫(석)―주석(錫杖, 銀錫). 이름자에 흔히 쓰임. 金部 8획.
錫(양)―당노, 말 이마에 대는 장식. 昜(역)과 昜(양)을 구별해서 써
　　　야 함. 金部 9획.
}

(35)
{
鍾(종)―술잔(鍾子), 모이다(鍾念). 이름자에 鐘(쇠북 종) 字로 鍾을
　　　쓰는 것은 잘못임. 金部 9획.
鐘(종)―종, 쇠북(鐘閣, 編鐘). 金部 12획.
}

(36)
{
幻(환)―변하다, 미혹하다(幻惑, 幻覺, 變幻), 허깨비(幻影). 幺(요)
　　　部 1획.
幼(유)―어리다(幼年), 어린아이(長幼). 幺部 2획.
}

(37)
{
托(탁)―받치다(托盤). 국어 사전에 依托(의탁)과 依託(의탁)이 같이
　　　쓰이고 있으나 원칙은 依托은 맞지 않음. 手部 3획.
託(탁)―부탁하다(付託, 請託, 託兒所). 言部 3획.
}

(38)
{
抄(초)―뽑아 적다, 가리다(抄錄, 抄本). 手部 4획.
秒(초)―시간 단위(秒速, 分秒). 秒는 본래 「벼까락묘」이나, 抄字와
　　　의 유추 현상에서 音이 「초」로 변함. 禾部 4획.
}

(39)
{
住(주)―살다(住居, 安住). 人部 5획.
往(왕)―가다(往復, 來往), 예(往事), 이따금(往往). 徃은 往의 俗字.
　　　彳部 5획.
}

(40)
{
忽(홀)―문득(忽然). 心部 4획.
怱(총)―바쁘다(怱忙, 怱怱). 心部 5획.
}

(41)
{
齊(제)―가지런하다(齊齒, 均齊). 齊部 0획.
齋(재)―재계하다(齋戒), 집(齋室, 書齋). 齊部 3획.
}

(42)
{
彊(강)―굳세다(自彊). 弓部 13획.
疆(강)―지경(疆域, 疆土), 끝(萬壽無疆). 田部 14획.
}

(43)
{
付(부)―주다(付與), 부치다(送付), 부탁하다(付託). 人部 3획.
附(부)―붙이다(附着), 접근하다(附近). 阜部 5획.
}

(44)
{
杖(장)―지팡이(杖國錫杖), 때리다(杖殺). 木部 3획.
枚(매)―줄기, 개(十枚), 낱낱이(枚擧). 木部 4획.
}

(45)
{
技(기)―재주(技巧, 技倆, 競技). 手部 4획.
枝(지)―가지(枝葉, 柯枝), 육손이기(枝指). 木部 4획
}

(46)
- 帥(수)—장수(元帥, 將帥). 巾部 6획.
- 師(사)—스승(師範, 敎師), 군사(師團). 巾部 7획.

(47)
- 棉(면)—목화(棉花, 木棉). 木綿으로도 通用되나, 원래 木棉은 목화를 뜻할 때, 木綿은 무명을 뜻할 때 구분하여 쓰임. 木部 8획.
- 綿(면)—솜(綿絲, 石綿), 이어지다(綿綿), 얽히다(綿繞). 緜(糸部 9획)으로도 쓰임.

(48)
- 渴(갈)—목마르다(渴症, 解渴), 물이 잦다(渴水). 水部 9획.
- 喝(갈)—꾸짖다(喝道), 고함치다(喝采). 中國語에서는 물을 마시다의 뜻으로 쓰임. 口部 9획.

(49)
- 綱(강)—벼리(綱領, 紀綱). 糸部 8획.
- 網(망)—그물(網紗, 魚網). 糸部 8획.

(50)
- 隱(은)—숨다(隱居), 은어(隱語). 阜部 14획.
- 穩(온)—평온하다(穩健, 平穩). 禾部 14획.

(51)
- 嗚(오)—탄식하는 소리(嗚呼噫嘻), 흐느껴 울다(嗚咽, 嗚唈). 口部 10획.
- 鳴(명)—울다(共鳴, 孤掌難鳴). 鳥部 3획.

(52)
- 欲(욕)—하고자 하다(欲望). 欠部 7획.
- 慾(욕)—욕심(慾情, 貪慾). 본래 欲이지만 慾으로도 通用. 心部 11획.

(53)
- 練(련)—익히다(練習, 訓練). 국어 사전에 鍊習, 訓鍊으로도 쓰였으나, 마땅히 練字를 써야 함. 糸部 9획.
- 鍊(련)—불리다(鍊金, 鍛鍊). 金部 9획.

(54)
- 歷(력)—지나다(歷史, 經歷). 止部 12획.
- 曆(력)—책력(曆日, 陽曆). 日部 12획.

(55)
- 辨(변)—분별하다(辨明, 分辨). 辛部 9획.
- 辯(변)—말잘하다(辯論, 詭辯). 辛部 14획.

(56)
- 摩(마)—문지르다(摩擦, 按摩), 달다(摩天樓). 手部 11획.
- 磨(마)—갈다(磨滅, 硏磨), 연자매(磨石). 石部 11획.

(57)
- 綠(록)—초록빛(綠茶, 新綠). 糸部 8획.
- 緣(연)—연줄(緣分, 結緣), 가장자리(緣界). 糸部 9획.

(58)
{
擊(격)―치다(擊退, 攻擊). 手部 13획.
繫(계)―매다(繫留, 連繫). 糸部 13획.
}

(59)
{
殼(각)―껍질(殼質, 甲殼). 殳部 8획.
穀(곡)―곡식(穀食, 糧穀). 穀은 略字. 榖은 俗字. 殳部 11획.
}

(60)
{
述(술)―짓다(著述), 말하다(述懷). 辵部 5획.
逑(구)―짝(君子好逑). 辵部 7획.
}

(61)
{
冠(관)―갓, 관(冠帶, 衣冠). 冖部 7획.
寇(구)―도둑(寇賊, 倭寇). 宀部 8획.
}

(62)
{
怒(노)―성내다(怒氣, 忿怒). 心部 5획.
恕(서)―용서하다(容恕). 心部 6획.
}

(63)
{
密(밀)―빽빽하다(密集), 은밀하다(密告). 宀部 8획.
蜜(밀)―꿀(蜜蜂, 蜜月). 虫部 8획.
}

(64)
{
建(건)―세우다(建設, 創建). 廴部 6획.
健(건)―튼튼하다(健康), 매우(健忘症). 人部 9획.
}

(65)
{
記(기)―적다(記錄, 暗記). 言部 3획.
紀(기)―벼리, 기강(紀綱), 기록하다(紀念). 糸部 3획.
}

(66)
{
遣(견)―보내다(遣使, 派遣). 辵部 10획.
遺(유)―남기다(遺産), 잃다(遺失), 유감(遺憾). 辵部 12획.
}

(67)
{
坡(파)―고개(坡岸, 靑坡). 土部 5획.
破(파)―깨뜨리다(破壞, 打破). 石部 5획.
}

(68)
{
哀(애)―슬프다(哀悼, 悲哀). 口部 6획.
衰(쇠)―쇠하다(衰弱, 老衰), 상복 (최)(衰服, 斬衰). 衣部 4획.
}

(69)
{
涉(섭)―건너다(涉獵, 交涉). 水部 7획.
陟(척)―오르다(陟降), 나아가다(進陟). 阜部 7획.
}

(70)
{
稿(고)―볏집, 원고(稿料, 原稿). 禾部 10획.
敲(고)―두드리다(敲門, 推敲). 支部 10획.
}

(71)
{
隔(격)―사이가 뜨다(隔離, 間隔). 阜部 10획.
融(융)―화하다(融合), 통하다(金融). 虫部 10획.
}

(72)
{
賊(적)—도둑(賊徒, 盜賊), 역적(賊臣). 貝部 6획.
賦(부)—구실(賦役), 주다(賦與), 부과하다(賦課). 貝部 8획.
}

(73)
{
昧(매)—어둡다(昧者, 曖昧). 日部 5획.
眛(매)—눈어둡다(眛踪), 昧(어두울 말)과 다름. 目部 5획.
}

(74)
{
眠(면)—자다(睡眠, 永眠). 目部 5획.
眼(안)—눈(眼球), 보다(眼識). 目部 6획.
}

(75)
{
求(구)—구하다(要求), 빌다(求乞). 水部 2획.
救(구)—건지다(救國, 救濟). 攴部 7획.
}

(76)
{
郞(랑)—사내(郞君, 新郞). 邑部 7획.
朗(랑)—밝다(明朗), 소리높이(朗讀). 月部 7획.
}

(77)
{
貪(탐)—탐하다(貪慾, 食貪). 貝部 4획.
貧(빈)—가난하다(貧困, 淸貧). 貝部 4획.
}

(78)
{
陣(진)—진치다(陣營, 布陣), 전쟁(陣痛). 阜部 7획.
陳(진)—베풀다(陳列), 묵다(陳腐), 성(陳氏). 阜部 8획.
}

(79)
{
游(유)—헤엄치다(游泳), 노닐다(游玩). 遊와 通用. 水部 9획.
遊(유)—놀다(遊戲, 野遊), 교유하다(交遊), 유세하다(遊說), 유학하
다(遊學). 辵部 9획.
}

(80)
{
摘(적)—따다(摘要, 指摘). 手部 11획.
敵(적)—원수(敵將, 匹敵). 攴部 11획.
}

(81)
{
態(태)—모양(態度, 形態). 心部 10획.
熊(웅)—곰(熊膽, 白熊). 火部 10획.
}

(82)
{
慨(개)—분개하다(慨嘆, 憤慨). 心部 11획.
槪(개)—평미래, 대개(槪略, 大槪). 木部 11획.
}

(83)
{
彰(창)—밝히다(彰善, 表彰). 彡部 11획.
障(장)—막다(障壁), 지장(故障). 阜部 11획.
}

(84)
{
刹(찰)—절(寺刹), 짧은 시간(刹那). 刀部 6획.
殺(살)—죽이다(殺害), 매우(殺到). 本字는 殺. 殳部 6획.
}

343

(85)
{
植(식)—심다(植木), 근거를 두다(植民). 木部 8획.
殖(식)—불리다(殖材). 우리 나라에서는 植民과 殖民을 通用하지만
中國語에서는 殖民만을 씀. 歹部 8획.
}

(86)
{
矜(긍)—자랑하다(矜持), 불쌍히 여기다(矜恤). 矛部 4획.
務(무)—힘쓰다(勤務). 力部 9획.
}

(87)
{
瑞(서)—상서(瑞氣, 祥瑞). 玉部 9획.
端(단)—끝(末端), 바르다(端正), 실마리(端緖). 立部 9획.
}

(二) 三字例

(1)
{
卷(권)—말다(卷軸, 席卷), 책(卷頭). 卷은 卷의 俗字. 卩部 6획.
券(권)—문서(券書, 證券). 刀部 6획.
劵(권)—倦(게으를 권)의 本字(倦怠). 力部 6획.
}

(2)
{
奏(주)—아뢰다(奏請), 연주하다(演奏). 大部 6획.
秦(진)—나라 이름(秦始皇). 禾部 5획.
泰(태)—크다(泰山), 편안하다(泰平). 桼는 泰의 俗字. 水部 5획.
}

(3)
{
升(승)—되(升斗), 오르다(升降). 十部 2획.
昇(승)—오르다(昇降, 上昇), 죽다(昇遐). 日部 4획.
陞(승)—오르다(陞級, 陞進). 오르다의 뜻으로는 升, 昇, 陞 등 3字
가 通用. 옛날에는 升字만을 씀. 阜(阝)部 7획.
}

(4)
{
儉(검)—검소하다(儉素, 勤儉). 人部 13획.
險(험)—험하다(險難, 保險). 阜部 13획.
檢(검)—조사하다(檢問, 點檢). 木部 13획.
}

(5)
{
捐(연)—주다, 버리다(捐金, 義捐). 手部 7획.
損(손)—잃다(損失, 破損). 手部 10획.
狷(견)—절의를 지키다(狷介, 高狷). 犬部 7획.
}

(6)
{
施(시)—베풀다(施賞), 주다(施肥). 方部 5획.
旅(려)—나그네(旅客), 군사(旅團). 方部 6획.
旋(선)—돌다(旋回, 周旋). 方部 7획.
}

(7)
期(기)—기다리다(期待), 약속하다(期約), 때(滿期), 정하다(期必).
　　　　月部 8획.
欺(기)—속이다(欺瞞, 詐欺). 欠部 8획.
斯(사)—이(斯界, 如斯), 잠깐(斯須). 斤部 8획.

(8)
買(매)—사다(買收, 買辦, 購買). 貝部 5획.
賣(매)—팔다(賣買). 貝部 8획. 中國語에서는 賣買를 買賣로 씀.
賈(고)—장사(賈船, 商賈), 성씨 (가)(賈氏). 貝部 6획.

(9)
項(항)—목(項腫), 조목(項目, 事項). 頁部 3획.
頃(경)—잠시(頃刻), 쯤(十日頃), 백이랑(萬頃). 頁部 2획.
傾(경)—기울다(傾斜, 左傾). 人部 11획.

(10)
渾(혼)—섞이다(渾然, 渾融), 모두(渾身), 흐리다(渾濁), 크다(渾元),
　　　　둥글다(渾大). 水部 9획.
揮(휘)—휘두르다(揮毫), 지시하다(指揮). 手部 9획.
輝(휘)—빛나다(輝煌, 光輝). 車部 8획.

(11)
肅(숙)—엄숙하다(肅然, 整肅), 정제하다(肅淸).
蕭(소)—쓸쓸하다(蕭瑟, 蕭條), 쑥(艾蕭).
簫(소)—퉁소(簫笛, 洞簫).

(12)
互(호)—서로(相互, 交互). 二部 2획.
亙(긍)—건너다(亙古). 亙은 亘의 俗字로 쓰이나, 亘은 본래 「베풀
　　　　선」字이다. 二部 4획.
瓦(와)—기와(瓦當, 瓦家). 瓦部 0획.

(13)
毌(관)—꿰뚫다(毌丘儉). 貫의 古字. 毌部 0획.
毋(무)—말다, 없다(毋望, 毋害), 毋部 0획.
母(모)—어미(母親, 父母). 毋部 1획.

(14)
杏(행)—살구(杏仁, 杏花), 은행(銀杏). 木部 3획.
杳(묘)—어둡다, 멀다(杳然, 深杳). 木部 4획.
香(향)—향기(香氣, 芳香). 香部 0획.

(15)
栗(률)—밤(栗房, 生栗), 떨다(栗烈). 木部 6획.
票(표)—쪽지(票決, 投票, 車票). 示部 6획.
粟(속)—조(粟帛, 米粟). 米部 6획.

(16)
- 折(절)—꺾다(折枝), 굽히다(折辱, 挫折). 手部 4획.
- 拆(탁)—터지다, 찢어지다(拆裂). 手部 5획.
- 析(석)—가르다, 분석하다(析出, 解析). 木部 4획.

(17)
- 差(차)—어긋나다(差異, 誤差). 工部 7획.
- 着(착)—붙다(附着), 입다(着服), 쓰다(着用). 著의 俗字(艸部 9획). 目部 7획.
- 羞(수)—부끄럽다(羞恥, 含羞), 드리다(養羞). 羊部 5획.

(18)
- 侯(후)—제후(侯爵, 諸侯). 人部 7획.
- 候(후)—철(候鳥, 氣候), 기다리다(候補). 人部 8획.
- 喉(후)—목구멍(喉舌咽喉). 口部 9획.

(19)
- 微(미)—작다(微量, 細微). 彳部 10획.
- 徵(징)—부르다(徵募). 彳部 12획.
- 徽(휘)—아름답다, 표기(徽章). 彳部 14획.

(20)
- 侍(시)—모시다(侍奉, 內侍). 人部 6획.
- 待(대)—기다리다(待客, 期待), 대접하다(待接). 彳部 6획.
- 恃(시)—믿다(恃賴). 心部 6획.

(21)
- 沮(저)—막다(沮止), 꺾이다(沮喪). 水部 5획.
- 阻(조)—막히다(積阻). 阜部 5획.
- 詛(저)—저주하다(詛呪). 言部 5획.

(22)
- 梁(량)—들보(棟梁), 성씨(梁氏), 다리(橋梁). 木部 7획.
- 粱(량)—기장(粱米), 수수(高粱). 米部 7획.
- 樑(량)—들보(棟樑). 梁과 通用. 木部 11획.

(三) 四字例

(1)
- 卩(절)—병부. 卩과 같음. 印, 卽, 節 등의 卩과 範의 卩. 卩부 0획.
- 己(기)—몸(己身, 自己). 己部 0획.
- 已(이)—그치다, 이미(已往, 而已). 己部 0획.
- 巳(사)—뱀(巳生, 己巳). 己部 0획.

(2)
- 巧(교)—공교하다(巧妙), 꾸미다(技巧). 工部 2획.
- 攻(공)—치다(攻擊), 닦다(攻玉). 支部 3획.
- 攷(고)—考의 古字. 支部 2획.
- 朽(후)—썩다(朽落, 老朽). 木部 2획.

(3)
- 虎(호)—호랑이(虎皮, 猛虎). 虍部 2획.
- 虛(허)—비다(虛空, 謙虛). 虍部 6획.
- 虐(학)—모질다(虐待, 自虐). 虍部 3획.
- 處(처)—곳(處所), 처분하다(處理). 虍部 5획.

(4)
- 戊(무)—다섯째 천간(戊午, 戊夜). 戈部 1획.
- 戍(수)—수자리(戍樓, 烽戍). 戈部 2획.
- 戌(술)—개(戌時, 甲戌). 戈部 2획.
- 戉(월)—도끼. 越(월), 鉞(월)字 등의 몸으로 쓰임.

(5)
- 囚(수)—가두다(囚徒), 죄인(囚人). 囗部 2획.
- 因(인)—인하다(因果, 原因). 囗部 3획.
- 困(곤)—곤궁하다(困境, 貧困). 囗部 4획.
- 囷(균)—곳집(囷倉). 囗部 5획.

(6)
- 哉(재)—어조사(快哉, 哀哉). 口部 6획.
- 栽(재)—심다(栽培, 盆栽). 木部 6획.
- 裁(재)—마르다(裁斷), 결단하다(裁判), 헤아리다(裁可). 衣部 6획.
- 載(재)—싣다(載送, 積載), 적다(記載). 車部 6획.

(7)
- 倍(배)—곱(倍加, 百倍). 人部 8획.
- 培(배)—북돋우다(培養, 栽培). 土部 8획.
- 陪(배)—모시다(陪行, 陪席). 阜部 8획.
- 剖(부)—쪼개다(剖棺, 解剖). 刀部 8획.

(8)
- 援(원)—돕다(援護, 聲援), 당기다(援引). 手部 9획.
- 媛(원)—미녀(才媛). 女部 9획.
- 暖(난)—따뜻하다(暖流, 溫暖). 日部 9획.
- 緩(완)—느리다(緩行), 느슨하다(緩和). 糸部 9획.

(9)
推(추)—밀다(推薦), 궁구하다(推測), 밀 (퇴)(推敲). 手部 8획.
雉(치)—꿩(雉湯, 雄雉). 隹部 5획.
稚(치)—어리다(稚子, 幼稚), 유치하다(稚拙). 禾部 8획.
堆(퇴)—쌓다(堆積, 堆肥). 土部 8획.

(四) 五字例

(1)
則(칙)—법(法則, 規則), 본받다(則效), 곧 (즉)(言則是也). 刀部 7획.
側(측)—곁(側面, 右側), 뒤척거리다(反側). 人部 9획.
惻(측)—슬퍼하다(惻隱). 心部 9획.
測(측)—헤아리다(測量, 憶測). 水部 9획.
廁(측)—뒷간(廁間, 廁鼠). 广部 9획.

(2)
淺(천)—얕다(淺見, 深淺). 水部 8획.
殘(잔)—남다(殘額, 敗殘), 잔인하다(殘忍). 歹部 8획.
踐(천)—밟다(踐歷), 이행하다(實踐). 足部 8획.
賤(천)—천하다(賤視, 貧賤), 자기 겸칭(賤妾). 貝部 8획.
錢(전)—돈(錢票, 銅錢). 金部 8획.

(3)
漠(막)—넓다(廣漠), 어둡다(漠然). 水部 11획.
摸(모)—찾다(摸索). 手部 11획.
模(모)—본(模範), 본뜨다(模造), 모양(模樣). 木部 11획.
膜(막)—꺼풀(膜質, 皮膜). 肉部 11획.
謨(모)—피(嘉謨). 言部 11획.

四 字 成 語

ㄱ

呵呵大笑(가가대소)	큰 소리로 웃음
家家戶戶(가가호호)	집집마다
家給人足(가급인족)	집집마다 살림이 넉넉하고, 사람마다 의식에 부족함이 없음
可欺以方(가기이방)	그럴듯한 말로 속일 수 있음
假弄成眞(가농성진)	처음에 장난삼아 한 일이 나중에 정말이 됨.
街談巷說(가담항설)	길거리나 항간에 떠도는 소리
可東可西(가동가서)	동쪽이라도 좋고 서쪽이라도 좋다. 이러나 저러나 상관없다
苛斂誅求(가렴주구)	가혹하게 세금을 징수하여 재물을 빼앗음
家無擔石(가무담석)	석(石)은 한 항아리, 담(擔)은 두 항아리의 뜻으로 집에 저축이 조금도 없음
佳人薄命(가인박명)	아름다운 여자는 명이 짧다
刻苦勉勵(각고면려)	심신의 고생을 이겨내면서 오직 한 가지 일에만 노력을 기울임
刻鵠類鶩(각곡유목)	따오기를 그리려다 이루지 못하여도 집오리와 비슷하게는 된다는 뜻
刻骨難忘(각골난망)	은덕을 뼈에 새기어 잊지 않음
角者無齒(각자무치)	뿔이 있는 자는 이가 없다는 뜻으로 한사람이 모든 복을 겸하지는 못함
刻舟求劍(각주구검)	배에 새기어 칼을 찾는다는 말로 어리석음을 뜻함
艱難辛苦(간난신고)	(갖은 고초를 겪어) 몹시 힘들고 괴로움
肝膽相照(간담상조)	서로의 마음을 터놓고 사귐
竿頭之勢(간두지세)	댓가지 꼭대기에 서게 된 현상으로 어려움이 극에 달해 아주 위태로운 형세
間世之材(간세지재)	썩 뛰어난 인물
渴而穿井(갈이천정)	목이 말라야 우물을 팜
敢不生心(감불생심)	힘이 부치어 감히 마음을 먹지 못함

甘言利說(감언이설)	남을 유혹하는 달콤한 말
感之德之(감지덕지)	몹시 고맙게 여김
甘呑苦吐(감탄고토)	달면 삼키고 쓰면 뱉는 것
甲男乙女(갑남을녀)	보통의 평범한 사람들
甲論乙駁(갑론을박)	자기의 주장을 세우고 남의 주장을 반박함
康衢煙月(강구연월)	태평한 시대의 평화로운 풍경
强近之親(강근지친)	도와줄 만한 가까운 친척
江湖煙波(강호연파)	강이나 호수 위에 안개처럼 보얗게 이는 잔물결
改過遷善(개과천선)	허물을 고쳐 착하게 됨
改善匡正(개선광정)	좋도록 고치고 바로잡음
蓋世之才(개세지재)	세상을 덮을 만한 재주
客反爲主(객반위주)	주객이 전도됨. 主客顚倒(주객전도)
客窓寒燈(객창한등)	외로운 나그네의 신세
去頭截尾(거두절미)	머리와 꼬리를 잘라 버린다는 뜻으로 앞뒤를 생략하고 본론으로 들어감.
居安思危(거안사위)	편안히 살 때 닥쳐올 위태로움을 생각함
擧案齊眉(거안제미)	남편을 깍듯이 공경함을 이르는 말
去者日疎(거자일소)	죽은 사람에 대해서는 날이 갈수록 점점 잊어버리게 된다는 뜻. 곧 서로 떨어져 있으면 점점 사이가 멀어짐
車載斗量(거재두량)	차에 싣고 말에 실을 만큼 많음
乾坤一色(건곤일색)	겨울 온 천지에 눈이 내린 경치
乾坤一擲(건곤일척)	흥망, 승패를 걸고 단판 승부를 겨룸
乾木水生(건목수생)	마른 나무에서 물을 짜내려 한다는 것으로, 사리에 맞지 않는다는 뜻
格物致知(격물치지)	사물의 이치를 연구하여 후천적인 지식을 밝게 함
隔世之感(격세지감)	딴 세대와 같이 많은 변화가 있었음을 비유하는 말
隔靴搔痒(격화소양)	신을 신은 채 가려운 발바닥을 긁음과 같이 일의 효과를 나타내지 못함
牽强附會(견강부회)	억지로 우겨서 조건에 맞도록 함
見利忘義(견리망의)	이익을 보면 의리를 잊음
見利思義(견리사의)	눈앞에 이익이 보일 때 의리를 생각함
犬馬之勞(견마지로)	임금이나 나라에 충성을 다하는 노력
犬馬之誠(견마지성)	임금이나 나라에 바치는 정성. 자기의 정성을 낮추어 일컫는 말
見蚊拔劍(견문발검)	모기를 보고 칼을 뺀다는 뜻으로 작은 일에 지나치게 큰 대책을 세움
見物生心(견물생심)	물건을 보고 나면 욕심이 생김

堅如金石(견여금석)	굳기가 금이나 돌 같음
犬猿之間(견원지간)	개와 원숭이 사이로 사이가 몹시 나쁨
見危授命(견위수명)	나라가 위급할 때 목숨을 바침. 見危致命(견위치명)
見危致命(견위치명)	나라의 위태로움을 보고는 목숨을 아끼지 않고 싸움
堅忍不拔(견인불발)	굳게 참고 견딤
犬兎之爭(견토지쟁)	개와 토끼가 쫓고 쫓기다가 둘이 다 지쳐 죽어 제삼자가 이익을 본다는 뜻
結義兄弟(결의형제)	남남끼리 형과 아우의 의를 맺음
結者解之(결자해지)	자기가 저지른 일은 자기가 해결해야 함
結草報恩(결초보은)	은혜를 잊지 않고 갚음
謙讓之德(겸양지덕)	겸손하고 사양하는 미덕
兼人之勇(겸인지용)	몇 사람을 능히 당해낼 만한 용기
傾家破産(경가파산)	집과 재산을 죄다 없애 버림
輕擧妄動(경거망동)	경솔하고 분별 없는 행동
經國濟世(경국제세)	나라 일을 경륜하고 세상을 구함. '경제'의 준말
傾國之色(경국지색)	나라를 기울일 만한 여자라는 뜻으로 매우 아름다운 여자를 뜻함
經國之才(경국지재)	나라 일을 경륜할 만한 재주.
經世濟民(경세제민)	세상을 잘 다스려 백성을 다스리기에 열심히 함. 救世濟民
敬而遠之(경이원지)	공경하는 척하며 멀리함
耕者有田(경자유전)	경작자가 밭을 소유한다
輕躁浮薄(경조부박)	마음이 침착하지 못하고 행동이 신중하지 못함
敬天勤民(경천근민)	하느님을 공경하고 백성을 다스리기에 부지런함
驚天動地(경천동지)	세상을 몹시 놀라게 함
鏡花水月(경화수월)	볼 수만 있고 가질 수 없는 것
鷄卵有骨(계란유골)	달걀 속에도 뼈가 있다는 뜻으로 뜻밖에 장애물이 생김을 이르는 말
鷄鳴狗盜(계명구도)	행세하는 사람이 배워서는 아니 될 천한 기능을 가진 사람
股肱之臣(고굉지신)	임금이 가장 믿고 중히 여기는 신하
孤軍奮鬪(고군분투)	남의 도움을 받지 아니하고 힘에 벅찬 일을 잘 해냄
高大廣室(고대광실)	매우 높고 큰 집
叩頭謝罪(고두사죄)	머리를 조아려 사죄함
膏粱珍味(고량진미)	맛있는 음식
高樓巨閣(고루거각)	높고 큰 누각
孤立無援(고립무원)	고립되어 구원을 받을 데가 없음
枯木生花(고목생화)	곤궁한 사람이 크게 행운을 얻은 것을 말함

鼓腹擊壤(고복격양)	태평세월임을 표현한 말. 배를 두들기면서 땅을 침
高峰峻嶺(고봉준령)	높은 산봉우리와 험한 고개
高飛遠走(고비원주)	멀리 자취를 감춤.
孤城落日(고성낙일)	남의 도움이 없이 고립된 상태
姑息之計(고식지계)	당장의 편안함만을 꾀하는 일시적인 방편
孤臣寃淚(고신원루)	외로운 신하의 원통한 눈물
古往今來(고왕금래)	옛날과 지금
苦肉之計(고육지계)	적을 속이기 위해, 자신의 희생을 무릅쓰고 꾸미는 계책
孤掌難鳴(고장난명)	손바닥 하나로는 소리가 나지 않는다는 뜻으로 혼자 힘으로 일하기 어렵다는 말
苦盡甘來(고진감래)	괴로움을 겪고 나면 즐거움이 옴
高枕而臥(고침이와)	베개를 높이고 잠. 마음 편안히 잠잘 수 있음
曲學阿世(곡학아세)	학문을 왜곡하여 세속에 아부함
汨沒無暇(골몰무가)	일에 골몰하여 틈이 조금도 없음
骨肉相殘(골육상잔)	부자 형제 간에 서로 해함
骨肉之親(골육지친)	가까운 혈족
公卿大夫(공경대부)	삼공과 구경 등 벼슬이 높은 사람들
公明正大(공명정대)	하는 일에 사사로움이 없이 떳떳하고 바름
公平無私(공평무사)	공평하여 사사로움이 없음
誇大妄想(과대망상)	자신을 너무 과대하게 믿는 망상
過大評價(과대평가)	실제보다는 지나치게 평가함
過猶不及(과유불급)	정도를 지나침은 미치지 못한 것과 같음
管鮑之交(관포지교)	옛날 중국의 管仲(관중)과 鮑叔牙(포숙아)처럼 친구 사이가 다정함을 이르는 말
刮目相對(괄목상대)	눈을 비비고 다시 보며 상대한다는 뜻으로 다른 사람의 학식이나 업적이 크게 진보한 것을 말함.
矯角殺牛(교각살우)	뿔을 고치려다 소를 죽인다는 말로 작은 일에 힘쓰다 큰 일을 망친다는 말
巧言令色(교언영색)	말을 교묘히 하고 낯빛을 꾸며 아첨함
敎外別傳(교외별전)	마음에서 마음으로 전함. 以心傳心(이심전심)
交友以信(교우이신)	믿음으로써 벗을 사귐
膠柱鼓瑟(교주고슬)	고지식하여 융통성이 없음
膠漆之交(교칠지교)	아교와 칠의 사귐이니 퍽 사이가 친하고 두터움
敎學相長(교학상장)	가르쳐 주거나 배우거나 다 나의 학업을 증진시킨다는 뜻
九曲肝腸(구곡간장)	굽이굽이 사무친 마음 속
救國干城(구국간성)	나라를 구하여 지키는 믿음직한 군인이나 인물

苟命徒生(구명도생)	구차스럽게 겨우 목숨만 보전함
狗尾續貂(구미속초)	담비의 꼬리가 모자라 개의 꼬리로 잇는다. 훌륭한 것 뒤에 보잘것없는 것이 잇따름
口蜜腹劍(구밀복검)	달콤한 말을 하면서 속으로는 무서운 칼날을 품고 있음
口腹之累(구복지루)	먹고사는 데 대한 걱정
九死一生(구사일생)	죽을 고비에서 겨우 살아남
口尙乳臭(구상유취)	아직 어리고 유치한 짓을 하는 사람
九十春光(구십춘광)	노인의 마음이 청년같이 젊음을 이름
九牛一毛(구우일모)	많은 것 가운데 가장 작은 것의 비유
口耳之學(구이지학)	남에게 들은 바를 새기지 못한 채, 그대로 남에게 전할 정도 밖에 되지 않는 천박한 학문
九折羊腸(구절양장)	산길의 꼬불꼬불 험한 것을 비유
群鷄一鶴(군계일학)	평범한 사람 가운데서 뛰어난 사람
軍令泰山(군령태산)	군대의 명령은 태산같이 무거움
群盲撫象(군맹무상)	자기의 좁은 소견과 주관으로 사물을 그릇 판단함
君臣有義(군신유의)	임금과 신하는 의가 있어야 한다
群雄割據(군웅할거)	많은 영웅들이 각지에 자리잡고 서로 세력을 다툼
君爲臣綱(군위신강)	신하는 임금을 섬기는 것이 근본이다
屈而不伸(굴이불신)	굽히고는 펴지 아니함
窮餘之策(궁여지책)	막다른 골목에서 그 국면을 타개하려고 생각하다 못해 짜낸 꾀
權謀術數(권모술수)	남을 교묘하게 속이는 꾀
勸善懲惡(권선징악)	선을 권하고 악을 징계함
捲土重來(권토중래)	한 번 실패에 굴하지 않고 몇 번이고 다시 일어남
橘化爲枳(귤화위지)	귤이 회수를 건너면 탱자가 된다
極口稱頌(극구칭송)	대단히 칭찬함
近墨者黑(근묵자흑)	나쁜 사람과 사귀면 그 버릇에 물들기 쉽다
今古一般(금고일반)	지금이나 옛날이나 같다
金科玉條(금과옥조)	금이나 옥같이 귀중한 법칙이나 규정
金蘭之契(금란지계)	친구 사이의 우의가 두터움
錦上添花(금상첨화)	비단 위에 꽃을 더한다는 뜻으로 좋은 일에 더 좋은 일을 더함의 비유
金石盟約(금석맹약)	쇠와 돌같이 굳게 맹세해 맺은 약속
今昔之感(금석지감)	지금을 옛적과 비교함에 변함이 심하여 저절로 일어나는 느낌
金城鐵壁(금성철벽)	매우 튼튼한 성벽
金城湯池(금성탕지)	튼튼한 성과 못
琴瑟之樂(금슬지락)	부부 사이가 좋은 것

今始初聞(금시초문)	지금 처음 들음
金烏玉兎(금오옥토)	일월. 금오는 태양, 옥토는 달을 가리키는 말
錦衣夜行(금의야행)	성공은 했지만 아무런 효과를 내지 못하는 것
錦衣玉食(금의옥식)	호의 호식
錦衣還鄕(금의환향)	벼슬과 명망이 높게되어 고향으로 돌아감
金枝玉葉(금지옥엽)	임금의 자손이나 집안 또는 귀여운 자손을 소중히 일컫는 말
氣高萬丈(기고만장)	펄펄 뛰듯이 성이 몹시 나 있음
奇怪罔測(기괴망측)	기이하고 괴상하여 헤아릴 수 없음
奇奇妙妙(기기묘묘)	매우 기묘함
其利斷金(기리단금)	절친한 친구 사이
起死回生(기사회생)	다 죽게 되었다가 다시 살아남
奇想天外(기상천외)	보통 사람이 쉽게 짐작할 수 없을 정도로 엉뚱하고 기발한 생각
起承轉結(기승전결)	나타내고자 하는 바를 글로 쓸 때의 전개방식
其然未然(기연미연)	바른지 틀렸는지 확실하지 않음
氣焰萬丈(기염만장)	기세가 굉장하게 높거나 호기 있는 것
杞人憂天(기인우천)	쓸데없는 걱정의 뜻. 杞憂(기우)
幾至死境(기지사경)	거의 죽게 되었음
氣盡脈盡(기진맥진)	기력과 정력이 다 없어짐
其臭如蘭(기취여란)	절친한 친구 사이
騎虎之勢(기호지세)	도중에서 그만두거나 물러설 수 없는 내친 형세를 이르는 말

ㄴ

落膽喪魂(낙담상혼)	몹시 놀라 정신이 없음
落榜擧子(낙방거자)	과거에 떨어진 선비란 뜻
落穽下石(낙정하석)	남의 患亂(환난)에 다시 危害(위해)를 준다는 말
落花流水(낙화유수)	떨어지는 꽃과 흐르는 물. 남녀 간의 그리운 심정
難攻不落(난공불락)	공격하기 어려워 함락하지 못함
爛商公論(난상공론)	여러 사람들이 잘 의논함
爛商討議(난상토의)	낱낱이 들어 잘 토의함
難兄難弟(난형난제)	사물의 우열이 없다는 말로 곧 비슷하다는 말
涅而不緇(날이불치)	물들지 않는다는 뜻으로 군자는 악에 물들지 않음을 말함
南柯一夢(남가일몽)	덧없는 꿈이나 한때의 헛된 부귀영화를 이룸
男女老少(남녀노소)	남자와 여자, 늙은이와 젊은이. 모든 사람
男負女戴(남부여대)	짐을 남자는 지고 여자는 이고 유랑하는 모습
南船北馬(남선북마)	바쁘게 여기저기를 돌아다님

囊中之錐(낭중지추)	재주가 뛰어난 사람은 숨어 있어도 저절로 사람들이 알게 됨
囊中取物(낭중취물)	주머니 속의 물건을 꺼내는 것같이 매우 용이한 일
内憂外患(내우외환)	나라 안팎의 근심 걱정
内柔外剛(내유외강)	사실은 마음이 약한데도, 외부에는 강하게 나타남
怒氣衝天(노기충천)	아주 대단히 노함
老當益壯(노당익장)	늙어서도 더욱 기운이 씩씩함
路柳墙花(노류장화)	화류계 여자를 가리키는 말
老馬之智(노마지지)	늙은 말의 지혜라는 뜻
怒發大發(노발대발)	대단히 노함.
盧生之夢(노생지몽)	한때의 헛된 부귀 영화
勞心焦思(노심초사)	몹시 마음을 수고롭게 함
綠陰芳草(녹음방초)	푸른 나무 그늘과 꽃다운 풀. 곧 여름의 자연 경치
綠衣紅裳(녹의홍상)	연두 저고리에 다홍치마라는 뜻으로 곱게 차려 입은 젊은 아가씨의 복색
論功行賞(논공행상)	세운 공을 논하여 상을 줌
論點逸脫(논점일탈)	논설의 요점을 벗어남
弄假成眞(농가성진)	장난삼아 한 말이 참말이 됨
弄瓦之慶(농와지경)	딸을 낳은 기쁨
弄璋之慶(농장지경)	아들을 낳은 기쁨. 弄璋之喜(농장지희)
籠鳥戀雲(농조연운)	속박을 당한 몸이 자유를 그리워하는 마음
農地優先(농지우선)	농지가 가장 중요하다
雷同附和(뇌동부화)	아무런 생각도 없이 찬동함. 附和雷同과 같음
累卵之危(누란지위)	달걀을 쌓아 놓은 것과 같이 매우 위태함. 累卵之勢(누란지세)
能見難思(능견난사)	보통 이치로는 아무리 생각해도 모를 일이라는 뜻
能大能小(능대능소)	재주와 주변이 좋아 모든 일에 두루 능함
陵遲處斬(능지처참)	머리, 몸, 팔, 다리를 끊는 극형

ㄷ

多岐亡羊(다기망양)	길이 여러 갈래여서 양을 잃다. 너무 방침이 많아 갈 바를 모름
多多益善(다다익선)	많을수록 더욱 좋음
多聞博識(다문박식)	견문이 넓고 학식이 많음
多才多能(다재다능)	재주와 능력이 많음
多才多病(다재다병)	재주가 많은 사람은 흔히 몸이 약하며 잔병이 많음
斷金之交(단금지교)	쇠를 자를 정도로 절친한 친구 사이를 말함
斷機之敎(단기지교)	학문을 중도에 그만 둠은 짜던 베를 끊는 것이라는 맹자 어머니의 교훈

單刀直入(단도직입)	문장·언론 중에서 바로 본론으로 들어감.
丹脣皓齒(단순호치)	붉은 입술과 하얀 이란 뜻에서 여자의 아름다운 얼굴을 이르는 말
簞食瓢飮(단사표음)	변변치 못한 살림을 가리키는 뜻으로 청빈한 생활을 말함
斷長補短(단장보단)	긴 것은 자르고, 짧은 것은 보충함
膽大心小(담대심소)	담력은 커야 하지만 마음을 쓰는 데는 조심해야 한다는 말
談人人至(담인인지)	자리에 없는 사람의 말을 하면 공교롭게도 그 사람이 옴
堂狗風月(당구풍월)	무식한 자도 유식한 자와 같이 있으면 다소 유식해진다는 뜻
螳螂拒轍(당랑거철)	사마귀가 수레바퀴를 막는다는 뜻으로 제 분수를 모르고 덤빔을 말함
大驚失色(대경실색)	대단히 놀라 얼굴빛을 잃음.
大器晩成(대기만성)	큰 그릇은 이루어짐이 더디다는 뜻으로 크게 될 사람은 성공이 늦다는 말
代代孫孫(대대손손)	대대로 내려오는 자손
大同小異(대동소이)	대부분이 유사함
大相不同(대상부동)	조금도 유사하지 않음
大書特筆(대서특필)	특히 큰 글자로 찍어 표시함
大言壯語(대언장어)	제 주제에 당치 아니한 말을 희떱게 지껄임. 또는 그러한 말
大義名分(대의명분)	인류의 큰 의를 밝히고 분수를 지키어 정도에 어긋나지 않도록 하는 것
徒勞無益(도로무익)	수고만 하고 이익은 없음
桃園結義(도원결의)	삼국지에서 나온 말로, 유비, 관우, 장비가 복숭아나무 밑에서 형제의 의를 맺었다는 데서 나온 말
道聽塗說(도청도설)	길거리에서 들은 이야기를 곧 길에서 다른 사람에게 말한다는 뜻
塗炭之苦(도탄지고)	진 구렁이나 숯불에 빠졌다는 뜻으로 몹시 고생스러움을 말함
獨不將軍(독불장군)	저 혼자 잘난 체 하며 뽐내다가 남에게 핀잔을 받고 고립된 처지에 있는 사람
讀書三到(독서삼도)	독서하는 데는 눈으로 보고, 입으로 읽고, 마음으로 깨우쳐야 한다는 뜻
獨守空房(독수공방)	남편과 아내가 함께 거처하지 못함. 즉 외로움을 표현하는 말
同價紅裳(동가홍상)	같은 값이면 다홍치마
同苦同樂(동고동락)	괴로움과 즐거움을 함께 함
棟樑之材(동량지재)	한 나라의 책임을 질 만한 인물
東問西答(동문서답)	묻는 말에 대하여 전혀 엉뚱한 대답을 하는 것
同病相憐(동병상련)	경우가 같은 사람끼리 서로 동정한다는 뜻

東奔西走(동분서주)	사방으로 바쁘게 다님.
凍氷寒雪(동빙한설)	얼음이 얼고 눈보라가 치는 추위
同床異夢(동상이몽)	겉으로는 같이 행동하면서 속으로는 딴 생각을 가짐
同心之言(동심지언)	절친한 친구 사이
杜門不出(두문불출)	세상과 인연을 끊고 출입을 하지 않음
得隴望蜀(득롱망촉)	끝없는 욕심
得意滿面(득의만면)	뜻한 바를 이루어 기쁜 표정이 얼굴에 가득함
登高自卑(등고자비)	일을 하는 데는 반드시 차례를 밟아야 한다는 말
燈下不明(등하불명)	등잔 밑이 어둡다는 뜻으로 가까운 데의 사정에 도리어 어두움을 말함
燈火可親(등화가친)	가을밤은 글읽기가 좋다는 뜻

ㅁ

磨斧爲針(마부위침)	이루기 힘든 일도 끊임없는 노력과 끈기 있는 인내로 성공하고야 만다는 뜻
馬耳東風(마이동풍)	귀담아 듣지 않음의 뜻
莫上莫下(막상막하)	실력에 있어 낫고 못함이 없이 비슷함
莫逆之友(막역지우)	매우 친한 친구
萬頃滄波(만경창파)	끝없이 넓은 큰 바다
萬古不朽(만고불후)	영원히 썩지 아니하고 오래간다
萬古風霜(만고풍상)	사는 동안에 겪은 많은 고생
萬口一談(만구일담)	여러 사람의 의견이 서로 같음
萬端愁心(만단수심)	가지가지 근심과 걱정
萬萬不當(만만부당)	아주 불가함
滿面愁色(만면수색)	얼굴에 가득 찬 수심
萬事如意(만사여의)	모든 일이 뜻과 같이 됨
萬事亨通(만사형통)	만사가 뜻대로 됨
萬事休矣(만사휴의)	모든 방법이 헛되게 됨
滿山紅葉(만산홍엽)	온 산이 단풍으로 붉게 물듦. (가을 경치)
萬壽無疆(만수무강)	아무 탈 없이 오래 삶
晩時之歎(만시지탄)	시기에 늦었음을 안타까워하는 탄식
滿身瘡痍(만신창이)	온 몸이 성한 데 없는 상처투성이
萬全之策(만전지책)	대단히 안전한 계책
萬化方暢(만화방창)	봄날이 따뜻하여 만물이 생장함
萬彙群象(만휘군상)	우주의 수많은 현상
罔極之恩(망극지은)	다함이 없는 임금이나 부모의 큰 은혜

忘年之友(망년지우)   나이 차이를 생각하지 않고, 재주와 학문만으로 사귀는 친구
亡羊補牢(망양보뢰)   소 잃고 외양간 고친다
亡羊之歎(망양지탄)   학문의 길이 여러 갈래여서 못 미침을 탄식
望雲之情(망운지정)   자식이 타향에서 부모를 그리는 정
亡子計齒(망자계치)   죽은 자식 나이 세기로 이미 지나간 쓸데없는 일을 생각하며
                  애석히 여긴다는 뜻
妄自尊大(망자존대)   함부로 잘난 체함
罔知所措(망지소조)   어찌할 바를 모르고 허둥지둥함
麥秀之嘆(맥수지탄)   나라를 잃음에 대한 탄식
孟母三遷(맹모삼천)   자식 교육에 적당한 장소를 찾아 세 번 옮김
盲人摸象(맹인모상)   장님 코끼리 만지기. 사물의 일부만 보고 전체의 결론을 내리
                  는 좁은 견해
面從腹背(면종복배)   대면해서는 따르는 체하면서 속으로 배반함
滅私奉公(멸사봉공)   사를 버리고 공을 위하여 힘써 일함
明鏡止水(명경지수)   거울과 같이 맑고 잔잔한 물. 마음이 고요하고 잡념이 없이
                  아주 맑고 깨끗함
明眸皓齒(명모호치)   밝은 눈동자와 흰 이, 미인의 형용
名實相符(명실상부)   그 이름과 실상이 서로 부합됨
銘心不忘(명심불망)   깊이 마음에 새겨서 잊지 않음
明若觀火(명약관화)   불을 보듯이 환히 알 수 있음
命在頃刻(명재경각)   거의 죽게 됨
名正言順(명정언순)   뜻이 바르고 말이 이치에 맞음
矛盾撞着(모순당착)   앞뒤의 이치가 서로 맞지 않음 自家撞着(자가당착)
目不識丁(목불식정)   낫 놓고 기역자도 모를 만큼 아주 무식함
目不忍見(목불인견)   눈뜨고는 차마 볼 수 없음
夢寐難忘(몽매난망)   꿈에도 그리워 잊기가 어려움
猫頭縣鈴(묘두현령)   고양이 목에 방울 달기
無可奈何(무가내하)   몹시 고집을 부려 어찌할 수 없음
無窮無盡(무궁무진)   그지없고 다함이 없음
無根之說(무근지설)   근거 없는 말. 낭설
無念無想(무념무상)   아무 잡념이 없이 자기를 잊음
武陵桃源(무릉도원)   속세를 떠난 별천지
無邊大海(무변대해)   끝없이 넓은 큰 바다
無不干涉(무불간섭)   함부로 남의 일에 간섭함
無不通知(무불통지)   무엇이든지 모르는 것이 없음
無常往來(무상왕래)   늘 왕래함

無所不至(무소부지)	이르지 아니하는 곳이 없음
無所不爲(무소불위)	못할 것이 없음
無我陶醉(무아도취)	즐기거나 좋아하는 것에 정신이 쏠려 취하다시피 되어 자신을 잊어버리고 있는 상태
無用之物(무용지물)	쓸모없는 물건
無爲徒食(무위도식)	아무 하는 일 없이 먹기만 함
無依無托(무의무탁)	의지할 데 없이 고독함.
無人之境(무인지경)	사람이 아무도 없는 경지
無知莫知(무지막지)	매우 무지하고 우악스러움.
無知沒覺(무지몰각)	무지하고 지각이 없음
刎頸之交(문경지교)	목이 잘리는 한이 있어도 마음을 변치 않고 사귀는 친한 사이
文房四友(문방사우)	서재에 꼭 있어야 할 네 벗, 즉 종이, 붓, 벼루, 먹을 말함
聞一之十(문일지십)	한 가지를 들으면 열 가지를 앎. 총명하고 슬기가 뛰어남
門前乞食(문전걸식)	집집이 돌아다니며 밥을 구걸함
門前成市(문전성시)	권세가나 부자가 되어 집 앞에 찾아오는 손님들로 마치 시장을 이룬 것 같음
門前沃畓(문전옥답)	집 앞 가까이에 있는 좋은 논, 곧 많은 재산을 일컫는 말
物心一如(물심일여)	마음과 형체가 구분됨이 없이 하나로 일치한 상태
物外閒人(물외한인)	세상의 시끄러움에서 벗어나 한가하게 지내는 사람
美辭麗句(미사여구)	아름다운 말과 고운 글귀
尾生之信(미생지신)	융통성이 없이 약속만을 굳게 지킴, 또는 우직함을 비유
未然之前(미연지전)	아직 그렇게 되지 아니함
美人薄命(미인박명)	미인은 흔히 불행하거나 병약하여 요절하는 일이 많다는 말
美風良俗(미풍양속)	아름답고 좋은 풍속

ㅂ

拍手喝采(박수갈채)	손뼉치며 칭찬함
博而不精(박이부정)	넓게 알고 있으나 자세하지 못함
拍掌大笑(박장대소)	손바닥을 치면서 크게 웃음
薄酒山菜(박주산채)	맛이 변변하지 못한 술과 산나물
博學多識(박학다식)	학문이 넓고 식견이 많음
盤溪曲徑(반계곡경)	정당하고 평탄한 방법으로 하지 않고 그릇되고 억지스럽게 함을 이르는 말
反覆無常(반복무상)	말과 행동이 자주 달라짐
半信半疑(반신반의)	반은 믿고 반은 의심함
斑衣之戲(반의지희)	지극한 효성

反哺之孝(반포지효)	자식이 자라서 부모를 봉양함
拔本塞源(발본색원)	폐해가 되는 근본을 없애버림
發憤忘食(발분망식)	일을 이루려고 끼니조차 잊고 노력함
拔萃抄錄(발췌초록)	여럿 속에서 뛰어난 것을 뽑아 간단히 적어 둔 것
傍若無人(방약무인)	말과 행동을 아주 거리낌없이 함
蚌鷸相爭(방휼상쟁)	제삼자만 이롭게 하는 다툼
杯盤狼藉(배반낭자)	술 먹은 자리의 혼잡한 모양을 말함
背水之陣(배수지진)	필승을 기하여 목숨을 걸고 싸움
背恩忘德(배은망덕)	은덕을 잊고 배반함
百家爭鳴(백가쟁명)	여러 사람이 서로 자기 주장을 내세우는 일
百計無策(백계무책)	아무런 계책이 없음
白骨難忘(백골난망)	죽어도 잊지 못할 큰 은혜를 입음
百年大計(백년대계)	먼 장래를 내다보는 원대한 계획
百年河淸(백년하청)	아무리 기다려도 가망 없는 사태가 바로 잡히기 어려움
百年偕老(백년해로)	부부가 화합하여 함께 늙도록 살아감
伯樂一顧(백락일고)	남이 자기 재능을 알고 잘 대우함
白面書生(백면서생)	책만 읽어 세상일에 어두운 사람
百發百中(백발백중)	예측한 것이 꼭꼭 들어맞음
白衣從軍(백의종군)	벼슬함이 없이 군대를 따라 전장에 나가 싸움
百戰百勝(백전백승)	싸울 때마다 이김.
百折不屈(백절불굴)	아무리 꺾으려고 해도 굽히지 않음
百折不撓(백절불요)	백 번 꺾어도 굽히지 않음. 百折不屈(백절불굴)
伯仲叔季(백중숙계)	伯은 맏이, 仲은 둘째, 叔은 셋째, 季는 막내라는 뜻으로 네 형제의 차례를 일컫는 말
伯仲之間(백중지간)	둘의 우열에 차이가 없이 어금버금 맞서는 사이
伯仲之勢(백중지세)	우열의 차이가 없이 엇비슷함을 이르는 말
百尺竿頭(백척간두)	몹시 위태롭고 어려운 지경
百八煩惱(백팔번뇌)	불교 용어로 인간이 과거 · 현재 · 미래에 걸친 108가지의 번뇌를 말함
百害無益(백해무익)	온갖 해로움만 있을 뿐 이로움은 조금도 없음
百花爛漫(백화난만)	온갖 꽃이 활짝 피어 아름답게 흐드러짐
繁文縟禮(번문욕례)	번거롭고 까닭이 많으며, 형식에 치우친 예문
伐齊爲名(벌제위명)	이름만 있고 실상이 없는 것을 가리킴
變化無窮(변화무궁)	변화가 끝이 없음
腹心之友(복심지우)	마음이 맞는 극진한 친우를 이름
本末顚倒(본말전도)	일의 원줄기를 잊고 사소한 부분에만 사로잡힘

夫婦有別(부부유별)	남편과 아내는 분별이 있어야 한다
父父子子(부부자자)	아버지는 아버지 노릇을 하고 아들은 아들 노릇을 함
夫爲婦綱(부위부강)	아내는 남편을 섬기는 것이 근본이다
父爲子綱(부위자강)	아들은 아버지를 섬기는 것이 근본이다
父子有親(부자유친)	부자 간에는 친애함이 있어야 함
父傳子傳(부전자전)	아버지의 것이 아들에게 전해짐
釜中生魚(부중생어)	솥 안에서 헤엄치는 물고기란 뜻으로 오래 계속되지 못할 일을 비유함
不知居處(부지거처)	간 데를 알지 못함
不知不識(부지불식)	저도 모르는 결에 느닷없이
夫唱婦隨(부창부수)	남편이 창을 하면 아내도 따라 하는 것이 부부 화합의 도리라는 것
附和雷同(부화뇌동)	제 주견이 없이 남이 하는 대로 그저 무턱대고 따라 함
北窓三友(북창삼우)	거문고와 시와 술을 일컬음
北風寒雪(북풍한설)	몹시 차고 추운 겨울 바람과 눈
粉骨碎身(분골쇄신)	전력을 다하여 어려움과 싸움
糞土之言(분토지언)	이치에 닿지 않는 터무니없는 말
不可思議(불가사의)	사람의 생각으로는 미루어 알 수 없는 이상야릇함
不刊之書(불간지서)	영구히 전하여 없어지지 않는 양서
不顧廉恥(불고염치)	염치를 돌아보지 아니함
不共戴天(불공대천)	세상을 같이 살 수 없는 원수, 즉 어버이의 원수
不立文字(불립문자)	마음에서 마음으로 전함. 以心傳心(이심전심)
不忘之恩(불망지은)	잊지 못할 은혜
不眠不休(불면불휴)	자지도 않고 쉬지도 않는다는 뜻으로, 조금도 쉬지 않고 애써 일함의 뜻
不毛之地(불모지지)	초목이 나지 않은 거친 땅
不問可知(불문가지)	묻지 않아도 알 수 있음
不問曲直(불문곡직)	옳고 그름을 가리지 않고 함부로 일을 처리함
不伐不德(불벌부덕)	자기의 공적을 뽐내지 않음
不言可知(불언가지)	말하지 않아도 알 수 있음
不撓不屈(불요불굴)	한번 결심한 마음이 흔들거리거나 굽힘이 없이 억셈
不虞之變(불우지변)	뜻밖의 사변
不遠千里(불원천리)	천 리를 멀다고 여기지 아니함
不撤晝夜(불철주야)	밤이나 낮이나
不肖之父(불초지부)	어리석은 아버지
不恥下問(불치하문)	아래 사람에게 배우는 것을 부끄러이 여기지 않음

不避風雨(불피풍우)	비바람을 무릅쓰고 일을 함
不學無識(불학무식)	학식이 없음
朋友有信(붕우유신)	벗과 벗은 믿음이 있어야 한다
鵬程萬里(붕정만리)	머나 먼 여로
比肩隨踵(비견수종)	잇따라 그치지 않음
非禮勿視(비례물시)	예의에 어긋나는 일은 보지를 말라는 뜻
非夢似夢(비몽사몽)	꿈인지 생시인지 알 수 없는 어렴풋함
悲憤慷慨(비분강개)	슬프고 분한 느낌이 마음 속에 가득 차 있음
比比有之(비비유지)	드물지 않음
非肉之嘆(비육지탄)	성공할 기회를 잃고 허송 세월 하는 것을 탄식
非一非再(비일비재)	한두 번만이 아님
貧賤之交(빈천지교)	가난하고 천한 지위에 있을 때의 사귐
憑公營私(빙공영사)	공적인 일을 이용하여 사적인 이익을 꾀함
氷炭之間(빙탄지간)	서로 화합할 수 없는 사이

ㅅ

四顧無親(사고무친)	의지할 만한 사람이 없음
事貴神速(사귀신속)	일을 함에 있어서 빨리 함을 중히 여김
四面楚歌(사면초가)	주위에 모두 적이거나 반대하는 사람뿐임을 비유한 말
四面春風(사면춘풍)	늘 낯빛을 온화하게 하여 사람을 대함
事半功倍(사반공배)	수고를 적게 들이고 공을 많이 얻음
四分五裂(사분오열)	여러 갈래로 갈가리 찢어짐
事不如意(사불여의)	일이 원하는 대로 되지 않음
事事物物(사사물물)	모든 일과 모든 물건
砂上樓閣(사상누각)	모래 위에 지은 집, 곧 헛된 것을 비유하는 말
死生決斷(사생결단)	죽고 삶을 돌아보지 않음
死生關頭(사생관두)	죽고 사는 것이 달려 있는 매우 위험한 고비
死生存亡(사생존망)	죽고 사는 것
捨生取義(사생취의)	목숨을 버리고 의리를 쫓음
四時長春(사시장춘)	늘 한결같이 잘 지냄
四通八達(사통팔달)	이리저리 사방으로 통함
事必歸正(사필귀정)	처음에는 시비곡직이 정하지 않은 일도 마침내 바른 이치로 돌아감
山高水長(산고수장)	군자의 덕이 길이길이 전함
山窮水盡(산궁수진)	막다른 골목의 경우
山上垂訓(산상수훈)	예수가 산꼭대기에서 행한 설교. 예수의 사랑의 윤리가 표현

되어 있음

山紫水明(산자수명)	산수의 경치가 좋음을 일컫는 말
山戰水戰(산전수전)	세상일에 경험이 많음
散之四方(산지사방)	이리저리 흩어짐
山海珍味(산해진미)	맛있는 음식을 가리킴
殺氣沖天(살기충천)	살기가 대단함
殺身成仁(살신성인)	절개를 지켜 목숨을 버림
三間草屋(삼간초옥)	조그마한 초가
三綱五倫(삼강오륜)	유교에 있어서 사람들이 지켜야 할 도리
三顧之遇(삼고지우)	손윗사람이 손아래 사람에게 예를 다하여 의뢰하는 것을 말함
三顧草廬(삼고초려)	임금의 두터운 사랑을 입다라는 뜻
森羅萬象(삼라만상)	우주의 모든 사물과 현상
三旬九食(삼순구식)	빈궁하여 먹을 것이 부족함
三人成虎(삼인성호)	거짓말이라도 여럿이 말하면 참말로 듣는다는 뜻
三日遊街(삼일유가)	과거에 급제한 사람이 사흘 동안 온 거리로 돌아다님
三從之道(삼종지도)	여자가 지켜야 할 세 가지 도리. 곧 어버이, 남편, 아들을 좇는 일
三尺童子(삼척동자)	키가 석 자에 불과한 자그만 어린애. 곧 어린아이
三遷之敎(삼천지교)	생활 환경이 교육에 있어 큰 구실을 함을 말함
三韓甲族(삼한갑족)	예로부터 문벌이 있는 집안
三寒四溫(삼한사온)	우리 나라의 겨울 날씨로, 삼일은 춥고, 나흘은 따뜻한 날씨
喪家之狗(상가지구)	여위고 기운 없이 초라한 모양으로 이곳저곳 기웃거리며 얻어 먹을 것만 찾아다니는 사람을 놀려서 하는 말
相思不忘(상사불망)	서로 생각하여 잊지 못함
桑田碧海(상전벽해)	시세의 변천이 대단함
上下撑石(상하탱석)	윗돌 빼서 아랫돌 괴고, 아랫돌 빼서 윗돌 괴기. 곧 일이 몹시 꼬이는데 임시 변통으로 견디어 나감을 이르는 말
塞翁之馬(새옹지마)	세상일은 복이 될지 화가 될지 예측할 수 없다는 비유
生口不網(생구불망)	산 입에 거미줄 치랴
生面江山(생면강산)	처음으로 듣고 봄
生生之樂(생생지락)	세상에 태어나서 살아가는 재미
生而知之(생이지지)	나면서부터 앎
胥動浮言(서동부언)	거짓말을 퍼뜨려 민심을 선동함
石佛反面(석불반면)	돌부처가 얼굴을 돌린다는 뜻으로, 아주 미워하고 싫어함을 비유하여 이르는 말
先見之明(선견지명)	사건이 일어나기 전에 미리 아는 밝은 지혜

先公後私(선공후사)	공적인 일을 먼저하고 사적인 일을 뒤로 미룸	
善男善女(선남선녀)	불가에 귀의한 남녀	
先病者醫(선병자의)	사물에 경험 있는 사람을 가리킴	
先憂後樂(선우후락)	세상의 근심할 일은 남보다 먼저 근심하고, 즐거워할 일은 남보다 나중에 즐거워함. 곧 志士(지사)나 어진 사람의 마음씨	
仙姿玉質(선자옥질)	용모가 아름답고 재질도 뛰어남	
仙風道骨(선풍도골)	풍채와 골격이 비범한 사람	
舌芒於劍(설망어검)	혀는 칼보다 날카로움	
雪膚花容(설부화용)	흰 살결에 고운 얼굴. 미인의 얼굴	
雪上加霜(설상가상)	불행한 일이 거듭함의 비유	
說往說來(설왕설래)	말이 오고가고 함	
纖纖玉手(섬섬옥수)	가냘픈 여자의 손	
勢窮力盡(세궁역진)	곤궁한 지경에 빠짐	
歲寒三友(세한삼우)	겨울철 관상용인 소나무, 대나무, 매화나무	
少不介意(소불개의)	조금도 꺼리게 여기지 않음	
所願成就(소원성취)	바라는 바를 이룸	
小貪大失(소탐대실)	작은 이익을 욕심내어서 큰 이익을 잃음	
束手無策(속수무책)	어찌 할 도리 없이 꼼짝 못 함	
送舊迎新(송구영신)	묵은 것을 보내고 새 것을 맞음	
數間斗屋(수간두옥)	대단히 작은 집	
首邱初心(수구초심)	여우가 죽을 때 고향 쪽으로 머리를 둔다는 뜻으로 고향을 생각하는 마음을 말함	
數多食率(수다식솔)	많은 가족	
壽命長壽(수명장수)	수명이 길어 오래도록 삶	
手舞足蹈(수무족도)	몹시 좋아서 날뜀	
隨問隨答(수문수답)	묻는 대로 거침없이 대답함	
壽福康寧(수복강녕)	오래 살고 복되며, 몸이 건강하고 편안함	
手不釋卷(수불석권)	늘 공부를 게을리 하지 않음	
首鼠兩端(수서양단)	어떤 일을 할 때 주저하여 실행하지 못함	
袖手傍觀(수수방관)	곁에서 보고만 있음	
修身齊家(수신제가)	행실을 닦고 집안을 바로 잡음	
水魚之交(수어지교)	아주 친밀하여 떨어질 수 없음	
羞惡之心(수오지심)	불의를 부끄러워하고 惡을 미워하는 마음.	
誰怨誰咎(수원수구)	남을 원망하거나 책망할 것이 없음	
手足之愛(수족지애)	형제지간의 정	
守株待兔(수주대토)	달리 변통할 줄 모르고 어리석게 한 가지만 기다리는 융통성	

364

	없는 일
孰是孰非(숙시숙비)	시비가 분명하지 않음
脣亡齒寒(순망치한)	입술이 없으면 이가 시리다는 말로 가까운 사이에 하나가 망하면 다른 하나도 망함의 뜻
脣齒之勢(순치지세)	입술과 이처럼 서로 의지하는 관계
乘勝長驅(승승장구)	막힘 없이 이겨 나아감
昇天入地(승천입지)	하늘로 올라가고 땅으로 들어감
始勤終怠(시근종태)	처음에는 부지런하고 나중에는 게으름
是非曲直(시비곡직)	옳고 그르고 굽고 곧음
時時刻刻(시시각각)	시간이 흐름에 따라. 시각마다
是是非非(시시비비)	옳고 그름
視而不見(시이불견)	보고도 못 본 체함
始終如一(시종여일)	始終一貫과 같음
始終一貫(시종일관)	처음부터 끝까지 일관하여 변하지 않음
食不二味(식불이미)	음식을 잘 차려 먹지 아니함
食少事煩(식소사번)	먹을 것은 적고 할 일은 많음
識字憂患(식자우환)	아는 것이 탈이라는 말로 학식이 있는 것이 도리어 근심을 사게 됨을 말함
信賞必罰(신상필벌)	공이 있는 사람에게 반드시 상을 주고, 죄가 있는 사람에게는 반드시 벌을 줌
申申付託(신신부탁)	거듭거듭 간절히 부탁함
身言書判(신언서판)	사람됨을 판단하는 네 가지 기준으로 곧 외모와 말씨와 문필과 판단력을 일컬음
身外無物(신외무물)	몸이 가장 중요함
信之無疑(신지무의)	꼭 믿어 의심하지 않음
神出鬼沒(신출귀몰)	꾀가 변화 무궁함
實利追求(실리추구)	현실적인 이익을 추구함
實事求是(실사구시)	사실에 토대 하여 진리를 탐구하는 일
實踐躬行(실천궁행)	말로 하지 않고 실천하며, 남에게 시키지 않고 몸소 행함
心機一轉(심기일전)	어떤 계기로 그 전까지의 생각을 뒤집듯이 바꿈
深思熟考(심사숙고)	깊이 생각하고 곧 신중을 기하여 곰곰이 생각함
心術去福(심술거복)	심술쟁이는 복을 받지 못함
心心相印(심심상인)	마음에서 마음으로 전함. 以心傳心(이심전심)
十年之計(십년지계)	십 년의 큰 계획(나무를 심는 일)
十年知己(십년지기)	여러 해 친하게 사귀어 온 친구
十盲一杖(십맹일장)	열 소경에 한 막대기. 어떠한 사물이 여러 곳에 다같이 긴요

하게 쓰임을 가리키는 말

十目所視(십목소시)　　모든 사람이 다 보고 있어 세상 사람을 속일 수 없음

十伐之木(십벌지목)　　열 번 찍어 안 넘어가는 나무가 없다라는 뜻

十常八九(십상팔구)　　거의. 十中八九(십중팔구)

十匙一飯(십시일반)　　여러 사람이 힘을 합하면 한 사람을 돕기는 쉽다는 말

十日之菊(십일지국)　　국화는 9월 9일이 절정이므로 이미 때가 늦었다는 말

十中八九(십중팔구)　　거의 예외 없이 그러할 것이라는 추측을 나타내는 말

ㅇ

阿鼻叫喚(아비규환)　　심한 참상을 말함

我田引水(아전인수)　　제 논에 물대기. 자기에게 유리하도록 행동하는 것

眼高手卑(안고수비)　　눈은 높으나 손은 낮음. 곧 교만하여 사람들을 업신여김

安分知足(안분지족)　　편한 마음으로 제 분수를 지키며 만족을 앎

眼鼻莫開(안비막개)　　너무 바빠서 눈코 뜰 새 없음

安貧樂道(안빈낙도)　　구차한 중에도 편한 마음으로 도를 즐김. 安分知足

安如泰山(안여태산)　　편안하기가 태산과 같음

眼中無人(안중무인)　　자기밖에 없듯 교만하여 사람을 업신여김. 眼下無人

眼下無人(안하무인)　　거만하여 남을 업신여김

暗中摸索(암중모색)　　물건을 어둠 속에서 더듬어 찾음, 즉 어림으로 추측함

暗中飛躍(암중비약)　　비밀한 가운데 맹렬히 활동함

哀乞伏乞(애걸복걸)　　애처롭게 사정하며 간절히 원함

曖昧模糊(애매모호)　　사물의 이치가 희미하고 분명치 않음

哀而不悲(애이불비)　　속으로는 슬퍼하지만 겉으로는 슬픔을 나타내지 아니함

愛之重之(애지중지)　　매우 사랑하고 소중히 여김

愛親敬長(애친경장)　　부모를 사랑하고 어른을 공경함

也自不妨(야자불방)　　해로울 것이 없거나 걱정할 것이 없음

藥房甘草(약방감초)　　무슨 일이나 빠짐없이 끼임. 반드시 끼어야 할 사물

弱肉强食(약육강식)　　약한 놈이 강한 놈에게 먹힘

若此若此(약차약차)　　이러 이러. 여차여차

羊頭狗肉(양두구육)　　양의 머리를 걸어놓고 개고기를 팔 듯이 겉과 속이 같지 않다
　　　　　　　　　　　　는 뜻

梁上君子(양상군자)　　도둑을 미화하여 부르는 말

兩手兼將(양수겸장)　　하나의 표적에 대하여 두 방향에서 공격해 들어감

陽春佳節(양춘가절)　　따뜻하고 좋은 봄철

養虎遺患(양호유환)　　호랑이를 길러 근심을 남김. 스스로 화를 자초했다는 뜻

魚頭肉尾(어두육미)　　물고기는 머리 부분이, 짐승은 꼬리가 맛있다는 뜻

魚魯不辨(어로불변)	'魚'자와 '魯'자를 구별하지 못함. 매우 무식함
漁父之利(어부지리)	양자가 다투는 사이에 엉뚱한 제삼자가 이익을 보는 것
語不成說(어불성설)	말이 이치에 맞지 않음
於此於彼(어차어피)	이렇게 되든지 저렇게 되든지
抑强扶弱(억강부약)	강자를 누르고 약자를 도와 줌
言不盡意(언부진의)	말로는 충분히 그 심정을 나타내지 못함
言語道斷(언어도단)	어이가 없어서 말문이 막힌다는 뜻
言中有骨(언중유골)	예사로운 말속에 깊은 뜻이 있는 것을 말함
言中有言(언중유언)	말 가운데 깊은 뜻이 있음
言則是也(언즉시야)	말이 사리에 맞음
言行一致(언행일치)	말과 행동이 일치함
嚴冬雪寒(엄동설한)	눈이 오고 몹시 추운 겨울
如斷手足(여단수족)	손발이 끊어진 것처럼 의지할 곳이 없음
如履薄氷(여리박빙)	엷은 얼음을 밟는 듯 매우 위험한 것을 뜻함
與民同樂(여민동락)	임금이 백성과 더불어 즐김
如世推移(여세추이)	세상이 변하는 대로 따라 변함
如是如是(여시여시)	여차여차. 이러 이러
餘裕綽綽(여유작작)	빠듯하지 아니하고 아주 넉넉함
如坐針席(여좌침석)	바늘방석에 앉은 것 같이 매우 불안함
如出一口(여출일구)	여러 사람의 말이 다 같음. 異口同聲(이구동성)
如合符節(여합부절)	부절을 맞추듯 사물이 꼭 들어맞음
易地思之(역지사지)	남이 당한 경우를 처지를 바꾸어 생각함
戀慕之情(연모지정)	사랑하여 그리워하는 정
緣木求魚(연목구어)	나무에 올라 고기를 구하듯 불가능한 일을 하려 함
連戰連勝(연전연승)	싸울 때마다 빈번히 이김
炎凉世態(염량세태)	권세가 있을 때는 아부하고, 권세가 없어지면 푸대접하는 세속의 인심
拈華微笑(염화미소)	마음에서 마음으로 전함. 拈華示衆(염화시중)
永遠無窮(영원무궁)	그지없이. 오래오래
五里霧中(오리무중)	멀리 낀 안개 속에서 길을 찾기가 어려운 것 같이 일의 갈피를 잡기 어려움
寤寐不忘(오매불망)	자나깨나 잊지 못함
奧密稠密(오밀조밀)	솜씨나 재간이 찬찬하고 꼼꼼함
吾不關焉(오불관언)	나는 상관하지 아니함
烏飛梨落(오비이락)	까마귀 날자 배 떨어진다는 말로 의심받기 쉽다는 뜻
吾鼻三尺(오비삼척)	내 코가 석자다

烏飛梨落(오비이락)	까마귀 날자 배 떨어진다. 우연의 일치로 남의 의심을 받는 것
傲霜孤節(오상고절)	서릿발 날리는 추위에도 굴하지 않고 외로이 지키는 절개라는 뜻으로 국화를 말함
吳越同舟(오월동주)	사이가 좋지 못한 사람끼리도 자기의 이익을 위해서는 행동을 같이 함
五臟六腑(오장육부)	내장의 총칭
烏合之卒(오합지졸)	어중이떠중이 다 모임. 烏合之衆과 같은 뜻
烏合之衆(오합지중)	까마귀 떼와 같이 조직도 훈련도 없이 모인 무리
玉骨仙風(옥골선풍)	뛰어난 풍채와 골격
玉石俱焚(옥석구분)	좋은 사람이나 나쁜 사람이나 할 것 없이 다 같이 재난을 입는다는 뜻
溫故知新(온고지신)	옛것을 익히고 새로운 것을 앎
臥薪嘗膽(와신상담)	섶에 누워 쓸개를 씹는다는 뜻으로 원수를 갚고자 고생을 참고 견딤
完全無缺(완전무결)	완전하여 조금도 결함이 없음
曰可曰否(왈가왈부)	옳고 그름을 의논함
外柔內剛(외유내강)	겉으로 보기에는 부드러우나 속은 꿋꿋하고 강함
外虛內實(외허내실)	겉으로는 보잘것없으나 속으로는 충실함
要領不得(요령부득)	요령을 잡을 수가 없음
樂山樂水(요산요수)	지혜 있는 자는 물을 좋아하고, 어진 자는 산을 좋아한다는 뜻
窈窕淑女(요조숙녀)	정숙하고 기품 있는 여자
搖之不動(요지부동)	흔들어도 꼼짝 않음
欲速不達(욕속부달)	일을 속히 하고자 하면 도리어 이루지 못함
龍頭蛇尾(용두사미)	처음은 좋으나 끝이 좋지 않음의 비유
龍味鳳湯(용미봉탕)	매우 맛이 있는 음식
龍蛇飛騰(용사비등)	용과 뱀이 나는 것과 같이 글씨가 힘참
勇往邁進(용왕매진)	위험을 무릅쓰고 용감하게 나아감
用意周到(용의주도)	마음의 준비가 두루 미쳐 빈틈이 없음.
容或無怪(용혹무괴)	짐작하여 헤아릴 만한 사정이 있음
愚公移山(우공이산)	의지가 굳으면 어떤 일도 이룰 수 있다는 뜻
愚問賢答(우문현답)	어리석은 질문에 현명한 대답
優勝劣敗(우승열패)	나은 이는 이기고 못한 이는 패함
迂餘曲折(우여곡절)	여러 가지로 뒤얽힌 복잡한 사정이나 변화
右往左往(우왕좌왕)	사방으로 왔다 갔다 함
優遊度日(우유도일)	하는 일 없이 헛되이 세월을 보냄
優柔不斷(우유부단)	어물어물하기만 하고 딱 잘라 결단을 하지 못함

牛耳讀經(우이독경)	쇠귀에 경 읽기. 牛耳誦經(우이송경)
憂患疾苦(우환질고)	근심과 괴로움
雨後竹筍(우후죽순)	비 온 뒤에 죽순이 나듯 어떤 일이 한 때 많이 일어나는 것
旭日昇天(욱일승천)	아침해가 하늘로 떠오르는 것 같은 기세
雲上氣稟(운상기품)	속됨을 벗어난 고상한 기질과 성품
鬱鬱蒼蒼(울울창창)	나무의 새파랗고 무성한 모양
元亨利貞(원형이정)	사물의 근본 원리. 주역에서 말하는 천도의 네 원리
遠禍召福(원화소복)	화를 멀리하고 복을 불러들임
月態花容(월태화용)	달 같은 태도와 꽃 같은 얼굴
危機一髮(위기일발)	대단히 위험함
威力成黨(위력성당)	위력 있는 자들이 당을 이룸
韋編三絶(위편삼절)	열심히 공부한다는 뜻
有口無言(유구무언)	변명이나 항변할 말이 없음
類萬不同(유만부동)	만물은 서로 같지 않다는 뜻
有名無實(유명무실)	이름만 있고 실속이 없음
有備無患(유비무환)	미리 준비가 있으면 뒷걱정이 없다는 뜻
有始有終(유시유종)	시작한 일을 끝까지 마침
唯我獨尊(유아독존)	세상에 나보다 더 높은 것이 없다고 뽐냄
有耶無耶(유야무야)	있는지 없는지 모르게 희미함
流言蜚語(유언비어)	떠돌아다니는 뜬소문
悠悠度日(유유도일)	아무 일도 하지 않고 세월을 보냄.
類類相從(유유상종)	같은 패끼리 왕래하여 사귐
悠悠自適(유유자적)	속세를 떠나 아무 속박 없이 조용하고 편안하게 삶
遊衣遊食(유의유식)	생업이 없이 놀면서 입고 먹음
唯一無二(유일무이)	오직 하나뿐 둘도 없음
有終之美(유종지미)	끝맺음을 잘 마무리하는 것
愈出愈奇(유출유기)	더욱 이상하여지는 것
有害無益(유해무익)	해만 있고 이익 되는 점은 없음
輪回轉生(윤회전생)	생사를 반복 해감을 말함
隱忍自重(은인자중)	견디고 참아서 자기의 품위를 잃지 않음
乙丑甲子(을축갑자)	일이 제대로 안 되고 순서가 바뀜
淫談悖說(음담패설)	음탕하고 상스러운 이야기
陰德陽報(음덕양보)	남 모르게 덕을 쌓은 사람은 뒤에 그 보답을 절로 받음
吟風弄月(음풍농월)	맑은 바람과 밝은 달을 노래함. 풍류를 즐긴다는 뜻
意氣揚揚(의기양양)	뜻대로 되어 자랑하는 모양
意中之人(의중지인)	마음 속으로 정한 사람

以管窺天(이관규천)	대롱을 통해 하늘을 봄. 우물 안 개구리
異口同聲(이구동성)	여러 사람의 말이 일치함
以毒制毒(이독제독)	독을 없애는 데 다른 독을 사용함
以卵擊石(이란격석)	계란으로 바위치기. 즉, 약한 것으로 강한 것을 당해 내려는 어리석음을 비유
異床同夢(이상동몽)	다른 처지에서 같은 뜻을 가짐의 비유
以實直告(이실직고)	참으로써 바로 고함
以心傳心(이심전심)	말을 하지 않더라도 서로 마음이 통하여 앎
易如反掌(이여반장)	쉽기가 손바닥 뒤집는 것과 같음
以熱治熱(이열치열)	열로써 열을 다스림
已往之事(이왕지사)	이미 지나간 일
二律背反(이율배반)	꼭 같은 근거를 가지고 정당하다고 주장되는 서로 모순되는 두 명제
二人同心(이인동심)	절친한 친구 사이
以充其代(이충기대)	실물 아닌 다른 물건으로 대신 채움
利害打算(이해타산)	이익이 될지 피해가 될지를 헤아림
益者三友(익자삼우)	사귀어 보탬이 되는 세 벗으로 정직한 사람, 신의 있는 사람, 학식 있는 사람 등을 말함
因果應報(인과응보)	좋은 일에는 좋은 결과가, 나쁜 일에는 나쁜 결과가 따름
人面獸心(인면수심)	얼굴은 사람이나 마음은 짐승과 다름없는 사람
人事不省(인사불성)	정신을 잃어 의식이 없음
人死有名(인사유명)	사람은 죽어도 이름은 남는다
人山人海(인산인해)	사람이 헤아릴 수 없이 많이 모인 상태
人生無常(인생무상)	인생이 덧없음을 이르는 말
因循姑息(인순고식)	구습이나 폐단을 벗어나지 못하고 당장의 편안함을 취함
因人成事(인인성사)	남의 힘으로 일을 이룸
仁者無敵(인자무적)	어진 사람에게는 적이 없음
人之常情(인지상정)	사람이 누구나 가지는 보통의 인정
忍之爲德(인지위덕)	참는 것으로 인하여 덕을 이룸
日加月增(일가월증)	날이 가고 달이 감에 따라 증가함
一刻千金(일각천금)	극히 짧은 시간도 천금 같이 귀중하고 아까움
一擧兩得(일거양득)	한 가지 일을 하여 두 가지 이익을 얻음
日久月深(일구월심)	세월이 갈수록 더하여짐
一刀兩斷(일도양단)	결단함이 아주 빠름
一動一靜(일동일정)	낱낱의 움직임. 곧, 모든 동작
一望無際(일망무제)	그지없이 넓음

一網打盡(일망타진)	한꺼번에 모조리 다 잡음
一目瞭然(일목요연)	한 번 보아 환히 알 수 있을 만큼 분명함
一問一答(일문일답)	한 가지 물음에 한 가지 대답을 함
一步不讓(일보불양)	남에게 한 걸음도 양보하지 않음
一夫一妻(일부일처)	한 남편에 한 아내만 있음
一絲不亂(일사불란)	질서 정연하여 조금도 흔들림이 없음
一瀉千里(일사천리)	조금도 거침없이 빨리 진행됨
一石二鳥(일석이조)	한 가지 일이 두 가지 이로움을 얻음의 비유
一視同仁(일시동인)	모두를 평등하게 보아 똑같이 사랑함
一心同體(일심동체)	한 마음 한 몸. 곧 굳은 결속
一魚濁水(일어탁수)	한 사람의 악행으로 인하여 여러 사람이 그 해를 받게 되는 것을 뜻함
一言半辭(일언반사)	극히 짧은 말의 비유. 一言半句(일언반구)
一言之下(일언지하)	말 한마디로 끊음. 한마디로 딱 잘라 말함
一葉知秋(일엽지추)	사물의 일단을 앎으로써 대세를 미루어 안다는 말
一葉片舟(일엽편주)	한 조각 작은 배
一日三秋(일일삼추)	하루가 3년처럼 길게 느껴짐, 즉 몹시 애태우며 기다림
一場風波(일장풍파)	일시적인 소요
一朝一夕(일조일석)	짧은 시간
日進月步(일진월보)	날로 달로 진보함
一觸卽發(일촉즉발)	조금만 닿아도 곧 폭발할 것 같은 모양. 막 일이 일어날 듯한 위험한 지경
一寸光陰(일촌광음)	아주 짧은 시간
日就月將(일취월장)	날로 달로 진보함
一波萬波(일파만파)	한 사건이 그 사건에 그치지 않고 잇달아 많은 사건으로 번짐의 비유
一敗塗地(일패도지)	여지없이 패하여 다시 일어날 수 없게 됨
一片丹心(일편단심)	오로지 한 곳으로 향한, 한 조각의 붉은 마음
一筆揮之(일필휘지)	단숨에 글씨나 그림을 줄기차게 쓰거나 그림
一毫半點(일호반점)	극히 작은 것
一攫千金(일확천금)	힘 안 들이고 한꺼번에 많은 재물을 얻음
臨機應變(임기응변)	때와 일에 따라서 적당히 처리함
臨時方便(임시방편)	필요에 따라 그때그때 정해 일을 쉽고 편리하게 치를 수 있는 수단
臨戰無退(임전무퇴)	싸움에 임하여 물러섬이 없음
入耳出口(입이출구)	귀로 듣고 입으로 금방 말함. 말을 금방 옮긴다는 뜻

自家撞着(자가당착)	같은 사람의 말이나 행동이 앞뒤가 맞지 않음
自强不息(자강불식)	스스로 힘써 쉬지 않음
自激之心(자격지심)	제가 한 일에 대하여 스스로 미흡한 생각을 가짐
自古以來(자고이래)	예로부터 지금까지
自愧之心(자괴지심)	스스로를 부끄러워하는 마음
子孫萬代(자손만대)	자자손손
自手成家(자수성가)	조상의 유산에 의지하지 않고 혼자의 힘으로 집안을 일으킴
自繩自縛(자승자박)	자기의 줄로 자기를 묶는다는 말로 자기가 자기를 망치게 한다는 뜻
自我省察(자아성찰)	자기의 마음을 반성하여 살핌
自業自得(자업자득)	자기가 저지른 일의 果報(과보)를 자기 자신이 받음
自然淘汰(자연도태)	자연적으로 환경에 맞는 것은 있게 되고 그렇지 못한 것은 없어짐
自作之孽(자작지얼)	스스로 불러온 재앙
自中之亂(자중지란)	같은 패 안에서 일어나는 싸움
自初至終(자초지종)	처음부터 끝까지의 사정
自暴自棄(자포자기)	절망 상태에서 자신을 포기함
自畵自讚(자화자찬)	제 일을 제 스스로 칭찬함
作心三日(작심삼일)	한번 결심한 것이 사흘을 가지 않음. 곧 결심이 굳지 못함
作之不已(작지불이)	끊임없이 있는 힘을 다하여 함
長久之計(장구지계)	먼 장래를 생각하는 사업의 계획
長命富貴(장명부귀)	수명이 길고 재산이 많고 지위가 높음
張三李四(장삼이사)	이름이나 신분이 특별하지 아니한 평범한 사람들
長幼有序(장유유서)	어른과 아이는 차례가 있음
長長夏日(장장하일)	기나긴 여름 날
莊周之夢(장주지몽)	장주라는 사람이 꿈에 나비가 되었는데, 실제 자신이 누구인지 알지 못했다는 고사
場中得失(장중득실)	별안간에 일이 뜻대로 되지 않는다는 뜻
再三思之(재삼사지)	여러 번 생각함
才子佳人(재자가인)	재주 있는 남자와 아름다운 여자
賊反荷杖(적반하장)	잘못한 사람이 도리어 잘못이 없는 사람을 나무람의 비유
赤手空拳(적수공권)	아무 것도 가진 것이 없음의 비유
赤子之心(적자지심)	갓난아이처럼 거짓이 없는 마음
適材適所(적재적소)	적당한 인재를 적당한 자리에 씀

積塵成山(적진성산)	티끌 모아 태산
電光石火(전광석화)	극히 짧은 시간. 썩 빠른 동작
前代未聞(전대미문)	지금까지 들어본 일이 없는 새로운 일을 이르는 말
前途洋洋(전도양양)	장래가 매우 밝음
前道遼遠(전도요원)	앞으로 갈 길이 아득히 멂. 목적한 바에 이르기에는 아직도 멂
前無後無(전무후무)	古今(고금)을 통하여 없음
田園將蕪(전원장무)	논밭과 동산이 황무지가 됨
前人未踏(전인미답)	이제까지 아무도 거쳐간 일이 없음
戰戰兢兢(전전긍긍)	대단히 두려워함
輾轉反側(전전반측)	누워 뒹굴며 번민하면서 잠을 이루지 못함
輾轉不寐(전전불매)	누워서 몸을 이리저리 뒤척이며 잠을 이루지 못함
前程萬里(전정만리)	나이가 젊어 장래가 유망함
轉禍爲福(전화위복)	재앙이 계기가 되어 오히려 좋은 일이 생김
前後曲折(전후곡절)	前後事緣(전후사연). 처음부터 끝까지의 사정
絕世佳人(절세가인)	뛰어나게 아름다운 여자
切磋琢磨(절차탁마)	학문과 덕행을 닦음을 가리키는 말
切齒腐心(절치부심)	대단히 분해하고 원망함
漸入佳境(점입가경)	들어갈수록 재미가 있음
頂門一鍼(정문일침)	정수리에 침을 놓는다는 말로 잘못의 급소를 찔러 충고하는 것
井底之蛙(정저지와)	우물 안 개구리. 견문이 좁고 세상 형편을 모름
正正堂堂(정정당당)	태도나 수단이 공정하고 떳떳함
井中之蛙(정중지와)	우물 안 개구리처럼 넓은 세상의 형편을 모름
濟世安民(제세안민)	세상을 구제하고 백성을 편안하게 함
濟世之才(제세지재)	세상을 구제할 만한 인재
諸子百家(제자백가)	춘추 전국시대의 학자와 학설
糟糠之妻(조강지처)	가난을 참고 고생을 같이하며 남편을 섬긴 아내
朝令暮改(조령모개)	법령을 자꾸 바꿔서 종잡을 수 없음을 비유하는 말
朝變夕改(조변석개)	일을 자주 뜯어고침
朝不慮夕(조불려석)	형세가 다급해서 당장을 걱정할 뿐 앞일을 생각할 틈이 없음
朝三暮四(조삼모사)	감언으로써 남을 우롱함
鳥足之血(조족지혈)	새 발의 피라는 뜻으로 물건의 적음을 나타내는 말
足反居上(족반거상)	사물이 거꾸로 됨
猝地風波(졸지풍파)	별안간에 소동이 일어남
種豆得豆(종두득두)	원인에 따라 결과가 나옴
從頭至尾(종두지미)	시작부터 끝까지
終無消息(종무소식)	끝내 아무 소식도 없음

從吾所好(종오소호)	자기가 좋아하는 대로 좇아서 함
終日之役(종일지역)	아침부터 저녁까지 들인 수고
終天之痛(종천지통)	세상에 더할 수 없이 큰 슬픔
縱橫無盡(종횡무진)	자유자재로 마음대로 함
坐見千里(좌견천리)	앉아서 천 리를 본다는 말로 멀리 앞을 내다봄
左顧右眄(좌고우면)	좌우를 자주 둘러본다는 뜻으로 무슨 일에 얼른 결정을 짓지 못함을 비유함
坐不安席(좌불안석)	침착하지 못하고 자리에 가만히 앉아 있지 못함
左思右考(좌사우고)	이리저리 헤아려 생각함
坐而待死(좌이대사)	궁박하여 운수에 맡기는 것
坐井觀天(좌정관천)	우물 안 개구리. 세상 물정을 너무 모름
左之右之(좌지우지)	마음대로 처치함
左衝右突(좌충우돌)	이리저리 마구 부딪침
主客顚倒(주객전도)	입장이 뒤바뀐 것
晝耕夜讀(주경야독)	분주한 틈을 타서 어렵게 공부함
走馬加鞭(주마가편)	달리는 말에 채찍을 가하듯 더욱 잘 하도록 권장함
走馬看山(주마간산)	사물의 겉만을 대강 보고 지남
晝思夜度(주사야탁)	밤이나 낮이나 할 것 없이 생각함
酒色雜技(주색잡기)	음주와 여색과 도박
晝夜長川(주야장천)	밤낮으로 쉬지 않고 연달음. 계속
酒池肉林(주지육림)	호사스러운 술잔치
走逐一般(주축일반)	다 같이 나쁘다는 뜻
竹馬故友(죽마고우)	어렸을 때의 동무
竹杖芒鞋(죽장망혜)	대지팡이와 짚신
衆寡不敵(중과부적)	적은 수효로는 많은 수효를 대적하지 못한다는 뜻
衆口難防(중구난방)	뭇사람의 말을 이루 다 막기는 어렵다는 뜻
重農主義(중농주의)	국가의 부의 기초는 농업에 있다는 경제 사상
中道而廢(중도이폐)	중도에서 폐하는 것
重言復言(중언부언)	반복하여 말함
中庸之道(중용지도)	마땅하고 떳떳한 도리. 극단에 치우치지 않고 평범함
中原逐鹿(중원축록)	영웅들이 다투어 천하를 얻고자 함을 뜻함
衆人所視(중인소시)	여러 사람이 보는 데
衆人環視(중인환시)	많은 사람들이 둘러서서 봄
櫛風沐雨(즐풍목우)	어지러운 세상에서 어려움과 고생을 참고 견디며 일에 골몰한다는 말
志氣相合(지기상합)	의지와 기개가 서로 합하는 것

知己之友(지기지우)   서로 뜻이 통하는 친한 벗
之東之西(지동지서)   동으로 갔다 서로 갔다 함. 곧, 어떤 일에 주견이 없이 갈팡질
                       팡함을 말함
芝蘭之交(지란지교)   깨끗하고도 밝은 벗 사이의 교제
指鹿爲馬(지록위마)   윗사람을 농락하여 권세를 마음대로 함을 뜻함
支離滅裂(지리멸렬)   갈가리 흩어지고 찢기어 갈피를 잡을 수 없음
至誠感天(지성감천)   지성이면 하늘이 감동하여 뜻대로 됨
知恩報恩(지은보은)   남의 은혜를 알고 그 은혜를 갚음
智者樂水(지자요수)   지식이 있는 사람은 막히는 데가 없으므로 거침없이 흐르는
                       물을 좋아함
知足不辱(지족불욕)   모든 일에 분수를 알고 만족하게 생각하면 모욕을 받지 않는다
知足知富(지족지부)   족한 것을 알고 현재에 만족하는 사람은 부자라는 뜻
咫尺之地(지척지지)   매우 가까운 곳
知彼知己(지피지기)   상대를 알고 나를 앎
知行一致(지행일치)   아는 것과 행함이 같아야 함
指呼之間(지호지간)   부르면 곧 대답할 만한 가까운 거리
盡善盡美(진선진미)   善美(선미)를 다하는 것
珍羞盛饌(진수성찬)   맛이 좋은 음식으로 많이 잘 차린 것을 뜻함
塵積爲山(진적위산)   티끌이 모여 태산
進退兩難(진퇴양난)   나아가지도 물러서지도 못함
進退幽谷(진퇴유곡)   앞으로 나아갈 수도 뒤로 물러 설 수도 없이 꼼짝할 수 없는
                       궁지에 빠짐
嫉逐排斥(질축배척)   시기하고 미워하여 물리침

ㅊ

且問且答(차문차답)   한편으로는 물으면서 한편으론 대답함
此日彼日(차일피일)   오늘내일 하면서 연기한다는 뜻
慘絕悲絕(참절비절)   참혹하기 짝이 없고 슬프기 그지없음
滄海桑田(창해상전)   덧없는 세상 또는 세상이 변함. 桑田碧海(상전벽해)
滄海一粟(창해일속)   아주 큰 물건 속의 아주 작은 물건
蒼黃罔措(창황망조)   썩 급하여 어찌할 바를 모름
冊床退物(책상퇴물)   글만 읽고 세상 물정을 모르는 사람
責人則明(책인즉명)   제 허물을 돌보지 않고 남의 잘못만을 나무람
天高馬肥(천고마비)   하늘이 높고 말이 살찐다는 뜻으로 가을철을 일컫는 말
天空海闊(천공해활)   도량이 크고 넓은 것을 비유하여 일컫는 말
千年一淸(천년일청)   불가능한 일을 바람

千慮一得(천려일득)	바보도 한 가지쯤은 좋은 생각이 있다라는 뜻
千慮一失(천려일실)	여러 번 생각하여 신중하고 조심스럽게 한 일에도 때로는 실수가 있음
千萬多幸(천만다행)	매우 다행함
千萬不當(천만부당)	조금도 이치에 맞지 않음
千萬意外(천만의외)	전혀 뜻밖인 것
天無二日(천무이일)	나라에는 오직 한 임금이 있을 뿐이다
天方地軸(천방지축)	어리석은 사람이 갈 바를 몰라 두리번거리는 모습
千變萬化(천변만화)	변화가 무궁함
千思萬慮(천사만려)	가지가지로 생각하는 것.
天生配匹(천생배필)	하늘이 맺어 준 배필(부부)
天生緣分(천생연분)	하늘이 맺어 준 깊은 연분이란 뜻
泉石膏肓(천석고황)	산수를 즐기는 것이 정도에 지나쳐 불치의 고질 같다는 뜻. 벼슬길에 나서지 아니함
千辛萬苦(천신만고)	갖은 애를 쓰고 고생함
天佑神助(천우신조)	하늘과 신의 도움
天衣無縫(천의무봉)	문장이 훌륭하여 손댈 곳이 없을 만큼 잘 되었음을 가리키는 말
天人共怒(천인공노)	하늘과 땅이 함께 분노한다는 뜻. 도저히 용서 못함을 비유
千仞斷崖(천인단애)	천 길이나 되는 깎아지른 듯한 벼랑
千紫萬紅(천자만홍)	가지가지 빛깔로 만발한 꽃
千載一遇(천재일우)	천 년에나 한 번 만날 수 있는 기회, 곧 좀처럼 얻기 어려운 기회
天災地變(천재지변)	하늘이나 땅에서 일어나는 재난이나 변사
天井不知(천정부지)	물가가 자꾸 오름을 이르는 말
天中佳節(천중가절)	오월 단오
天眞爛漫(천진난만)	거짓과 꾸밈이 없음
千秋萬歲(천추만세)	천만 년
千態萬象(천태만상)	천차만별인 상태
千篇一律(천편일률)	변함 없이 모든 사물이 똑같음
天寒白屋(천한백옥)	추운 날에 불을 못 때는 가난한 집을 말함
徹頭徹尾(철두철미)	처음부터 끝까지 철저하게
鐵中錚錚(철중쟁쟁)	동류 가운데에서 가장 나은 이를 가리키는 말.
徹天之冤(철천지원)	그지없는 원한
疊疊山中(첩첩산중)	중첩한 산중
晴耕雨讀(청경우독)	부지런히 일하고 공부함을 일컫는 말
靑山流水(청산유수)	청산에 흐르는 물. 거침없이 잘하는 말에 비유

靑雲萬里(청운만리)	푸른 꿈은 멀고 큼
靑雲之志(청운지지)	뜻이 고결함
聽而不聞(청이불문)	남의 언론에 응답하지 않음.
靑天霹靂(청천벽력)	맑게 갠 하늘에서 치는 벼락, 곧 뜻밖에 생긴 변을 일컫는 말
靑出於藍(청출어람)	제자가 스승보다 나음을 일컫는 말
草根木皮(초근목피)	풀뿌리와 나무 껍질
樵童汲婦(초동급부)	보통 사람
草綠同色(초록동색)	서로 같은 처지나 같은 부류의 사람들끼리 함께 함을 이름
焦眉之急(초미지급)	눈썹에 불이 불음과 같이 매우 다급한 지경
初志一貫(초지일관)	처음 품은 뜻을 한결같이 꿰뚫음
寸鐵殺人(촌철살인)	간단한 말로 사물이 가장 요긴한 데를 찔러 듣는 사람을 감동 하게 하는 것
追遠報本(추원보본)	조상의 덕을 추모하여 제사를 지내고, 자기의 태어난 근본을 잊지 않고 은혜를 갚음
秋風落葉(추풍낙엽)	시들어 떨어지거나 헤어져 흩어짐의 비유
春秋筆法(춘추필법)	대의명분을 밝히어 세우는 사실의 논법
春雉自鳴(춘치자명)	시키거나 요구하지 아니하여도 제풀에 하는 것
出沒無雙(출몰무쌍)	들고 남이 비할 데 없이 잦은 것
出將入相(출장입상)	문무가 다 갖추어진 사람
忠言逆耳(충언역이)	충고하는 말은 귀에 거슬린다라는 뜻
吹毛覓疵(취모멱자)	억지로 남의 단점을 찾는 것을 가리킴
取捨選擇(취사선택)	취하고 버려 선택함
醉生夢死(취생몽사)	일생을 끝없이 보냄
惻隱之心(측은지심)	불쌍히 여기는 마음
層生疊出(층생첩출)	겹겹이 나는 것
層巖絕壁(층암절벽)	험한 낭떠러지
治山治水(치산치수)	산과 물을 잘 다스려서 그 피해를 막음
置之度外(치지도외)	내버려두고 돌보지 않음
七去之惡(칠거지악)	아내를 내쫓을 7가지 조건
七顚八起(칠전팔기)	몇 번 실패하여도 굴하지 않고 분투함
七顚八倒(칠전팔도)	어려운 고비를 많이 겪음
七縱七擒(칠종칠금)	자유자재로운 전술
針小棒大(침소봉대)	바늘을 몽둥이라고 말하듯 과장해서 말하는 것

他道他官(타도타관)	다른 道와 다른 고을.

他山之石(타산지석)　　　남의 반대나 욕설은 도리어 자기의 智德(지덕)을 닦는 데 도 움이 된다는 뜻

他尙何說(타상하설)　　　한가지 일을 보면 다른 일도 알 수 있다는 말

卓上空論(탁상공론)　　　실천성이 없는 허황한 의논

坦坦大路(탄탄대로)　　　평탄한 큰 길

貪官汚吏(탐관오리)　　　욕심 많은 관원과 마음이 깨끗하지 못한 관리

蕩盡家産(탕진가산)　　　가산을 다 소비하는 것

太剛則折(태강즉절)　　　너무 강하면 부러지기 쉽다는 말

泰山北斗(태산북두)　　　태산과 북두칠성을 여러 사람이 우러러보듯이 남에게 존경받 는 뛰어난 존재

泰山壓卵(태산압란)　　　큰 위업으로 여지없이 누르는 것의 비유

泰山峻嶺(태산준령)　　　높고 험한 고개

泰然自若(태연자약)　　　안색이 천연스러운 것

太平聖代(태평성대)　　　현명한 임금이 다스리는 태평한 시대

太平烟月(태평연월)　　　세상이 평화롭고 안락한 때

兎死狗烹(토사구팽)　　　토끼를 잡고 나면 그 개를 잡아먹는다는 말로 필요가 없으면 버린다는 뜻

兎死狐悲(토사호비)　　　토끼의 죽음을 여우가 슬퍼한다는 말로, 같은 무리의 불행을 슬퍼한다는 말

兎營三窟(토영삼굴)　　　자신의 안전을 위하여 미리 몇 가지 술책을 마련함

吐盡肝膽(토진간담)　　　솔직한 심정을 속임 없이 모두 말함

ㅍ

波瀾萬丈(파란만장)　　　생활이나 일의 진행에 많은 곤란과 변화가 있음

波瀾重疊(파란중첩)　　　사건의 起伏(기복)과 변화가 격심한 것

破廉恥漢(파렴치한)　　　염치를 모르고 뻔뻔스러움

破邪顯正(파사현정)　　　사도를 깨어버리고 정법을 창현하는 것

破顔大笑(파안대소)　　　근엄한 얼굴 표정을 깨고 크게 웃음

破竹之勢(파죽지세)　　　기세 좋게 거침없이 나아가는 것

八方美人(팔방미인)　　　어느 모로 보나 아름다운 미인. 여러 방면에 능통한 사람

敗家亡身(패가망신)　　　재산을 없애고 몸을 망치는 것

烹頭耳熟(팽두이숙)　　　중요한 것만 해결하면 나머지는 따라서 해결됨

偏母侍下(편모시하)　　　홀로 남은 어머니를 모시고 있는 처지

平原廣野(평원광야)　　　평평하고 넓은 들

平地風波(평지풍파)　　　뜻밖에 쟁투가 일어남을 가리키는 말

弊袍破笠(폐포파립)　　　빈궁한 상태(해어진 옷과 갓)

弊風惡習(폐풍악습)	폐해가 되는 나쁜 풍습
抱腹絕倒(포복절도)	배를 안고 몸을 가누지 못할 정도로 몹시 웃음
飽食暖衣(포식난의)	먹고 입는 것이 충족함
布衣之交(포의지교)	가난할 때 사귄 교분. 벼슬하지 않을 때의 사귐
表裏不同(표리부동)	마음이 음충맞아서 겉과 속이 다름
風磨洗雨(풍마세우)	비와 바람에 씻기고 갈림
風飛雹散(풍비박산)	사방으로 흩어짐
風樹之嘆(풍수지탄)	부모가 돌아가신 뒤에 효도 못한 것을 후회함. 때늦게 후회함
風雲造化(풍운조화)	바람 또는 비의 측량할 수 없는 조화
風前燈火(풍전등화)	바람 앞에 켠 등불처럼 매우 위급한 경우에 놓여 있음을 가리키는 말
風餐露宿(풍찬노숙)	바람과 이슬을 무릅쓰면서 먹고 자고 함
皮裏春秋(피리춘추)	제각기 속셈과 사물에 대한 분별력이 있음
彼此一般(피차일반)	둘 다 같은 것
被害妄想(피해망상)	남이 자기에게 해를 입힌다고 생각하는 일
匹馬單騎(필마단기)	홀몸으로 말을 타고 감
匹夫匹婦(필부필부)	평범한 남녀
必有曲折(필유곡절)	반드시 사유가 있음

ㅎ

何待明年(하대명년)	기다리기가 매우 지루함
夏爐冬扇(하로동선)	여름의 화로와 겨울의 부채라는 뜻으로 쓸모없는 재능을 말함
下石上臺(하석상대)	임시 변통으로 이리저리 둘러맞춤
河海之澤(하해지택)	강이나 바다처럼 넓고 큰 혜택
鶴首苦待(학수고대)	학의 목처럼 목을 길게 늘여 몹시 기다린다는 뜻
學如不及(학여불급)	학업을 언제나 모자란 듯이 여김
學而知之(학이지지)	배워서 앎
漢江投石(한강투석)	한강에 돌 던지기라는 뜻으로 지나치게 미미하여 전혀 효과가 없음을 비유
邯鄲之夢(한단지몽)	사람의 일생에 '부귀란 덧없다' 는 뜻
邯鄲之步(한단지보)	자기 것을 잃음을 비유
汗牛充棟(한우충동)	책이 매우 많다는 뜻
緘口無言(함구무언)	입을 다물고 말하지 않음
含憤蓄怨(함분축원)	분한 마음을 품고 원통한 마음을 가짐
含哺鼓腹(함포고복)	배불리 먹고 배를 두드리며 즐김
咸興差使(함흥차사)	심부름을 시킨 뒤 아무 소식이 없거나 회답이 더디 올 때 쓰

	는 말
合掌拜禮(합장배례)	두 손바닥을 합하여 절함
項鎖足鎖(항쇄족쇄)	목에 씌우는 칼과 발에 채우는 차꼬
降者不殺(항자불살)	항복하여 오는 사람은 죽이지 않음
駭怪罔測(해괴망측)	매우 괴상함
偕老同穴(해로동혈)	부부가 함께 늙고, 죽어서는 한 곳에 묻힘
行動擧止(행동거지)	몸을 움직여 하는 모든 짓
行雲流水(행운유수)	떠나가는 구름과 흐르는 물
向隅之歎(향우지탄)	좋은 기회를 만나지 못한 한탄
虛禮虛飾(허례허식)	예절, 법식 등을 겉으로만 꾸며 번드레하게 하는 일
虛無孟浪(허무맹랑)	터무니없이 허황하고 실상이 없음
虛心坦懷(허심탄회)	마음속에 아무런 사념 없이 품은 생각을 터놓고 말함
虛張聲勢(허장성세)	허세를 부리는 것
虛虛實實(허허실실)	서로 꾀나 재주를 다하여 적의 실을 피하고 허를 타서 서로 싸우는 것
賢母良妻(현모양처)	어진 어머니이면서 또한 착한 아내
現實直視(현실직시)	현재의 상태를 바로 봄
懸河之辨(현하지변)	거침없이 잘하는 말
孑孑單身(혈혈단신)	의지할 곳 업는 홀몸
螢雪之功(형설지공)	고생해서 공부한 공이 드러남을 비유
醯醢之辨(혜해지변)	식혜와 식해의 혜자와 해자는 분별할 줄 알아야 실력이 인정됨
狐假虎威(호가호위)	남의 힘을 의지하여 뽐냄
糊口之策(호구지책)	먹고 살아가는 방법
好事多魔(호사다마)	좋은 일에는 방해가 되는 일이 많다는 뜻
虎死留皮(호사유피)	범이 죽으면 가죽을 남김과 같이 사람도 죽은 뒤 이름을 남겨야 한다는 말
虎視耽耽(호시탐탐)	날카로운 눈으로 고요히 형세를 돌아봄
豪言壯談(호언장담)	실제 이상으로 보태어서 허풍쳐 하는 말을 뜻함
浩然之氣(호연지기)	공명정대한 마음에서 나오는 도덕적인 용기
好衣好食(호의호식)	좋은 옷과 좋은 음식
胡蝶之夢(호접지몽)	사물과 자신이 한 몸이 된 경지. 莊周之夢(장주지몽)
皓齒丹脣(호치단순)	아름다운 여자의 붉은 입술과 흰 이를 말한다
呼兄呼弟(호형호제)	서로 형, 아우라 부를 정도로 가까운 친구 사이
浩浩蕩蕩(호호탕탕)	대단히 넓고 그지없는 것
惑世誣民(혹세무민)	세상을 어지럽히고 백성을 속이는 것
混沌天地(혼돈천지)	분명하지 않음

魂飛魄散(혼비백산)	대단히 놀라는 것
渾然一致(혼연일치)	차별 없이 서로 합치함
昏定晨省(혼정신성)	자식이 부모님께 아침저녁으로 잠자리를 보살펴 드리는 것
忽顯忽沒(홀현홀몰)	문득 나타났다가 문득 없어짐
畵龍點睛(화룡점정)	용을 그려 놓고 마지막으로 눈을 그려 넣음. 즉 가장 긴요한 부분을 완성함
畵蛇添足(화사첨족)	뱀을 그리고 발을 더한다는 말로 쓸데없는 것을 더함의 뜻
花容月態(화용월태)	아름다운 여자의 고운 容態(용태)를 이르는 말
畵中之餠(화중지병)	그림의 떡
換骨奪胎(환골탈태)	얼굴이 이전보다 더 아름다워짐. 남의 문장을 본떴으나 형식을 바꿈
鰥寡孤獨(환과고독)	홀아비, 홀어미, 고아, 늙고 자식 없는 사람. 외롭고 의지할 곳 없는 처지의 사람
換腐作新(환부작신)	낡은 것을 바꾸어 새 것으로 만듦
歡呼雀躍(환호작약)	기뻐서 소리치며 날뜀
惶恐無地(황공무지)	대단히 황송하여 몸 둘 데가 없음
黃口小兒(황구소아)	어린아이라는 뜻. 참새 새끼의 황색 주둥이에서 연유
荒唐無稽(황당무계)	말이 근거 없고 미덥지 않은 것
膾炙人口(회자인구)	널리 사람들에게 알려져 입에 오르내리고 찬양을 받음
會者定離(회자정리)	만난 사람은 반드시 헤어지게 된다는 말
橫說竪說(횡설수설)	조리가 없는 말을 함부로 지껄임
後生可畏(후생가외)	후진들이 젊고 기력이 있어 두렵게 여겨짐
後悔莫及(후회막급)	후에 뉘우쳐도 어찌할 수가 없음
興亡盛衰(흥망성쇠)	흥하고 망함과 번성함과 쇠약함
興盡悲來(흥진비래)	즐거운 일이 다하면 슬픔이 옴. 곧 흥망과 성쇠가 엇바뀜을 일컫는 말
喜不自勝(희불자승)	어찌할 줄 모를 만큼 매우 기쁨
喜色滿面(희색만면)	기쁜 빛이 얼굴에 가득함
喜喜樂樂(희희낙락)	대단히 기뻐하고 즐거워함

（三） 찾아보기

① 동방문자 300字로 1800字를 알수 있도록 음순으로 배열하였다.
② 오른쪽 숫자는 동방문자가 실린 면수를 나타낸다.

저자와의
협의하에
인지생략

漢 字 가장 쉽게 익히기

10版印刷 2015年 10月 5日
10版發行 2015年 10月 15日

著 者：陳 泰 夏
發行處：梨花文化出版社

登錄番號：제300-2012-230호
서울特別市 鍾路區 社稷路10길 17
Tel.(02)738-9880, (02)732-7091~3 (주문 문의)
Fax.(02)738-9887
홈페이지：www.makebook.net

값 15,000원